陕西师范大学人文社会科学高等研究院资助出版（项目编号2018GY006）

"中国文学人类学原创书系"编委会

主　编

叶舒宪

副主编

李永平

编　委

冯晓立　刘东风　徐新建

彭兆荣　程金城

陕西师范大学人文社会科学高等研究院资助出版（项目编号2018GY006）

中国文学人类学原创书系
叶舒宪　主编

原型批判与重释

程金城　著

陕西师范大学出版总社

图书代号:SK19N0765

图书在版编目(CIP)数据

原型批判与重释/程金城著. —西安:陕西师范大学出版总社有限公司,2019.6
(中国文学人类学原创书系/叶舒宪主编)
ISBN 978-7-5695-0851-2

Ⅰ. ①原… Ⅱ. ①程… Ⅲ. ①文化人类学—研究 Ⅳ. ①C958

中国版本图书馆 CIP 数据核字(2019)第 112884 号

原型批判与重释
YUANXING PIPAN YU CHONGSHI
程金城 著

责任编辑	刘存龙
责任校对	王红凯
装帧设计	锦 册
出版发行	陕西师范大学出版总社 (西安市长安南路199号 邮编 710062)
网 址	http://www.snupg.com
印 刷	西安牵井印务有限公司
开 本	720mm×1020mm 1/16
印 张	21
插 页	2
字 数	305 千
版 次	2019 年 6 月第 1 版
印 次	2019 年 6 月第 1 次印刷
书 号	ISBN 978-7-5695-0851-2
定 价	95.00 元

读者购书、书店添货或发现印刷装订问题,影响阅读,请与营销部联系、调换。
电话:(029)85307864 85303635 传真:(029)85303879

总　序

2018年，正值中国改革开放40周年纪念之际，陕西师范大学出版总社推出"中国文学人类学原创书系"，对改革开放的时代大潮在人文学界催生的这个新兴学科，给出一个较全面的回顾与总结，以便继往开来，积极拓展人文学科的教学与研究新局面，可谓恰逢其时。

50后这代人的青春岁月，激荡在汹涌澎湃的"文革"浪潮之中。"文革"后的改革开放，相当于天赐给这一代知识人第二次青春。1977年恢复高考，我们在1978年春天步入大学校园，那种只争朝夕、如饥似渴的求学景象，至今仍历历在目。改革开放带来"科学的春天"，也第一次带来人文科学方面的世界景观。正如改革的基本方向是向发达国家学习市场经济模式一样，人文学者们也投入全副精力，虚心学习借鉴国际上先进的理论与研究方法。"神话－原型批评"就是当时的新方法论讨论热潮中，最早进入我们视野的一个理论流派。1986年我编成译文集《神话－原型批评》时，先将长序刊发在《陕西师大学报》上，文中介绍原型理论的宗师弗莱的观点时讲道：

> 物理学和天文学形成于文艺复兴时期，化学形成于18世纪，生物学形成于19世纪，而社会科学则形成于20世纪。系统的文

学批评学只是到了今天才得以发展。……正像自然科学体系的建立有赖于把握自然界本身的规律。一部文学作品,它所体现的规律性因素不是作家个人天才创造发明的,而是在文学的历史发展中,在文化传统中所形成的,这种规律性的因素就是"原型"。……从文学史的考察中可以看到,文学作为一个有机整体,植根于原始文化,最初的文学模式必然要追溯到远古的宗教仪式、神话和民间传说中去。"这样说来,探求原型实际上就是一种文学上的人类学"。

当时无论如何也不曾想到,这样一段话,居然能够准确地预示这一批学人后来几十年学术探索的方向。"文学人类学"这个名称,也就由此在汉语学术界里发端。10年之后的1996年,在长春召开的中国比较文学学会第五届学术年会上,中国文学人类学研究会宣告成立(首任会长为萧兵先生),如今简称"文学人类学研究会"。从研究文学的神话原型,到探索华夏文明的思想、信仰和想象的原型,这一派学者如今正式提出的大小传统理论和文化文本符号编码理论,可以说早已全面超越了当年所借鉴学习的原型批评理论,走出文学本位的限制,走向融通文史哲、宗教、艺术、心理学的广阔领域。

从1986年到2018年,整整32年过去了,我们也经历了自己人生从而立到花甲的过程。如今我们要解读的是5000多年前的先于华夏文明国家的"文化文本",阐发的是河南灵宝西坡仰韶文化大墓的神话学内涵。这是当年完全没有预料到的。是问题意识,先把我们引入文化人类学的宽广领域,再度引入中国考古学的全新知识世界,这样的跨越幅度,的确是当初摸索文学人类学研究范式时所始料未及的。

从原型批评倡导的文学有机整体论,拓展到文化符号的有机整体论、史前与文明贯通的文化文本论,这就是我们努力探索近40年的基本方向。西周青铜器上出现"中国"这个词语,至今不过3000年时间。2018年2月4日,我第二次给国家图书馆"文津讲坛"开设讲座,题目是"九千年玉文化传承"。今日的学者能够在9000年延续不断的文化大背景中研究"中国"

和"中国文学",就是从先于文字的文化大传统,重新审视文字书写小传统的一套完整思路。相信这样一种前无古人的理论思路和研究范式,是学者们对西方原型批评方法的全面超越和深化,这将会引向未来的知识更新格局。

本丛书要展示这40年的探索历程,以萧兵先生为首的这一批兴趣广泛的学人是如何一路走来,并逐渐成长壮大的。本丛书将给这个新兴学科留下它及时的也最有说服力的存照。希望后来者能够继往开来,特别注重不断发展和完善中国版的文化理论和文学理论,包括作为文史研究当代新方法论的三重证据法和四重证据法。

是为丛书总序。

叶舒宪
2018年2月7日于北京太阳宫

修订本前言(2008年)

一

原型理论在中国的社会和人文科学领域广泛传播和引用,得力于叶舒宪先生编的《神话-原型批评》一书(陕西师范大学出版社1987年版)的出版。此后,原型批评成为中国古代文学和现代文学、世界文学和比较文学、文艺理论、神话研究等领域的重要研究方法和构成部分,推动了这些学科发展和研究的深化。可以说,原型批评是新时期以来中国吸收借鉴外来理论和方法方面比较成功的例子。即使在现在,原型理论及其批评仍然是文学人类学的重要批评方法。但原型批评本身有其局限性和理论探讨的空间,应该对其继续进行新的原创性研究阐述,以使其有更好的理论价值和批评方法上的实践价值。

拙著《原型批判与重释》在1998年出版以后,在古代文学研究、外国文学研究、现当代文学研究领域,甚至教育学和心理学研究领域都有一些反响。这说明,研究者似乎并没有失去对原型的兴趣。时间已经过去了8年,我的学术兴趣有所变化,但是对原型研究中的问题一直在思考。在我看来,原型现象所包容和辐射到的问题远比我们对它业已理解的要丰富得

多、深刻得多,它不仅仅是一种批评方法。对于原型理论新的思考,我的主要看法是:

第一,原型是生成的而不是先在的。生成表示正在形成而又未完成的状态。原型的基本起点是人类在历史的实践过程中,追寻事物本原和起源所产生的精神文化成果,因此是可认识的、可解释的。探索原型生成和置换变形的过程及其辐射到的精神文化现象,比确认某种具体原型更重要。关于原型生成过程的研究,要从原型现象与人的现实生存关系的角度,探讨原型的生成和置换变形的深层原因和内在机制,整合思、史、诗的精神化过程中的经验,寻求原型研究的当下价值意义,打破循环论。原型研究的目的和要解决的问题,是探讨人性的历史生成,研究人类为追求精神自由,寻找情感家园,克服心理匮乏而生成并反复出现的精神文化现象,整合人类共同精神财富,寻求解决精神问题的启示。

第二,原型是多维度的。要重视原型现象的复杂性和丰富性,这涉及对原型一系列问题的重新思考。比如,关于原型的基本定义、概念问题,不同领域都有其解释。哲学上的原型是指事物的原始模型或者最初的发生;神学意义上的原型是源于原始信仰、宗教对世界和人类的解释;心理原型是关乎人的集体无意识和心理结构的问题;文学原型则是人的情感及其表达的外化方式;……那么原型的本元是一元的还是多元的? 这实际是文学原型研究实践中提出的问题。如果按柏拉图原型就是事物的理念或者现实世界背后的原始模型的话,一切原型,包括神话原型、心理原型、宗教原型、文学原型,都是一样的范畴,即神话原始模式、心理原始模式、宗教原始模式、文学原始模式等。这样理解,符合人们对原型本来意义的领会吗? 反而可能使原型的研究失去意义。我认为,原型应该是一元的,概念是统一的,指事物背后的原始模型,它含有源头、原初、本元的意思。这个定义是抽象的,泛指一切原型的共同特点的,这是哲学意义上原型的定义。但具体的原型的存在和内容却是互不相同的,它的缘起及其生成机制也是不相同的,与人的关系也是不同的。所以,具体的原型是多层次多维度的。文学原型研究中实际不同程度地都接受或者利用了这些概念和解释。

第三,原型不仅仅是一种批评方法,而且是一种思想体系和美学范畴。

原型研究应有两个相互联系但各有侧重的方面,一是关于原型的基础研究,可以说是理论研究;一是关于原型批评方法的研究,可以说是应用研究。就前一方面说,应重新研究原型中的一些具体命题和理论问题,这些命题应该从人类精神实践中抽象出来,又反过来作用于批评实践。理论上的突破可以为批评方法打开新的空间。比如,关于意象原型与观念(理念)原型的关系问题,这也是批评实践中常遇到的。最明显的例子就是在文学批评中,神话模式被称为原型,意象的反复被称为原型,母题被称为原型,而某种观念、意识或主题的反复表现也被称为原型。在这里,观念的反复实际就是一种意义原型。而在哲学领域的原型也是"意义的原型",比如西方的"逻各斯"、中国的"道",两种原型有区别,也有联系。即使如神话这样具有故事形态的原型,按卡西尔的说法,它给我们展示一个感性结构的同时,也展示一个概念的结构。荣格曾经认为,西方文化精神史把原型理念化、抽象化了。按他的理解,原型是原始意象,应该恢复原型的感性内容;但同时,他又认为原型只是一种"形式",要在特殊情景下激活原始意象。这就是说,原型是抽象的,包括内容的抽象(理念)与存在方式的抽象(绝对形式)。原型既是理念又是意象,是理性的又是感性的,是古老的又与现代相通,是有具体象征意义又具有绝对形式。它既不简单研究理性,也不简单研究感性。它要研究围绕原型的整体的关系,重点研究人类精神追求及其显现方式、过程和结果。

由此看来,关于原型的内涵与外延就需要继续探讨。而最重要的,是要充分认识原型不仅是一种批评方法,而且是一种理论体系,原型是个哲学和美学问题。

二

在西方传统文化中,原型是一个普遍概念,追问事物原型一直是其哲学、美学的传统。原型最早源于柏拉图的哲学理论,特别是理念论,涉及哲学与神学领域。哲学来源于"爱智",是对事物刨根问底,而原型研究恰恰就是对人的情感问题、心理现象及其呈现方式的追根究底、追根溯源、追寻事物的本原。柏拉图对"什么是美"而不是"什么是美的东西"的区分,对美的本质追根究底,实际上就是对美的原型的追问。从此,在西方哲学和美学领域,对事物原型的追寻,特别是中世纪美学将美的现象归结为上帝的旨意的思路,实际是柏拉图原型理论的直接或间接的延续。一直到德国古典美学,这一总体思路并未彻底改变。康德的物自体与现象界关系的理论,认为人主观上先天地具有各种感性的形式和逻辑的范畴的观点,黑格尔"美是理念的感性显现"的命题等,也都或隐或显地包含原型的命意。可以说,以先验假设为基本逻辑起点的哲学,不同程度地总隐含着对某种原型的追问。笔者认为,在西方美学中关于美在主观还是客观的争论,审美过程中美的主体与主体关系等问题,似乎就一直有追问美的原型与人的心理原型及其对应关系的问题。所以,原型作为美学范畴研究有其理论依据。

关于原型美学,已经有学者运用这一概念,但作为一种文学理论或者美学体系的研究还不深入、不系统,有很多工作要做。作为美学意义上的原型,它是人类的一种基本精神实践现象,是人类为达到一种特殊境界而努力的过程中出现的现象。原型美学具有哲学特性,但不同于哲学原型,有其自身的目的和范围。

原型美学将原型现象视为人类一种包括艺术文化现象而又超出其范围的普遍精神现象,是人类在合目的、合规律的实践中达到某种自由境界,即美的境界,原型正是这一过程中出现的重要现象和精神成果。在关于美的各种定义中,笔者同意这样的看法,即美有广义与狭义之分,广义的美是一种特殊的、自由的人生境界,审美是一种基本的人生实践。从这个意义上说,美学是研究人与现实的审美关系的学科。狭义的美学是以创造的艺术美为研究对象,从真善美、知情意辩证统一的完整性上研究美的现象与人(人类)的关系,主要是审美关系,解释人类追求合规律性、合目的性以最终达到自由境界的实践过程中的精神文化现象。作为文学批评方法的原型批评,基本上是以创造的艺术美为研究对象的,而原型美学则大于原型批评通常所触及的范围。就研究的层面来说,原型美学将原型现象上升到哲学、美学层面,揭示原型现象与人类普遍精神追求之关系。就研究方法来说,原型美学以理性思辨与实证分析相结合、历史与逻辑相结合的方法,融合感性的审美体验与理性的美学思考,探讨原型现象的意义。也就是说,原型美学区别于原型批评的主要之处,在于原型批评是文学的一种批评方法,运用原型理论观点来研究文学的深层结构和普遍规律;原型美学则是通过研究原型现象探讨人与现实的审美关系及其深层的复杂文化心理因素,揭示在原型现象中蕴含的人类普遍的情感倾向及其显现方式。

从美学的特征来看,美不是一个实体而又寓于实体之中,美学是哲学又离不开感性,审美活动的本质是情感而不是真理,而情感活动的微妙之处恰恰是"只可意会,不可言传"等,这些特点也正是原型理论所感兴趣或者研究的范畴。如果把原型理论置于西方美学史的发展轨迹背景上来看,柏拉图作为西方美学本体论阶段的奠基者,更多关注"美是什么",亦即事物的本质、理念是什么;而到了现代荣格的原型理论,似乎既有关于人如何知道世界的本质的美学认识论阶段的特点,又有人如何表述所知晓的世界本质的现代美学的思维方式。前者表现在荣格建立"自主精神原则基础上的心理理论"的出发点,对以往原型研究的途径和目的,对人对世界的感悟方式和获得真实感受的途径提出疑问,提出"集体无意识"观点;后者则表现在荣格对原型概念的重新阐释,以及如何通过原始意象"激活"集体无意识。这都从不同的方面,关联到知情意和真善美的问题,远不是批评方法问题,而是美学问题、哲学问题。

现代原型理论和批评实践,既超出了原型作为批评方法的范围,也超出了神话研究的范围,原型在实际运用和研究中自觉不自觉地被上升到美学的高度,具有了美学的基本特征。值得注意的是,荣格在他的理论研究中,许多问题是直接触及美学命题的。他在《美学中的类型问题》中说过:"美学实质上是应用心理学,因此它不仅与事物的审美性质有关,而且也与,并且主要与审美心理学问题有关。像内倾与外倾的不同这样一个基本问题,不可能不引起美学家的关注。"[①]审美过程是心理过程,荣格的原型理论在许多方面所提出的命题和文学批评实践都体现出审美心理学的特

---

① 荣格:《心理学与文学》,冯川、苏克译,生活·读书·新知三联书店1987年版,第220页。

征,而弗莱关于原型是反复出现的意象的观点,原型批评跨时空、跨文化揭示共同现象深层规律的思路,也都具有了美学学科的特点。

三

要在包括东西方在内的整个人类精神文化和文学现象的基础上研究和思考原型理论与批评,建立在西方文学艺术和文化现象基础上的原型理论是有局限的。东西方不同的神话体系,不同的文学发展格局,不同的文化心理结构,不同的艺术表达方式等,都为思考原型现象提供了不同的基础和背景。原型理论和批评只有建立在人类文化和文学艺术基础之上,同时又能面对人类普遍的文学艺术现象,才能获得真正的人类学意义,才能对研究对象有新的发现,获得原创性成果。原型批评与中国文学的关系以及其价值,取决于它对中国文学的适用程度。原型批评面对的是宏观的文学和文化现象,但它不是万能的,它的特点主要在于对文化-心理结构与文学的特殊关联性的揭示和阐述。它不是为文学最终寻找一个既定的循环的框架,也不限于找出几个具体的原型,而首先是一种关于文学批评这一人文科学的研究思路,一种透视和解释文学现象的角度。中国原型批评的发展,也应该从中受到启示,从文学批评作为一种科学研究的视角,思考文学原型与中国文学特征的关系。

要研究原型批评的实践价值和可操作性问题,要思考文学现象向文学理论提出了什么问题,然后确立作为文学人类学批评方法的原型批评的意义。比如,原型批评的方法,它能解决的是文学创作和接受过程的深层结构和规律问题,是文学与人的文化-心理结构的问题。它在理论上的突破和发展,既要解释文学现象中深层的、恒常的、共同的心理基础问题,又要揭示文学的创新、变化问题。文学创新发展是否用置换变形就能完全解释?也许,文学的创作既是对文学原型的继承、置换,同时也是对原型的无形制约的不断突破。

最后,要思考原型研究的当代价值问题。荣格心理学的一个重要目标是寻求拯救现代人类灵魂的途径,"荣格心理学追求心理的整合与完整,力图调整和调动人的心理潜能,激发起人们创造的智慧与热情。荣格心理学又寻求生活的意义,以与贪婪和侵略性,与现代流行的物质和金钱崇拜,精神空虚和享乐主义,虐待狂和黩武主义相抗衡"①。在当今人类精神领域面临越来越多的问题的时代,研究荣格原型理论,研究人类精神现象和心灵世界,应该注重它的现实价值和意义,而不是把它变成远离人、远离现实的玄学。

本次修订,保持了原版的基本框架,在原来的基础上,融进了上述一些新的思考,对某些章节做了一些调整,内容也做了补充。但对原型在更高层面上的研究还有待继续努力,笔者认定,这仍是一个值得不断探讨的领域。

---

① 刘耀中、李以洪:《建造灵魂的庙宇——西方著名心理学家荣格评传》,东方出版社1996年版,"前言"第3页。

原版前言(1998 年)

一

20世纪,人类精神世界受到的冲击、震荡和磨难异常强烈,但同时,人类在精神领域的探索、发现和创造的成果也异常的丰硕。人类学、发生学、精神分析学和分析心理学等学科的出现和发展,为人类重新认识和反思自己的精神历程提供了有力的武器;"原始思维""集体表象""互渗律""无意识""集体无意识""原型""异质同构"等新概念的提出和重新阐发,从不同的方面和角度开启了通向认识人类深层心灵世界的新视角。毫无疑问,人类在通过物质领域的实践更大地满足自己的生命本能和新的发展需求的同时,也在释放着精神的本能并不断发现精神的广阔天地。

从一定意义说,不断发现人类的心灵世界,不断地激发和肯定人类合理的精神需求,如同人类对物质世界的不断发现一样,也标识着人类逐步走向现代化的进程。不管人们承认与否,20世纪对精神现象、心理现象的研究在总体上大大地解放了人们的思想和开拓了人们的视野,这无论如何都是一种巨大的历史的进步。在人类对自己的精神世界的探讨中,关于精神本体、心理结构及其生成的探讨是带有根本性的问题。这种探讨,使人们不得不对人类自身的精神历程重新观照,对以往关于心灵世界过分肯定的结论提出疑问,人类对于往昔追忆的兴趣和既往史的好奇,对人性初始和本原的追寻已不亚于对未来前瞻的兴趣。

人类对于自己既往精神世界的追踪和新的精神领域的发现,表面看来似乎是脱离当代人的精神发展的现实,似乎于世无补,实际上它有极强的现实性。这就如同现代医学对于人类生命本能和基因的研究是为了最终解决人类生理方面的根本问题一样,当代人类精神方面的研究,其目的正在于找出人类精神方面的某些"基因"及其变异。从一定意义上说,这些研究是一种精神的"基因工程",是精神方面的基础研究。这种研究,不是脱离现实,而是精神方面的最为现代的尖端科学。从这个意义上说,弗洛伊德的精神分析理论所产生的影响及其所引起的人类精神世界的革命性变化,足以与爱因斯坦的相对论比肩。也是这种研究,从根本上开始动摇了一些传统的结论,影响各有关具体学科的发展和新学科的诞生。正如有学者所指出的:"如果说,自古典哲学解体之后,十九世纪曾经是历史学派(马克思、A. Comte、E. Durkheim 等),二十世纪是心理学派(弗洛伊德、文学心理学派等)占据人文学科的主流,那么,二十一世纪也许应是这二者的某种形态的统一。寻找、发现由历史所形成的人类文化-心理结构,如何从工具本体到心理本体,自觉地塑造能与异常发达了的外在物质文化相对应的人类内在的心理-精神文明,将教育学、美学推向前沿,这即是今日的哲学和美学的任务。"①

在对精神世界的新的发现和探讨过程中,无意识的发现,特别是荣格关于"集体无意识"现象的发现和原型理论的阐述,是极具重要意义的。

二

荣格的贡献是重要的,这种重要性不仅在于荣格本人在心理学方面提出了创造性的理论,而且在于他以原型为焦点,极大地吸纳了众多研究者

---

① 李泽厚:《美的历程》,安徽文艺出版社 1994 年版,第 451—452 页。

的成果,原型理论因此在一定意义上是一种对心灵世界研究成果的集大成。"由于荣格揭示了'集体无意识'的存在,对于那些古老的宝贵财富、神话、象征以及古代人性的形象的探究开始类似于海洋学与洞穴学的技术,……同样,由于深层心理学家们发展起来的技术,古代的精神生活方式,埋葬在'无意识'的黑暗中的'活化石',现在变得能够予以研究了。"① 荣格所从事的研究是20世纪许多杰出学者共同的事业,他们共同开创了揭示人的心灵世界的全新的领域,而无意识深层结构的发现和分析,使人类对于自己的了解和理性地认识自身达到了空前的水平。这是20世纪以前的一切从事精神现象研究和精神价值创造的人们所不曾有过的新的资料和认识基础。正是这种新的起点,使得一切与精神现象相关的领域都在不同程度地重新审视自己的对象和调整研究角度。人们不能对那些新的发现视若无睹,正如人们不能漠视现代科学技术对物质享受带来的好处一样。

荣格关于集体无意识的发现和原型概念被赋予心理学含义是一个极有意义的课题,如果轻率地把它看作唯心论、先验论而加以否定或变相地否定,那无异于拒绝对人类心灵世界的进一步探讨。如果不从历史的、发展的、实践的观点研究人类的发展史,包括精神发展史,就难以解释人类的生存发展的过程和精神现象,然而,这种研究也不能不注意它的起点和本原。马克思曾说过,人类"懂得按照任何物种的尺度来进行生产,并且随时随地都能用内在固有的尺度来衡量对象;所以,人也按照美的规律来塑造物体"②。在这里,我们不能以"内在固有的尺度"来否定人类衡量事物的"尺度"在实践过程中的历史发展,然而恐怕也不能完全否认这种"内在固有的尺度"本身的存在,至少我们值得对类似的问题进行探索。比如,人类有无其所以为人的最初的特性?"内在固有的尺度"是否就是这种特性决定的?人类精神的发展过程是否也是一种恒定性与变异性的辩证统

---

① 埃里克·J. 夏普:《比较宗教学史》,吕大吉、何光沪、徐大建译,上海人民出版社1988年版,第274—275页。
② 马克思:《1844年经济学—哲学手稿》,刘丕坤译,人民出版社1979年版,第50—51页。

一过程？在我们现代人的精神中,是否还保持有人类诞生以来一些固有的精神元素？如果承认这种现象的存在,就是承认人类有某些恒定的、基本的、精神的本原和基因,在精神现象中包含着人类的本性因素,而不能把现代人的所有的精神现象都解释成为后天习得的结果和对现实的反映。以往人们忌讳谈论这个问题,过分地突出精神文化的流变性、历时性,而无视各种精神现象后面的不变的共同原则和普遍性。这种研究方式看起来是绝对的唯物论的,但实际上把复杂的精神现象简单化了。过分的决定论简单地解释了许多复杂的精神现象,导致的直接结果之一是过分强调不同民族之间文化的差异性、对立性,人性的特异性,而否认或轻视人性的相通性、同一性。笔者认为,原型理论研究真正的价值正在于它实际要回答的是人类心理结构问题,是人性的本原及其如何生成和传承的问题,是人性在历时态中的永恒性和共时态中的相通性,以及它的表现形态中的反复发生性和普遍一致性。

原型理论的重要和它的吸引力,在于它涉及的范围既广且深,许多精神现象有可能从这一角度得到新的更为合理的解释。它的理论前景广阔,而它的难度也同样的大,它有诱惑力也有危险性。它的诱惑力在于其广泛的涵盖面和强劲的穿透力,它将因此扩大人类精神领域的研究空间,并把它推向远古和缘起;它的危险性在于,或者在对原型的阐述过程中可能失去原型概念本身潜在的理论锋芒和价值,或者使它的研究最终因逻辑起点的轰毁而失去理论意义。荣格在提出原型概念之后,特别注意为不使他的理论变为一种流俗的观点,再三强调"集体无意识"的不可意识性、原型的"先天"模式和心灵的"自主原则"。而原型理论研究的关键也在于对这样一些基本概念和建立在其上的理论体系如何确认和证实。

三

荣格以"集体无意识"概念和心理原型理论奠定了他在20世纪人文科学中的杰出地位,其理论概念和观点已被广泛应用,且影响极大。然而,尽管荣格毕生进行着艰苦认真的理论探索,直到晚年还发展和完善着他的观点,却仍然给后世留下了许多疑问。一方面,荣格提出的"集体无意识"概念和"原型"术语被广泛接受,用于心理学、文学批评、宗教理论等领域;另一方面,人们对何谓集体无意识和原型仍存在许多不明了之处和理解上的差异。虽然这种含糊的理解或术语的借用仍具有不小的启示作用,但它限制了研究向更深广层次的发掘和拓展。这种现象的出现,表面上是应用者的问题,而根本的问题在于荣格原型理论本身存在着许多迷雾。比如,关于集体无意识与个体无意识的关系,原型心理与本能的关系,集体无意识的来源及其传承等,这些概念一俟用于实际的操作中,就程度不同地偏离了荣格原型理论的本义,使之类乎一般心理学的解释。

本著的目的是,一方面试图对以往原型研究中所常用的概念术语进行辨析,另一方面试图对荣格原型理论体系进行重新理解和阐述,以有助于消除蒙在这一蕴含重要价值和现实意义的研究对象身上的神秘色彩。鉴于此,本书的前一部分首先是梳理与原型相关的哲学和人文科学现象,勾勒出荣格原型理论体系的线索,辨析原型概念;后一部分则是在吸收相关学科研究成果的基础上,对原型概念及其理论进行了有个人色彩的理解和阐发,其中不乏一些大胆的推理。

对于这样一个本来就容易引起人们争议的课题,笔者不敢说有充分的能力把握和驾驭它,但是,它所潜藏的价值吸引着笔者。笔者的态度是认真的,而且相信在理论探索中,即使有局限但包含着个人思考的见解,也比重复和一般地解释别人已有的结论有意义得多,所以笔者在吸收已有的研究成果的基础上,希冀使探讨尽可能地带有自己的创造性,去接近一个也许难有终点的目标。

目 录

上篇　原型理论批判

第一章　原型理论的生成 ······ 003
原型探讨的不同思路 ······ 003
原型与西方传统文化 ······ 008
原型与西方现代人文科学 ······ 013
现代原型理论的生成 ······ 023

第二章　荣格的原型理论 ······ 029
自主精神原则基础上的心理理论 ······ 029
原型的结构分析 ······ 034
荣格原型美学与西方现代美学主潮 ······ 041

第三章　原型批评的理论与实践 ······ 050
原型理论与原型批评 ······ 050

仪式学派与原型批评 ·· 052
心理学派与原型批评 ·· 056
弗莱的原型批评 ··· 058

第四章　原型与集体无意识 ·· 065

无意识与心理结构 ·· 065
集体无意识与精神本原 ··· 069
集体无意识与原型 ·· 071
本能与原型 ·· 074

第五章　原始意象辨析 ·· 081

原型与原始意象和理念 ··· 081
原始意象的承传和瞬间再现 ··································· 087

第六章　原型理论的难题与潜在意义 ··································· 093

原型理论面临的问题 ·· 093
原型假设的潜在意义 ·· 097

第七章　原型研究方法质疑 ·· 104

特殊现象还是普遍人性 ··· 105
心灵发现还是结构分析 ··· 109
对荣格研究方法的质疑 ··· 112

第八章　原型批评的批评 ·· 116

心理视角向文化视角的转变 ··································· 116
心理分析向结构分析的倾斜 ··································· 118
宏观的视角与封闭的体系 ······································ 120
关于原型与神话关系的思考 ··································· 129

第九章　原型理论在中国 ······ 136
中国学者对原型批评的介绍、阐述与实践 ······ 136
中国学者对原型理论建设的努力 ······ 139

下篇　原型理论重释

第十章　原型与行为模式 ······ 147
生理本能与原型心理的深层联结 ······ 147
压抑与"集体的人"的创伤性经验 ······ 155
生理本能与原型之"型" ······ 161

第十一章　原型与领悟模式 ······ 167
原型是典型的领悟模式 ······ 167
特殊的心灵符号 ······ 170
克服匮乏感的产物 ······ 174
感觉经验同化为心理事件 ······ 181
形式感与形式结构的特殊契合 ······ 187

第十二章　原型与再现模式 ······ 191
关于典型的再现模式 ······ 191
个人情结借"文化"再现出原型 ······ 194
典型心境经"文化"再现为模式 ······ 198
文化精神再现"集体的人" ······ 201

第十三章　原型的内涵与外延 ······ 207
原型的内涵与维度 ······ 207
原型的载体与形态 ······ 216

神话作为原型 …………………………………………… 217
仪式作为原型 …………………………………………… 220

第十四章　原型之源蠡测 ………………………………… 227

原型之源在食色 ………………………………………… 227
食色作为典型情境元点 ………………………………… 235
阴阳作为符号原型 ……………………………………… 245

第十五章　原型与文艺 …………………………………… 252

原型与文艺本体 ………………………………………… 252
原型与作家创作 ………………………………………… 258
原型与艺术接受 ………………………………………… 264
原型的突破与文艺的发展 ……………………………… 268
原型理论与文艺断想 …………………………………… 271

第十六章　原型与文化 …………………………………… 280

"意义的原型"与"意象的原型" ………………………… 280
"道"与原型 ……………………………………………… 282
中国艺术的精神原型 …………………………………… 288
俄罗斯的文化原型研究及其启示 ……………………… 293

主要参考书目 ……………………………………………… 306

原型理论批判

第一章　原型理论的生成

原型探讨的不同思路

英语"archetype"即"原型"一词，最早源于希腊文，本意是"原始模式"或"某事物的典型"[①]。汉语日常用语中的"原型"，是指事物的真实的"样本"，如艺术创作中的人物原型，就是指塑造人物形象所依据的现实生活中的真实的人。本书中所讲的原型，为西方文化中的术语，是一个涉及哲学、神学、心理学、文学、艺术等领域并带有形而上意味的概念。它在现代人文科学和社会科学研究中已被广泛运用，而且不同领域对"原型"这一概念的理解，也存在着很大的差别，实际上从不同的研究角度出发和为适应不同研究对象而对其赋予了不同的含义。如果进一步探究这一概念的来龙去脉和它的实际含义，我们则发现，这是一个古老而常新、在多重意义上被借用因而包含了极为复杂内容的术语。

---

① 《牛津高级英汉双解词典》，牛津大学出版社1984年版中译本，第61页。

原型概念的出现及其嬗变已有两千多年的历史,自柏拉图从哲学角度运用原型概念,到20世纪荣格分析心理学的建立将其重新激活,"原型"这一术语在保留了它的最一般的定义因而能被反复运用的同时,它的实际内涵也在不断地发生变化,其能指和所指之间有了很大的距离和张力。

关于原型的古老性质,荣格解释说:

> 原型一词早在犹太人斐洛谈到人身上的"上帝形象"时便已出现。它也曾出现在伊里奈乌的著作中,如:"世界的创造者并没有按照自身来直接造物,而是按自身以外的原型仿造的。"《炼金术大全》把上帝称为原型之光。此外,这个词也多次在狄奥尼修法官的著作中出现。例如,在《天国等级》第二卷第四章中写到"非物质原型"以及在《天国等级》第一卷第六章中写到"原型石"。原型一词未见于圣·奥古斯丁的著作中,但文中有此涵义的。例如他在《杂说》第83条中写道:"主要观点虽未形成……但确存在于上帝的思想中。"原型这个词就是柏拉图哲学中的形式。①

荣格在这里提到的斐洛、伊里奈乌、狄奥尼修、圣·奥古斯丁对于原型术语的理解和运用,表明原型一词在早期是与宗教神学有关系的,其基本意思可以理解为人的原型是"上帝形象",或人是按照上帝的形象创造的;而在早期哲学领域,原型这个词就是柏拉图哲学中的"形式"。在另一处,荣格又说:"在柏拉图那里,原型却被赋予了极高的价值,它被视为形而上的理念,视为理式和范型,而真实的东西却被认为仅仅是这些理式的摹本。中世纪的哲学从圣·奥古斯丁——从他那里我借来了原型这一思想——的时代一直到马勒伯朗士和培根,在这方面一直坚持着柏拉图的立场。"②

荣格关于原型概念演变的回溯,大致勾勒出这样的线索:在他将原型

---

① 荣格:《集体无意识的原型》,见《荣格文集》,冯川译,改革出版社1997年版,第40页。
② 荣格:《本能与无意识》,见《荣格文集》,冯川译,改革出版社1997年版,第8页。

运用于心理学领域,用来解释集体无意识内容之前,原型大致涉及两种主要领域,即宗教神学与哲学。早期神学中的原型与哲学中的原型其实是一脉相通的。这是因为,"在漫长的人类历史上,宗教几乎总是居于一切上层建筑的顶端,对其他上层建筑领域发生支配性的影响;各种意识形态和文化形式往往被纳入宗教观念系列之中,具有宗教的色彩。在哲学产生之前的古代希腊,情况也是这样。……希腊哲学诞生以后,宗教仍在延续,并与哲学结下不解之缘,以不同的形式反映着同一个希腊民族的精神世界。即使到了古典时期,理性主义也只是整个希腊民族精神世界之一极,而不是它的全部。……希腊宗教在哲学产生以前是希腊民族精神的代表,在哲学产生以后是希腊民族精神的底蕴"[①]。"希腊哲学起源于希腊神话与宗教","随着希腊人思维能力的增强,希腊精神的下一步发展就是通过经验和理性去探索自然万物的真正的原因和人世间的第一原理"。"最早的希腊哲学家以万物的始基或本原为主要的思考问题"[②],这种哲学的奠基者和代表就是柏拉图及其理念论,而理念论与原型概念又有着极大的关系。

柏拉图的理念论与原型的深层联系在于,原型或理念都涉及事物的"本原""始基"。原型是可感的万物之摹本和原始模型,有开端、初始等发生学的意义。而后来荣格原型观点与柏拉图原型概念的联系,更主要的还在于借鉴了柏拉图的思维方式和逻辑方法,即假设我们所感觉的事物都有其先在的原型,包括精神现象的原型。荣格把柏拉图的哲学方法,运用到对人类精神现象的研究,运用于心理学的范畴。荣格的原型指人的心理模型和精神本能,认为人在出生时就具有先在的典型的"行为模式"(本能)和"领悟模式"(原型)。荣格的原型理论的核心就是追寻人类心理现象中的先在的模式,从而为自主精神的存在找到依据。比如,荣格认为原型是一种类似于本能的行为模式、一种"纯粹形式",它是难以描述的,也不是个人后天获得的。对原型的意识,需要借助于原始意象,在特定情境下瞬间再现。这种理论在某种意义上正与柏拉图的理念论中关于理念世界是

---

① 王晓朝:《宗教学基础十五讲》,北京大学出版社2003年版,第71页。
② 王晓朝:《宗教学基础十五讲》,北京大学出版社2003年版,第79页。

感觉世界的原型的观点有一定的相似和关联,这使得一些对原型理论持有不同看法的人甚至认为原型就是柏拉图理念图式的翻版。笔者不同意这种简单的结论,但是,承认它们之间有着一定的联系。比如,柏拉图关于真理的先天性的理论与荣格原型理论对于精神本体的假设就有相通之处。柏拉图认为,人在出生之前便已获得关于真理(即理念)的知识(这是最早的天赋观念论),但是人在降生之后忘记了先前已获得的知识,要靠感觉提供回忆的刺激以唤醒思想。学习就是回忆,回忆起在理念世界中已经获得的知识。柏拉图这种认为人的知识是天赋的、先天的观念,与其关于理念、原型的关系的解释是一致的,在一定意义上说,与后来的荣格的原型理论中关于原始意象是祖先的精神遗留物的论点有一定的相似性和某些相通之处。

然而,荣格的原型理论,虽与以往的原型概念及其相关的命题有一定的联系,但是其内核和所指却有很大的不同。它不同于柏拉图的理念图式,又不同于圣·奥古斯丁的神学角度,也不同于康德的先验图式,其关键在于它不是一般地探索宇宙的本体和原型,而是试图探索精神的本体和原型;不是说明事物的现象与理念、原型的关系,而是通过对集体无意识的发现和论证,主要探讨人的精神结构和人的心灵世界,探讨人的先天精神与后天行为的关系,特别是集体无意识现象。所以,荣格的原型的逻辑起点是关于人的精神本体,他的原型是精神性的、心理的原型,即探讨心理方面最初的"原始模式"。这一点是荣格的原型不同于前人的一个原则区别。与此相联系,荣格原型概念的另一个重要特点是强调原型与人的精神现象中的感性方面的关系。荣格虽然认为所有观念建立在原始的原型模式之上,但他同时指出,"这些原型模式的具体性可以上溯到一个以还没有开始'思考',而只有'知觉'的时代"。所以"原始意象"是他的原型理论中的又一重要概念。

需要特别指出的是,荣格在借用原型概念时,对以往的原型理论进行过清理,对于它们的理论偏向进行了一定批判。我们知道,柏拉图的理念论及其思维模式,影响了西方哲学文化数千年,在这期间,原型内涵沿着柏拉图理念论的思路在演化,其最重要的特点就是原型被进一步理性化、抽象化。对此,荣格曾指出,从笛卡儿和马勒伯朗士以来,理念或原型的形而上的价值逐渐败坏了。它变成了"思想",变成了认识的内在条件……最后,康德把原型还原为有限的几个知性范畴。叔本华甚至进一步推进了这一简化过程,但与此同时却赋予了原型以几乎是柏拉图式的意义。"……它把本能隐藏在理性的斗篷下并把原型转变为理念。在这样的伪装下,原型基本上已经无法辨认"。"我们是如此惯于运用传统的、自明的概念,以致我们已经意识不到它们在多大程度上建立在知觉的原始模式上。与本能一样,原始意象也被我们思维的外向分化弄模糊了。正像某些生物学家认为人只有很少几项本能一样,认识论也把原型简化还原为几个逻辑上受限的知性范畴"。[①] 荣格对于将原型过度理性化、简化的趋向提出批评,目的是要"恢复"和重视原型的感性内容,使知觉的原始模式、原始意象重现,从而为人的非理性找到应有的位置。因为他认为,尽管原型被理性化,但是人们内在的描绘世界的方式却仍然像本能行为一样,始终是普遍一致的和反复发生的。

荣格在这里提出的问题是重要的,其重要性不仅在于它指出原型与哲学的这种关系及其逐步演变的趋向,而且无意间道出了原型概念原本就有沿着两种不同向度解释的可能:理性的与感性的,或哲学的和心理学的。从柏拉图到康德、培根,是偏向了哲学,而且将其简化得不可辨认,完全忘记了其原始模式、原始意象的基础;而荣格的目的则是重新阐述原型的含义,为建立"有灵魂的"心理学找到依据。

由此可见,原型概念,到荣格分析心理学的出现,发生了从侧重哲学向侧重心理学的重大转变。这里说的"侧重"是因为,不管是从柏拉图时代到康德时代,还是荣格的时代,原型概念的理解有不同的偏向,但原型这一人类精神发展史上的现象并不以这种理论偏向而有所偏废,哲学的、理性的解释,与心理的、感性的体悟是同时存在的。直到当代,人们在运用原型概念时,还包括了把原型当作某种理念的观点。这或许并不是所谓对原型的"简化",而表明了在荣格心理原型理论成为主流的时代,原型的哲学之

[①] 荣格:《本能与无意识》,见《荣格文集》,冯川译,改革出版社1997年版,第8页。

维,即理念论的原型同样产生着作用。至于基督教神学的原型,虽然受哲学理念论的影响很大,但其特质更接近于心理学,因为"上帝"的形象从有限的人类心灵中创造出来,是为了表达一种不可猜度、不可言喻的体验。

将原型理论放在整个人类精神发展史上来看,柏拉图和荣格分别代表了原型概念的两种解释思路,即理性的与感性的、哲学的理智的与宗教的神秘的不同路径。荣格不是从理性的角度去推论事物的原型,而是从感性方面,从人的非理性的表现中"观察"人由行为体现出的心灵原型,因而他的原型与本能接近,不能脱离神秘色彩;柏拉图从理性的角度出发,假设事物背后都有其最初的原型,事物都有反映其本真的原因,因而柏拉图的原型就是"理念"。柏拉图的理论影响了哲学和宗教领域,因为他对原型的推论是对事物本原模式的一种假定;荣格的理论影响了心理学和与心理学相关的文学艺术、教育学等领域,因为荣格所关注的是心理原型及其显现。荣格借用了传统的原型术语,也继续延用了柏拉图关于现象世界与理念世界关系的思维模式,但却有意地扭转柏拉图以来关于原型解释的方向,将原型概念引入心理学范畴,用它来解释人类心灵世界的复杂结构,同时通过原始意象的再现等假设,试图为原型的感性方面和人的非理性找到位置,最终构建起一种建立在自主精神原则基础上的心理学。

原型与西方传统文化

现代原型理论虽然是荣格在20世纪重新提出并依照自己的理解阐发的,但是原型理论所探讨的问题却在西方美学理论中有深厚的基础和渊源。

这一源头的起点在古希腊哲学,特别是柏拉图的哲学理论。柏拉图的哲学理论及其影响下的神学理论都涉及原型问题。具体来说,柏拉图的理念说、原型(模式)说、灵感说都与原型理论有着直接或间接的关系。

柏拉图对西方哲学文化的影响广泛而又极为深远,其中理念说是其哲学核心。柏拉图提出"理念"的概念,首先是为了回答"这个物"是什么,也就是说明这个物与其他物的区别在哪里。研究界认为,柏拉图的理论其前、中、后期并不相同,一般所说的柏拉图的理念论,主要是指体现在中期对话《斐多篇》《会饮篇》《斐德罗篇》和《国家篇》中的典型的理念论。柏拉图常常用不同的措辞,表达同一样东西。例如他把理念称作形式、种、原型、本原和原因等。但归纳起来,柏拉图的理念有四种含义:一是"从本体论上讲,理念是本体。把理念看作是脱离和先于可感个体事物的客观实在,理念和可感个体事物分属两个彼此分离和对立的世界"。二是"从目的论上讲,理念是万物追求的目标和赖以产生的动因"。三是"从认识论、逻辑上讲,理念是种、一般概念、共相、范畴"。四是"从发生学上讲,理念是万物的本原、模型,可感个体事物是以同名的理念为模型,模仿或分有理念而派生出来的摹本"。"在柏拉图那里,这种理念既先于同名可感个体事物,又与它们彼此相分离。这样,他就在可感世界以外,另行设置了一个在先,而又分离的理念世界","柏拉图把理念看作是模型,认为同名可感事物则是摹本,摹本是由于分有模型而派生出来的"。① 柏拉图哲学中的这种理念论,笔者认为其主要内涵就是探讨哲学原型,或者说是哲学维度的原型理论。

原型理论涉及一种重要的术语"模型",认为原型是事物原始模型。关于"模型",在柏拉图著作中是有多种意义的,概括起来讲,有以下几种含义:第一,"意指雕刻家和画家在进行创作时使用的模特儿"。以床为例,第一层意义的床是理念的床,它是神创造的;第二层意义的床是可感的具体的床,它是工匠以理念的床为模型制造出来的摹本的床;第三层意义的床是画家以摹本的可感的床为模型,画出来的摹本的摹本的床。第二,"指理想、标准、神圣的范例或模仿的原型"。第三,"指先例、例子"。② 柏拉图的原型(原始模型)概念服从于他的整个哲学体系。从他的哲学观念出发,柏拉图认为现实的可感觉的世界是虚幻的世界,它只是唯一真实的世界即理念世界的影子或摹本,理念即客观事物的原型。柏拉图的理念是指抽掉了具体的感性特性的一般概念或类概念,是抽去了内容的形式。

柏拉图的这些观点与荣格的原型观点有相通的一面。荣格的原型理

---

① 范明生:《柏拉图哲学述评》,上海人民出版社1984年版,第173—174页。
② 范明生:《柏拉图哲学述评》,上海人民出版社1984年版,第175—176页。

论从逻辑方法上说与柏拉图的理念论的上述四个层面(本体论、目的论、认识论、发生学)都不同程度地有所联系。其中的深层联系在于二者都认为原型或理念是本原、模型,是可感的万物之摹本和原始模型,有开端、初始等发生学的意义。在美学上,柏拉图把美分为"美的东西"和"美本身",认为美的东西是"分有"了美的理念才美的。因此,他真正关心的是"美本身"即美的本原。他说:"我问的是美本身,这美本身,加到任何一件事物上面,就使那件事物成其为美。"柏拉图的这种美论是其理念的哲学本体论在美这个问题上的具体运用,也是对美的原型的追问。由此可以看出他对美的原型和理念的兴趣。

柏拉图哲学与原型理论另一个重要关联是关于理念与神学原型的关系。学界认为,基督教绝大多数思想的萌芽,甚至都可以从柏拉图那里找到。前述荣格提到的犹太人斐洛和圣·奥古斯丁等在把柏拉图的哲学理论与神学思想结合方面起到了特殊作用。斐洛,犹太神秘主义哲学家,认为柏拉图的理念和犹太教的天使是同一种东西,并提出了"逻各斯"即神的理性的主张。他试图融通犹太的神学与柏拉图哲学,对以后的基督教神学有很大影响,是基督教真正的"父亲"。斐洛用柏拉图和斯多亚学派哲学重新解释了希伯来《圣经》,致力于逻各斯学说来解释他所谓的至上的超验的神和人间世界的关系。他认为这种逻各斯是"诸理念的理念",永生的圣父的头生子和"第二个神",创造的模型和居间者,人的理性的原型。另外,"基督教教父哲学的主要代表奥古斯丁(公元354—430年)思想的发展,经历了从摩尼教出发,通过新柏拉图主义才达到基督教神学"。奥古斯丁认为柏拉图主义与基督教是一致的。正如卡西尔所指出的:"对奥古斯丁来说,理性的本性并不是单纯的和唯一的,而毋宁是双重的和分裂的。人是根据上帝的形象而被创造的,而且他出自上帝之手时的原始状态是与他的原型不相上下的。"①基督教神学与柏拉图哲学理念论的关联性在于,基督教借助于柏拉图的理念论来解释至上的超验的神和现实中人的关系,用关于理念世界与可感世界的理论来解释天堂和人世,认为"作

---

① 恩斯特·卡西尔:《人论》,甘阳译,上海译文出版社1985年版,第14页。

为人的心灵的原型——逻各斯是天堂的亚当;神是根据这种逻各斯来创造人间世界的,它是存在于神的心灵中的理智世界"。①

不管是柏拉图哲学意义上的原型,还是基督教神学意义上的原型,虽然具体所指不同,但是最初的含义是基本相同的,即原型并不是指可感的具体的事物本身,而是指事物最初的始源和事物"以外的"或者背后的"模型"。它在先哲们对包括上帝在内的事物追根溯源时,被作为事物本原的代名词,作为万物的原始模型。

柏拉图哲学与原型理论还有一个重要联系就是他的"灵感论"(迷狂说)。柏拉图认为,灵感是不朽的灵魂从前生带来的回忆,是神秘的神灵凭附到诗人或艺术家身上,使他处于迷狂状态,把灵感输送给他,暗中操纵着他去创作。诗人是神的代言人,正像巫师是神的代言人一样,诗歌在性质上也和占卜预言相同,都是神凭依人所发的诏令。神输送给诗人的灵感,又由诗人辗转输送给无数的听众,正如磁石吸铁一样。这样,柏拉图就解释了文艺何以能引起听众的欣赏以及文艺的深远的感染力量。柏拉图这种理论与荣格关于作家的创作是激活集体无意识、代表千百万人在说话的观点是一致的。由此可见,柏拉图哲学与基督教神学原型,与后来原型理论强调人的非理性和精神"遗传"观点都有重要关系,特别是他的理念论与原型观点,是原型理论的源头。

现代原型理论与西方传统哲学的渊源关系,还体现在它们所共同关注的问题,即人类精神本体、心理结构和心理图式等方面。对于人类精神世界的研究,特别是人类心理图式、心理结构的研究,是一个长期以来使人感兴趣又使人困惑的难题。在西方传统文化中,柏拉图的哲学体系以及他的一系列的概念,影响了从早期基督教神学到中世纪、近代乃至现代哲学文化,从早期的斐洛、圣·奥古斯丁到托马斯主义,从笛卡儿、莱布尼茨、康德、黑格尔到叔本华、尼采、罗素、胡塞尔、马利坦等,他们所探讨的问题无不与柏拉图的哲学体系和思维方式有着某种渊源关系。比如,笛卡儿关于"精神本体"和"物质本体"的关系的理论,叔本华把世界分成"自在之物"

---

① 范明生:《柏拉图哲学述评》,上海人民出版社1984年版,第486页。

的世界和"现象世界"的观点,关于意志、表象是事物的基础、本原的观点,英美新实在主义关于"存在着可感个体事物"与"脱离可感事物"的本质和共相两个世界的观点等,都与柏拉图的"理念"和"可感个体事物"关系的理论有相类似之处。

再如,荣格的"集体无意识"原型,在逻辑方式上似乎与莱布尼兹的"天赋观念"论也有着某种关联。关于人的心灵来源,在西方哲学史上,历来就有"先天"与"后天"、"先验"与"经验"之间的观点的对立和冲突。英国经验派唯物主义路线的代表人物洛克在他的《人类理智论》中,认为人的心灵本来是一块"白板",是感觉经验在上面打下了烙印,然后才形成了知识,因此认识来源于经验。莱布尼兹不同意这个说法,他在《人类理智新论》中,批驳了这种观点。莱布尼兹认为人的经验是靠不住的,那些具有普遍性和必然性的永恒真理,不是来自于感觉经验,而是来自于我们心中的"天赋观念"。人在本性上都有"天赋观念",但要发现这些"天赋观念",使他们从"潜在"的东西变成"现实"的东西,则需要一个加工和琢磨的过程。这就像大理石的纹路本来"天赋"在石头里,通过加工雕刻能使其显现一样。我们认识外物,也是如此。心灵中本来有某些"天赋观念",经过感觉经验的"机缘",加以触发,于是本来是"潜在"的东西,变成是"现实"的可以认识的东西了。这种观点,与荣格集体无意识来源于先天,只有借助于原始意象而瞬间再现的观点也是相似的。

又如,康德所描述的物自体和现象界的关系,与荣格关于意识与集体无意识的观点有极大的逻辑方法上的相似性,关于汪洋与小岛的比喻也十分切近"冰山"理论的形式,其中的可知与不可知的观点也许与荣格的理论有着直接的联系。康德认为,我们的世界可以分成两个部分:一是物自体,一是现象界。前者超越于自然界,不以人的意志为转移;后者就是我们周围的世界,它受必然规律的支配。我们人的理性的认识能力,只能达到现象界,而不能达到物自体。物自体是不可知的。这就好像我们住在一个小岛上面,我们活动的范围只以小岛为限。至于岛的外面,那浩瀚无际的汪洋,则是我们所无能为力的了。小岛就是现象界,汪洋则是物自体。荣格关于意识与无意识的关系,以及关于集体无意识的不可描述性,与康德确有思维方式上的相似之处。如果从逻辑上将精神本体、心灵原型对应为物自体,把原始意象对应于"现象界",似乎更容易看到二者的相似性。

另外,原型概念从心理学的角度说,还与西方哲学中一个古老的命题即人的"共通感"问题相联系。西方许多哲学家都曾注意到人的共通感的现象,如柏拉图认为共通感是人的灵魂家园的追忆,毕达哥拉斯学派认为人们在体现宇宙的和谐精神这一点上是完全一致的,亚里士多德认为人类具有能感觉共同的事物的能力,博克认为全人类有一些共同的判断原则和感性原则,康德在论及审美时也涉及人类共通感的问题。西方哲学家普遍注意到的"共通感"的心理现象,在一定程度上也与荣格集体无意识心理原型的理论有着相似性。

从这个角度又可以说,荣格原型理论与柏拉图理念论的联系,并不纯粹是一种术语的借用,而是有着深层的关系,涉及哲学和精神现象学中古今相通的一些根本方面。同时,这种联系也是心理原型与哲学原型深层的关联点,也反映了哲学原型理论与心理原型理论在逻辑方法上的共同点。这从一定意义上说明,原型所涉及的范围包含了一些古老的、被反复探讨过的命题。

原型与西方现代人文科学

由于现代原型理论,特别是荣格以集体无意识为核心的原型理论,实质上涉及的是关于人类集体无意识、人的心灵的基本结构、人性模式及其生成和承传问题,因此,它与现代人文科学的联系,要比它与柏拉图、康德等人的原型观点的联系更加内在和直接。

近一个多世纪以来,也就是在现代原型理论的形成发展演变的过程中,西方人文科学,特别是文化人类学有了很大的发展,它通过对原始民族的历史、社会、文化、语言、风俗、巫术、宗教、艺术等各方面的实证性考察,取得了对人类自身发生发展状况探讨的许多新成果,包括一些新的推测。另外一些学科,如心理学、发生学、精神分析学、象征哲学、现象学、符号学、语言学以及结构主义理论等,不断有探讨人类精神现象的重要研究成果陆续问世。原型理论受到了现代人文科学的直接的影响。泰勒、弗雷泽、列维-布留尔、弗洛伊德、荣格、弗洛姆、卡西尔、列维-斯特劳斯、海德格尔以及皮亚杰等人,或者进行先验的假设,或者试图通过原始部落的研究,或者通过精神分析,或者通过对儿童心理实验,都试图对人类心理现象及其相关的现象进行深入的追根溯源的研究,揭示表层现象下的深层模式,历时过程中的"不变"原则,个体身上的集体无意识,等等。这一切,可以说既从不同的方面催生了现代原型理论的生成,又为现代原型理论的不断嬗变和丰富提供了新的资料。从一定意义上说,现代原型概念的多重含义和多维价值,与原型理论的复杂背景和生成因素有着深刻联系。

现代意义上的原型理论的兴起,既以20世纪自然科学和人文科学的重大发展作为背景,又是它的有机构成部分。现代人类学、考古学、心理学、医学等学科的新成果为其间接地提供了理论依据,文化人类学、分析心理学、象征哲学以及符号学、神话学等则直接催生它的诞生并赋予其新的含义。原型问题所牵涉的人类精神本体、起源和心理结构问题的研讨及其深化,成为20世纪一个重要的文化现象,它联系着原始文化、原始思维、发生学以及关于本能、遗传等方面的理论,涉及人的生理与心理的关系、人类精神发展的历时性与共时性的关系等问题。原型理论的研究,具有跨学科的特点。

一、维柯关于人类心灵及其起源、结构的研究

关于现代原型理论的思想渊源和研究方法,可以追溯到18世纪意大利思想家维柯的有关理论研究。维柯在《新科学》(1725)中关于各民族共同本性的研究及其成果,就曾涉及后来原型理论中关于人类精神的形成及其承传的问题。维柯在本书中曾说:"本科学所描绘的是每个民族在出生、进展、衰微和灭亡过程的历史,也就是在时间上经历过的一种理想的永恒的历史。"他的"新科学"是探讨各民族的共同本性的科学,而"各民族的共同本性就会成为(或涉及)每一个民族在起源、发展、成熟、衰颓和死亡中都要展示的一种发育学的模式"。维柯在该著的第二部分"诗性的智慧"中,以相当大的篇幅展示了各民族的精神的"一种发育学的模式",论述了神话、寓言、隐喻等产生的原因和过程,他的目的是构造"人的物理

学",而这种研究与原型理论有着"课题"上的相似性。

我们虽然不宜追溯维柯与原型理论的直接联系,但是,维柯及其《新科学》的研究对象、视角和方法,与后来的人类学,也与原型理论有相同之处。比如维柯对各民族共同本性的研究,与原型理论关于人类心灵的"集体"的观念有相通之处。维柯认为,"在人类制度的本质中,必定有一种为任何民族所共有的精神语言,它毫无例外地抓住人类社会生活中可能出现的种种事物的实质,而且以形形色色不同的变化来表现这种实质,一如这些事物本身可能具有形形色色不同的方面一样","起源于互不相识的各民族之间的一致的观念,必有一个共同的真理基础"。虽然维柯认为,"这条公理是一个大原则,它把人类的共同意识规定为由天神意旨教给诸民族的一个准则",但是,维柯认定,"本书自始至终要进行的工作之一就是要证实部落自然法都是在互不相识的各民族中分别创始的"。① 互不相识而具有共同性,说明了人类共性的存在,这在精神领域也是同样的。再比如,维柯的思路中有一点值得特别思索:他提出原始人有诗性思维特点,即"诗性的智慧"。所谓的诗性的智慧是原始人的一种思维方式,它有两个特征,一个是想象性的类概念,一个是拟人化或以己度物的隐喻。而这是他们的本性使然,他们生来就知道如何对周围环境做出反应,并且把这些反应变为隐喻、象征和神话等形而上学的形式。维柯认为,原始人对世界的反应不是幼稚无知和野蛮的,而是本能的、独特的、富有诗意的。这种观点可以推导出人类精神本体的结论。维柯还对人类生活中"重复的形式"做了富有启发性的具有实践观点的发挥,他认为,人创造神话、社会制度,实际上他创造他所感知到的整个世界,并且在这个过程中也创造了他自己。这种创造过程包括不断地创造各种可以认识的、重复的"形式"。

维柯及其理论与原型理论的联系,不是表面的直接的影响,而在于所涉及的问题和研究思路在本质上与荣格有相同之处,维柯对于人类学的影响,也因此就是对原型理论的影响。最直接的例子是弗莱在《伟大的代码——圣经与文学》中说过:"按照维柯的观点,在历史的循环中存在着三

---

① 维柯:《新科学》(上册),朱光潜译,商务印书馆1989年版,"英译者前言"第29页。

个时代：神话时代，即神的时代；英雄时代，即贵族时代；以及凡人时代。而后又回到起点，循环不已。每一个时代都产生一种它自己的语言，这样我们就有了三种文字表达的类型。维柯把它们分别称为诗歌体、英雄或贵族语体和通俗体。我将把它们称为寓意文体、神圣文体和通俗文体。这些名称最初是指三种写作方式，因为维柯认为人类在能进行交谈以前是通过符号进行交流的。对于维柯来说，寓意文体时期是语言'诗体的'应用；神圣文体时期主要是寓言的；而通俗文体时期是描述的。维柯用的这三个名称，除了与写作有关系外，还为《圣经》在语言系统发展史中的地位提供了一个思考的出发点，是很有启发意义的，虽然在我的最终研究成果中维柯的观点几乎不存在了。在我写的《批评的解剖》一书中一系列的文学模式与维柯的要接近得多。"①

二、泰勒关于原始文化精神的研究以及万物有灵论的提出

泰勒被称为"人类学之父"，他的《原始文化》《人类学》等致力于神话、哲学、宗教、语言、艺术和习俗发展的研究，他的研究成果对于探索原始精神，进而探索整个人类精神的发展起了重大作用。其中与原型理论有较大联系的是：

第一，关于"文化遗留物"的观点。泰勒为了把握文化现象的历史联系，提出关于"文化遗留物"的观点，他认为："当一种风俗习惯、技艺或观点充分地传播开来的时候，一些不利的因素正在增长，它可能长期地影响到这些习俗或者技艺如涓涓溪流，绵延不绝，从这一代继续传到下一代。它们像巨流一样，一旦为自己冲开一道河床，就成世纪地连续不断流下去。这就是文化的稳定性。""随着世界社会的向前发展，最重要的观点和行为可能渐渐地变成为纯粹的遗留。它们的最初的意义渐渐消失了，每一代记得它的越来越少，最后，直到现在它还没有完全为人民所遗忘。……儿童游戏，民间俗语，荒谬的习惯，可能在实践上是并不重要的，但是从哲学的观点来看，它们没有丧失意义，因为它们跟古代文化的最富有教益的阶段

---

① 诺思洛普·弗莱：《伟大的代码——圣经与文学》，郝振益、樊振帼、何成洲译，北京大学出版社 1998 年版，第 21 页。

之一有关。某一种人的丑恶而残酷的迷信可能是原始野蛮人的遗留,同时,教育对这种人来说,就如同对于莎士比亚的狐狸一样,'不管怎样教导它,不管怎样爱抚它,也不管怎样保护它,它仍将保持其祖先的原始的狡猾'。"①泰勒提出"文化遗留物",是要探索文化的演进现象,但这一观点,无疑与原型理论关于集体无意识与远古祖先的精神遗存的观点有联系,至少在形式上是吻合的,古老的文化如何遗留给后代与精神如何遗传给后代有着一定的对应关系。然而,泰勒所讲的"文化遗留物",是通过社会文化的传承,而不是生物遗传,这是与荣格关于精神遗传的观点所不同的。

第二,泰勒的"万物有灵论"与原型的联系。泰勒认为,原始人类相信万物与人一样都有灵魂,一是某些生灵有灵魂,这些灵魂能在其躯体死亡后继续存在;二是某些神灵上升到神性系统,这些神灵能影响或控制人们的生活事件。因此原始宗教就体现了原始人对超自然神灵的信仰,以及死后生活、偶像崇拜、祭献活动等信仰。"万物有灵观既构成了蒙昧人的哲学基础,同样也构成了文明民族的哲学基础。"②万物有灵论与原型理论的关系,虽不是一种直接的影响,但是这种观点,为人们假设或者说展示了一种原始人精神现象的世界,使得对于一些涉及原始文化、远古人类精神的思考有了一种较为具体的资料和参照系,对于解释一些神秘现象有着直接启迪。荣格原型理论中的一个重要的概念"原始意象"的引入,或许可以从泰勒与原始观念、原始思维的观点中找到一些内在联系,因为原始意象在一定意义上赋予物以"灵",因之与人的心灵相通。

三、弗雷泽对于神话、仪式的研究

弗雷泽在他的名著《金枝》中,对涉及世界各民族的原始信仰的资料进行了梳理,对灵魂观念、自然崇拜、神的死而复生,特别是禁忌、巫术、仪式、原始人的心理等进行了深入研究。如果说前述维柯、泰勒对现代原型理论的影响还较为间接的话,那么弗雷泽的影响则要直接得多。这除了弗雷泽对于原始文化的研究在总体上为原型理论的产生提供了一种思想资

---

① 爱德华·泰勒:《原始文化》,连树声译,上海文艺出版社1992年版,第74、115页。
② 爱德华·泰勒:《原始文化》,连树声译,上海文艺出版社1992年版,第414页。

料外,还有一个重要方面,就是弗雷泽关于仪式的研究对原型概念,特别是后来的原型批评产生了直接影响。比如,弗雷泽关于阿都尼斯的神话与仪式的研究,就有对西方文化特别是文学中死而复生的观念和主题产生的过程和原因的深刻探讨,对仪式的形成及其与人类精神的联系做出了新颖的解释,对自然现象、四季节律的变化与人的心理流程之间的关系进行了剖析。他指出,大地外表上所经历的一年一度的巨大变化强烈地铭刻在世世代代的人类心中,并激发人们去思索这种神奇变化的原因。在某一特定的阶段,人类似乎开始考虑怎样用巫术来掌握自然、避免灾难,于是他们举行仪式以影响自然界。终于有一天,知识的缓慢进展驱散了原始人心中的幻想,意识到四季的变化并不是巫术仪式的作用,其背后有更为深刻的原因,人们把自然界的变化视为男女众神的威力的作用,这样巫术理论就为宗教理论所代替。这时,人们虽然把自然变化归因于神灵变化,但他们设想可以通过宗教仪式活动恢复生命神失去的活力,或起死回生。他们举行仪式,按自然进程进行戏剧性的表演。他们用神的结婚、死亡、再生或复活来解释自然的生长与衰败、诞生与死亡的交替循环。弗雷泽认为,这种仪式在不同的地点不尽相同,然而其实质却是相同的。他详细地分析了仪式在原始人类生活中的意义,同时也在客观上揭示了仪式与文学特别是戏剧的联系。弗雷泽的这种研究成果,对于后来原型批评者如哈里森等产生了直接的影响。

四、涂尔干的"集体观念"、列维-布留尔的"集体表象"和"互渗律"的观点

列维-布留尔在《原始思维》一书中研究了原始人的思维与现代人的思维的不同,提出了"集体表象"与"互渗律"两个重要观点,用以说明原始思维的特点。荣格曾说过它们与原型理论有着直接联系,原型中的集体无意识概念从一定意义上说就类似于"集体表象"。

"集体表象"这一概念,可以追溯到法国另一位文化人类学家涂尔干的"集体观念"理论。"集体观念"是涂尔干早期的学术见解,其具体含义是指人类有两种意识并通过不同的途径获得,一个途径是从个人的直接经验中获取;一个是"集团"所共有的,这种共有对于个人来说实际是社会环境强加于人的观念,它被称为集体意识或集体观念。这种集体观念或共同意识是同一社会成员集体拥有的信仰和感觉的总和。从这里可以看出,列维-布留尔的"集体表象"的概念与涂尔干的"集体观念"的直接渊源关系。

关于集体表象,列维-布留尔认为,它与原始思维紧密相关。他指出原始人的思维是具体的思维而不是抽象思维,他们不会因而也不应用抽象概念思维。原始人的这种思维只拥有许许多多世代相传的神秘性质即集体表象,而集体表象之间的关联不受逻辑思维的任何规律所支配,它们是靠"存在物与客体之间的神秘互渗"来彼此关联的。列维-布留尔在《原始思维》绪论中说:"所谓集体表象如果只从大体上定义,不深入其细节问题,则可根据其与社会集体的全部成员所共有的下列各特征来加以识别:这些表象在该集体中是世代相传;它们在集体中每个成员身上留下深刻的烙印,同时根据不同情况,引起该集体每个成员对有关客体产生尊敬、恐惧、崇拜等等感情。"换句话说,集体表象是指在原始社会中个体对于集体有着绝对的依附性质,人们的思维表象往往是群体共有的、世代积淀传承的;同时他们对文化的继承也具有集体的强制性,以至于个体不大可能对传统持批判态度。集体表象强调的是原始思维表象传承方式的集体性。互渗律指原始思维中不同事物交互渗透、混同一体的关联方式,它强调的是原始人的集体表象在形态结构方面的浑沌不分的综合性,长期的无意识的积淀而形成群体共同的集体表象和程式系统。集体表象的观点启发荣格提出了他的心理学概念"集体无意识",而互渗律观点对于解释原型象征、原始意象有直接的启发意义。

五、卡西尔的神话思维与符号象征理论

德国哲学家卡西尔认为,神话是原始人在以一种不完备也不充分的方式试图寻求事物的起始和原因。神话不仅是想象的产物,同时也是人类第一种理智好奇心的产物,卡西尔在《神话思维》的导言"神话哲学问题"中说:"神话的意义远不只充作材料;它被认为是人类认识世界方式——于神话的环境是必需的——一种特定功能","神话由于表达了人类精神的最初取向、人类意识的一种独立建构,从而成了一个哲学上的问题。谁要是意在研究综合性的人类文化系统,都必须追溯到神话"。他还指出,"神话并不满足于按事物的突然存在状态去描述它们,它竭力去追踪它们的起源,它希望知晓它们为何存在。它包含着宇宙发生学和普遍人类学"。卡西尔理论的意义在于,他指出了神话的需求和存在不仅是原始人的心理,而且是人类一种至今还需求的心理。这就从另一方面解释了后来的人对于原型的置换,对于神话的眷恋,对于"现代神话"的创造,不是一种简单的利用,而是一种精神的需求,一种精神本能的反映。这种观点,对于理解原型,特别是神话原型的再现与置换变形有着重要的意义。

卡西尔的符号理论、象征理论与原型理论在某些方面有着关联。卡西尔在他的研究中,对作为精神和生命表现的文化象征系统的结构进行探讨,并注意到符号在其中的重要作用,他以对象征形式特点的独特理解来揭示精神象征的意蕴。他认为象征功能包含着部分理性和部分直观,并构成稳定而统一的形态,通过感性的形式内容显现精神意蕴。这种观点对于理解原型结构的构成、原型的功能等有启发作用。

卡西尔与荣格原型理论更为深刻的联系,或许还在于他们都在为建立一种与自然科学并存的人文科学和心理科学而努力。

六、普罗普功能分析原型理论

普罗普是苏联文学理论家。1928 年他发表了《俄国民间故事形态学》一书,首创了叙事学。普罗普的理论与原型的关联主要在于他提供了一种有效的可资借鉴的研究方法。普罗普的贡献首先是把自然科学中的形态学研究方法引进到人文科学研究中,目的是导出结构的法则性,在叙事分析中找出不变项作为分析的基准,他由之提出叙事"功能"概念。他的不变项的思路,与原型理论中的先天模式、纯粹形式等观点有相通之处。

相对而言,普罗普的理论,对于作为文学理论批评方法的原型批评的直接启迪意义,大于他对荣格原型理论本身的影响。因为原型批评在后来的发展,特别是弗莱的理论,应该说特别强调了文学现象中的不变项及其置换变形。而且,原型批评中的母题的探讨,也与普罗普的母题是相同的,如果这不是直接受到普罗普观点的影响的话,那么,至少"它们的结论有表面上的相似"。

七、列维-斯特劳斯的神话理论和结构主义观点

列维-斯特劳斯的文化人类学研究具有结构主义的突出特色,他的研究领域涉及原始社群中的社会结构、神话结构、思维结构和历史结构等方面。他的《野性的思维》一书主要研究原始人类的思维特点,但得出了与列维-布留尔不同甚至相反的结论,认为未开化人的具体性思维与开化人的抽象思维不是分属"原始"与"现代"或"初级"与"高级"这两种等级不同的思维方式,而是人类历史上始终存在的两种互相平行发展、各司不同文化职能、互相补充互相渗透的思维方式;并且断言人类艺术活动与科学活动分别与这两种思维方式相符。[①] 列维-斯特劳斯这些与布留尔不同的结论和观点,从另一个重要的方面对原型理论的进一步发挥提供了理论依据。列维-斯特劳斯以结构主义的方法对于人类思维方式的具体性与整体性的研究,对于原始社会生活作为一个"复合体"的把握,实际是探讨文化的集体性和永恒性,突出集体无意识性在文化中的重要意义,是对以往过分突出文化的流变性、历时性的研究思路的反拨,其目的是寻找各种现象后面的不变的共同原则和普遍的特性。他的"结构神话"观点,比较合理地解释了神话与原型的关系。在《野性思维》一书中,他认为神话是一批具有叙事性质的材料,它总是以某种修改后的形式一再重复,人们可以从这些材料中重新组合神话,这与弗莱等关于原型是可交际单位,原型可以置换变形的观点是一脉相通的。

列维-斯特劳斯还吸收结构主义语言学家乔姆斯基的"转换-生成"语法理论,特别是关于"表层结构"和"深层结构"的概念及其关系的理论,来作为他的文化人类学的理论模式。"表层结构"和"深层结构"原来是美国语言学家乔姆斯基的用语。表层结构指语言中句子的形式,包括语音和语法规则,它们是可直接感知的对象的外部关系。深层结构指句子所表达的意义,它是语言句子中稳定不变的关系。各民族的语言有各不相同的语音和语言规则,所以其表层结构是各不相同的。但是,其深层结构,即句子表达的意义有其共同性,因此,在深层结构,各民族语言是可以互相翻译和交

[①] 参见列维-斯特劳斯:《野性的思维》,商务印书馆1987年版,李幼蒸译,"中译者序"第5页。

流的。进而认为,这种深层结构是人类特有的天然能力,是先验的。表层结构与深层结构的理论后来发展为结构主义,将结构作为方法论。首先是瑞士语言学家索绪尔,倡导把结构分析方法用于语言学研究,强调抛开语言的外部因素的变化去找出它的内部结构。列维-斯特劳斯则把结构分析方法用于原始思维和神话研究,企图找出社会生活诸多因素之间的结构,认为与语言相似,一切社会活动与社会生活都有其表层与深层两种结构,这是人的无意识结构的投射,并且在不同时期重复出现,如果找出这些结构,人类学就可以上升到客观化、模式化的水平。他认为,深层结构根源于人类心灵先验的创造和理解这种深层结构的能力,深层结构内在地支配着一切外在的生活现象。在关于神话的结构分析中,他指出,神话的深层结构是由人类先验的下意识结构决定的,是人的心灵中集体现象的无意识本性的投影,神话向我们揭示的是心的奥秘,神话研究的任务就是要通过历时性的表层结构分析,把握其共时态的深层结构。从这里可以看出,列维-斯特劳斯的结构主义理论,与荣格的原型理论有许多方面是相似的或相同的,特别是方法论上,如关于人的心理结构的分析,关于神话与心灵的关系,关于通过历时性的表层现象探讨共时性逻辑原则的研究思路,都与原型理论中的集体无意识概念,关于原型作为行为模式对个体后天行为发生作用,以及对于人类心灵的结构分析是相通的。这决定了原型理论,特别是以弗莱为代表的原型批评在相当程度上具有结构主义的色彩。

另外,拉康进行的语言革命及其理论,与原型美学及其进一步阐述,有间接的意义。拉康认为,如果无意识存在的话,它是不会自行发挥其功能的,而应该通过语言这个中介物才能产生作用。这一观点找到了神秘的无意识通向可意识可表现的文化艺术的中介,这与弗莱关于原型是可交际的单位的观点有同样的意义。

上述理论与原型的联系,当然不是原型理论所有的思想资料,但是它们与原型理论或隐或现的关系是确实存在的。他们试图要解决的是关于人性的问题、人的心灵模式问题及其如何生成、承传的问题,在其深层与原型理论有着内在联系,并间接或直接地影响着原型理论的发生和发展。

当然,现代原型理论生成的直接基础是弗洛伊德的无意识理论;从无意识到集体无意识,标志着现代原型概念的形成。这在下一节集中论述。

原型理论与现代人文科学的联系在于:在荣格重新解释原型概念之前和之后,都有不少重要的人文科学研究者间接地提出和探讨了与原型内涵相关的许多问题,并取得了重要成果。他们各自的研究对象、目的甚至结果有所不同,但是,正是这些不同从各个侧面对现代原型理论的发生起了作用,或者提供了思想资料,并对这一理论的发展深化在客观上不断地提供新的依据。因此,不仅对原型的理解和解释必须综合地利用这些方面的研究成果,而且,应该看到现代原型的重新"发现"本就是在这些学科发展的背景下出现的文化精神现象。建立在原型理论基础上的原型批评,是一个跨学科的具有鲜明人类学特征的批评方法,而不等于神话批评,它应该面对整个人类文艺发展史。

现代原型理论的生成

现代原型概念的真正提出和现代原型理论的形成,与弗洛伊德关于无意识的发现有着最直接的关系。从弗洛伊德关于个体无意识的理论的提出和阐述,到荣格集体无意识的发现,再到将集体无意识的内容认定为原型,并引进"原始意象"的概念,是一个有迹可循的过程。

弗洛伊德对于无意识的发现,是20世纪人文科学的重大成果。虽然如荣格所说,"'无意识'这个词并不是弗洛伊德的发明。在德国哲学中,康德、莱布尼茨和别的哲学家早就在使用这个词了"①,但是,只有弗洛伊德对于无意识的探讨才真正打开了人类精神和心灵世界的新天地。弗洛伊德的贡献,除了无意识理论外,还有力比多学说,关于本我、自我和超我的三重人格建构的学说,关于梦的学说与释梦理论,关于文明起源与人的本能理论,关于俄狄浦斯情结说,关于作家文学艺术创作与"白日梦"的观点,等等。

---

① 荣格:《分析心理学的理论与实践》,成穷、王作虹译,生活·读书·新知三联书店1991年版,第65页。

弗洛伊德的无意识理论，从一定意义上说，首先是从他作为一个医生对病人的心理现象中总结出进而推及整个人类精神领域的，他的无意识理论可以说是建立在本能理论的基础之上。弗洛伊德曾指出："在心理学中，最紧迫的需要莫过于建立一种稳固的本能理论，然后才可能据此进一步向前发展。但是这种理论现在一无所存，精神分析只好被迫为建成这么一种理论做些尝试性的努力。"他在对神经病症状的长期观察中发现，人的精神世界与以前人们普遍认为的有很大不同，人的精神现象中，意识不但不是精神的全部，而且不是最主要的，在精神的深层，还有大量的或更重要的无意识领域。这如同有人所比喻的：如果说整个精神世界是一座岛屿的话，意识只是露出水面的一小部分，而隐藏在水下的则是无意识部分，它不大容易觉察，但是却成为意识的基础并对意识产生重要作用。他甚至认为："对于潜意识的心理过程的承认，乃是对人类和科学别开生面的新观点的一个决定性的步骤。"①弗洛伊德的无意识学说实质上是关于人的精神领域的本质、结构和作用的理论，他最突出地强调了人的本能作用。他把人的精神分为本我、自我和超我三个层次。本我是指人的本能活动，其特定术语是"伊德"，属于无意识领域，其中活动着各种原始本能和欲望，最主要的是性力，也就是"力比多"（Libido）。自我是指受现实伦理原则压抑而伪装的本能，它代表理性的判断，协调本我与现实的冲突，属于前意识领域，看守无意识的大门，防止其闯入意识区。超我是指完全道德化的自我，是与本我对立的道德良心，专门指导自我去限制本我，属于意识领域。"力比多"是人的全部精神活动的基础与动力，它总要冲破无意识领域得到表现，但受现实制约的意识与前意识就要压抑它。

关于无意识的来源，研究者有着不同的解释。弗洛伊德的无意识是指个人无意识。关于它的来源，弗洛伊德的解释可以说是二元的：

一方面，弗洛伊德强调人的先天本能，特别是欲望的冲动，包括性本能、死本能、趋乐避苦和自我防御的心理机制等。弗洛伊德的本能理论有其理论根据，一个根据是生物学的获得性遗传理论的延伸，即心理遗传理

---

① 弗洛伊德：《精神分析引论》，高觉敷译，商务印书馆1984年版，第9页。

论。他认为,人类所经历的事件初看似乎是不能遗传的,但如果事件非常重大或经常重复,或者既重大又重复,它就会沉积于人的心理,其记忆就会转化为一种"古老遗传性"。他所依据的这种获得性遗传理论已被科学界所否定。另一个理论来源是生物学的重演律。重演律认为,任何物种的个体的发育过程都要简略地重演其种系的进化历史。① 弗洛伊德依据这些理论,从本能和无意识心理来源的角度,说明它们所具有的重要性、普遍性及其在人类历史进程中的作用。

另一方面,弗洛伊德所说的本能带有后天色彩。他认为无意识是来自个人早期经历特别是童年生活中遭到压抑的被遗忘了的心理内容,是人的创伤性经验郁结的病理情结。这些被压抑而积聚在心理深处的内容,这些被压抑的情结,时时寻求发泄的渠道和出路,常常以扭曲变形的方式反映在人的精神现象中。反过来说,可以通过一些难以解释的人的精神表现来分析人的无意识心理。从这个角度说,弗洛伊德的无意识观点,较少神秘色彩,因为他认为无意识与个人的经历相关,不是先天带来的而是后天形成的;同时,它属于个人,是具体的,可以描述和分析的。尽管如此,我们应该看到,弗洛伊德对于本能和无意识的来源的解释仍然留下了许多疑问,最终没能为其找到一个现实的理论基础,因此它仍然是一种假设。

弗洛伊德对无意识领域的发现所产生的巨大影响表现在人文科学的各个方面,兹不赘述。

荣格作为弗洛伊德的学生和助手,他早期的思想受到弗洛伊德的直接影响,包括关于无意识的理论。"弗洛伊德精神分析理论的一个经常被忽视的优点,是它在理论形成之初就将病因学的重点从生物遗传因素(退化)转移到心理动力因素(被压抑的创伤记忆等)上来"②,这一点对荣格分析心理学的形成有重要意义。

荣格的贡献在于,他同样首先通过对精神病人,而后通过梦境、神秘象

---

① 罗凤礼:《弗洛伊德的史学活动及其影响》,见罗凤礼主编:《西方现代史学思潮评析》,中央编译出版社1996年版,第122—123页。
② 理查德·诺尔:《荣格崇拜——一种有超凡魅力的运动的起源》,曾林等译,上海译文出版社2002年版,第51页。

征等现象,发现人的无意识领域并不是人的精神和心灵世界的最深层,个人无意识还只是人的精神岛屿中可以随着潮涨潮落而时隐时现的部分,在它之下才是更重要的、更巨大的、集体无意识的"海底世界"。与个人情结相比,集体无意识即原型的特征是:

第一,"它是集体的、普遍的、非个人的"。"选择'集体'一词是因为这部分无意识不是个别的,而是普遍的。它与个性心理相反,具备了所有地方和所有个人皆有的大体相似的内容和行为方式。换言之,由于它在所有人身上都是相同的,因此它组成了一种超个性的心理基础,并且普遍地存在于我们每一个人身上。"①

第二,集体无意识的来源不是后天获得的,而是先天性的、与生俱来的。"它不是从个人那里发展而来,而是通过继承和遗传而来,是由原型这种先存的形式构成的。原型只有通过后天的途径才有可能为意识所知,它赋予一定的精神内容以明确的形式。"荣格说:"我们在无意识中发现了那些不是个人后天获得而是经由遗传具有的性质……发现了一些先天的固有的直觉形式,也即直觉与领悟的原型。它们是一切心理过程的必不可少的先天要素。正如一个人的本能迫使他进入一种特定的存在模式一样,原型也迫使直觉与领悟进入某些特定的人类范型。"②

从荣格的这些论述中可以看出,原型是集体无意识的重要内容,它始终是集体的而不是个体的,是种族的记忆,不是个人的经验。集体无意识不为个人所觉察、所意识,然而却处处制约着个人的精神、心灵和行为方式,它是种族的、共同的、心灵的遗留物。

荣格不仅发展了弗洛伊德关于无意识的理论,提出了集体无意识的概念,而且试图给集体无意识赋予具体可视的、可以分析的内涵和形态。尽管他的解释在某些方面还带有神秘色彩,但在总体上他是为了打破神秘,使原型-集体无意识成为解释人的精神现象的理论(荣格的某些神秘性实

---

① 荣格:《集体无意识的原型》,见《荣格文集》,冯川译,改革出版社1997年版,第40页。
② 荣格:《心理学与文学》,冯川、苏克译,生活·读书·新知三联书店1987年版,"译者前言"第5页。

际是他的理论还不能完全自圆其说的反映)。正是出于这种要求,荣格在对集体无意识现象进行抽象概括时,借用了一个古老的概念——原型,认为集体无意识的内容是原型。荣格说:"个人无意识的内容主要由'带感情色彩的情结'所组成,它们构成心理生活的个人和私人的一面,而集体无意识的内容则是所谓的'原型'。"①

从无意识到集体无意识,再到原型概念的运用,荣格的原型理论至此有了从内容到形式、从内涵到外延的理论架构。然而,荣格这种关于原型的理论,因此也就有了神秘色彩:它是存在于每个人身上的,但又是个人所难以觉察的;它是远古的族类的精神遗存,但又可以与现实的人的心灵相通;它是先天就存在的,但又是无法描述和捉摸的;它是心理现象,却又是生理的遗传。凡此种种,为原型理论蒙上了迷雾。从这里可以看出,虽然荣格对于弗洛伊德的一些观点,如泛性说进行了批判,直至与他的老师分道扬镳。但是,荣格在批判地接受弗洛伊德的影响的时候,对于精神分析理论中的一个关键问题并没有彻底解决,而是按照其思路发展,这个思路就是认为人的无意识本能(在荣格是集体无意识)是先天的、与生俱来的,它与生命的起源一样神秘,因此在关于人的心灵探索中始终未能跳出原始决定论的束缚。

当然,对于如何克服这种集体无意识和原型的神秘性,把它变为一种常人较能理解的东西,荣格进行了不懈的努力,为此他提出了"原始意象"这一概念。何为原始意象? 荣格解释说:"原始意象是一种记忆的沉淀,一种铭刻,它由无数类似的过程凝聚而成。它主要是一种凝结或沉淀,因而是某种不断发生的心理经验的典型的基本形式。因此,作为一种神话主题,它是永恒有效的,持续不断地或是为某种心理经验所唤醒,或是恰当地为某种心理经验所程式化的表现。这样,原始意象是一种决定于解剖学与心理学的沉淀的心理表达。""原始意象是生命过程的一种概括的表现。它给予感官知觉与内在的精神知觉以同等的含义,它开始的出现既无规则又无联系,由此,它从纯粹未被省悟的知觉的束缚中释放出心理能量。但

---

① 荣格:《集体无意识的原型》,见《荣格文集》,冯川译,改革出版社1997年版,第40页。

是,它也联系着能量,经由刺激的感受表现为某种确切的含义,沿着与这一含义相适应的路线导向某种行动。因为它总是把精神归属于自然,把纯粹的自然本能转变为心理形式,所以,它就释放了难以利用的被抑制的能量。原始意象是理念的初级阶段,是它的母性的土壤。"①

从荣格原型理论形成的角度来看,原始意象既是沟通原始先民与当下社会人的精神联系、跨越时间界限的桥梁,也是连接个人情结与集体无意识、打通心灵空间的中介,又在一定意义上是原型本身。因此,原始意象是原型理论中一个重要的概念,也是一个重要的环节,处于原型内部结构中的一个特殊层次。

无意识的探讨—集体无意识的发现—原型的命名—原始意象的引入,这就是荣格原型概念的生成与原型理论产生的大致轨迹。这是一个先有对集体无意识的假设、再有对其特征抽象概括并命名的过程,又是一个以演绎与归纳、推理与假设互为因果的过程。其间独到的发现与大胆的推测、具体的事例与模糊的概念并存,揭开迷雾的努力与新的难题的困惑相伴始终。他把许多未解之谜留给了后世,他的理论和结论不时受到挑战,而他的理论所涉及的问题又时时引起人们新的兴趣。荣格的意义在于他发现了集体无意识现象,或者说他是试图从人的精神本体的角度探索这一问题的先驱,他的集体无意识概念的提出功不可没,而他的理论则需要科学地分析、批判和发展。

---

① C. G. 荣格:《心理类型学》,吴康、丁传林、赵善华译,华岳文艺出版社 1989 年版,第 533、534 页。

第二章 荣格的原型理论

自主精神原则基础上的心理理论

卡尔·古斯塔夫·荣格博士,是瑞士精神病医生、心理学家,也是精神分析学派代表之一。荣格在20世纪人文科学领域特别是心理学方面的杰出地位,是由他作为分析心理学的创始人,也是现代原型理论的奠基者所决定的。

荣格所处的时代背景、文化氛围及他的生活经历对其思想的形成产生过深远影响。"荣格早期生活的特征是:沉浸在希腊罗马神话和文学与德国古典文化中,参与到思想文化精英们对文化革新的推广之中,并且带着尤其明显的遗传论烙印。"①"荣格出生并成长在欧洲历史上被称为世纪末的时代。这是一个文化骚动、各代之间冲突的时代,理性与非理性、社会进步与遗传退化、实证主义与神秘主义的相反势力互相冲突,像地壳的板块

---

① 理查德·诺尔:《荣格崇拜——一种有超凡魅力的运动的起源》,曾林等译,上海译文出版社2002年版,第17页。

运动一样,引发地震及其余波,在第一次世界大战期间达到高潮,并在1914—1919及其随后的几年中引发了一连串的革命和暴动。"①非理性主义成为这个时代的重要文化精神现象。尼采"上帝已死"的观点表明基督教的基本信仰受到前所未有的怀疑,西方逻各斯哲学体系也使人失望,在其他文化中寻求拯救西方的人类精神资源成为一种新的意识,因而"追求新思想、新经验、新学术理论、新方法的激情充斥在许多世纪末人们的想象中"②,荣格也浸淫于其中。另一种世纪末现象是"生命哲学"运动的兴起,荣格因此在很大程度上受主张生机论的生命哲学传统的影响。荣格原型理论的形成,也受到自然哲学、进化生物学理论的影响,他借用的"原型"一词就与19世纪中叶浪漫主义生物学背景有关,因为"原型"在伟大的形态唯心主义者理查德·欧文的著作中使用过③,而集体无意识概念也与解剖学家卡勒斯对生命过程的洞察和理解有关。"荣格本人的生物学观点和他对原型的热衷都似乎将他直接置于自然哲学思辨的或形而上学的派系之内"④。同时,19世纪德国动物学教授、著名的进化生物学家海克尔的著作对荣格思想产生过直接影响。

荣格原型理论的最终形成和集体无意识概念的提出是各种因素直接或间接共同作用的结果(后述)。而试图建立一种有灵魂的心理学,即最终建立一种在"自主精神原则基础上的心理理论",是荣格原型理论的逻辑起点和最重要的特点,也是理解荣格原型理论的关键。他说:"鉴于心理学在迄今以来的发展过程中一直主要从物质的因果性中考虑心理的过

---

① 理查德·诺尔:《荣格崇拜——一种有超凡魅力的运动的起源》,曾林等译,上海译文出版社2002年版,第24页。
② 理查德·诺尔:《荣格崇拜——一种有超凡魅力的运动的起源》,曾林等译,上海译文出版社2002年版,第30页。
③ 理查德·诺尔:《荣格崇拜——一种有超凡魅力的运动的起源》,曾林等译,上海译文出版社2002年版,第46页。
④ 理查德·诺尔:《荣格崇拜——一种有超凡魅力的运动的起源》,曾林等译,上海译文出版社2002年版,第47页。

程,心理学的未来任务将是研究心理过程的精神上的决定因素。"①荣格的这一思想,基于他对以往心理学理论的怀疑和对新的心理理论重建的可能性的假定前提之上。

首先,荣格对人类对自身精神世界的掌握程度提出了疑问。他说:"人类意识的发展是缓慢的、艰难的、经历了不知多少个世纪的漫长过程才达到了这种文明的状态(文明状态的人类意识可以武断地追溯到大约公元前四千年间手稿的发明)。意识的这种进化距离它的完成仍然尚有千里之遥,因为,人类心理的大部分领域仍然被笼罩在黑暗之中,我们称之为'心灵'的东西与我们的意识及其内容毫无共同之处。""无论是谁否认无意识的存在,那么事实上他就是认为,我们目前关于心灵的知识是完备的。很明显,这种信念是不真实的。它就像设想我们应该知道所有一切关于自然宇宙的知识一样荒谬。"②显然,荣格不满足于人类对自身心灵世界已有的知识和所下的结论,他要对人类心灵世界进行穷根究底的剖析。

其次,荣格对19世纪以来关于物质与精神关系的普遍解释进行了反驳。他认为:"把物质作为一切事物的基础这一现代信念,业已导致了一种'没有心理的心理学',也就是说,导致了一种认为心理不是别的,而是生物化学过程的产物这样的看法。至于一种从精神出发的现代科学的心理学,简直就还没有一种。"荣格之所以提出这样的问题,是在他看来,精神的形而上学在19世纪被物质的形而上学取代,导致了另一种失误:"很可能我们现在正从另一个方向上犯完全同样的错误。我们自欺欺人地以为我们对物质比对'形而上学'的心灵或精神知道得更多,因此,也就过高地估计了物质的因果性,相信只有它为我们提供了对于生活的正确解释。其实,说到终极的事物,我们根本就什么也不知道。"荣格质问道:"这个至高无上的物质究竟是谁?这岂不又是那个老造物主上帝,只不过这一次不以人的面目出现,而采取了普遍概念的形式。"于是荣格有针对性地对他

---

① 荣格:《分析心理学的基本假设》,见《荣格文集》,冯川译,改革出版社1997年版,第33—34页。
② C.G.荣格等:《人及其表象》,张月译,中国国际广播出版社1989年版,第5页。

认为盛行的一种观点提出了反对意见:"这种观点把精神现象降低为一种内分泌活动;人的思想既然被认为是大脑的分泌物,我们所建立的心理学也就只能是一种没有精神的心理学。必须承认,从这种观点出发,精神确实不能够独立存在;它本身什么也不是,仅仅是物质过程的表现罢了;……这样也就决定了现代一切'没有精神的心理学',实际上都不过是意识心理学,对它们来说,无意识精神生活根本就不存在。"[①]荣格在进一步对这种"时代精神"反驳的时候,似乎是从生物学的角度而不是从哲学意义上理解物质的含义,理解这个时代人们关于物质与精神的关系或物质决定精神的观念。荣格反对以物质代替精神的决定论,实际是反对科学主义对于人的精神本能、人的非理性因素的遏制。

荣格反对现代以物质代替一切、物质决定精神的思维倾向,但是又不想再重复古代关于灵魂不死、灵魂独立的观点。他认为,假定人具有灵魂,假定灵魂是一种实体和灵魂不朽,假定灵魂不依赖于肉体而独立存在等,与假定物质产生精神,假定人类来源于猿猴,假定康德的《纯粹理性批判》产生于饥饿、爱欲和权力欲的和谐作用等,也同样是一种猜测。[②]于是他在寻求一种新的解释,建立一种新的关于自主精神原则的理论。他说:

> 我们或许能够鼓起勇气,考虑是否有可能建立一种"有灵魂的心理学",即建立一种最终建立在自主精神原则基础上的心理理论。我们不必为这样一种工作不合时宜而感到惊惶,因为假设"精神"并不比假设"物质"更为虚幻。既然我们事实上并不知道精神如何能从物质中产生出来,也不能否认精神事件的实在性,我们就可以自由地尝试一次以另一种方式来形成我们的假设,设想人的心理起源于某种精神原则,这种精神原则也同物质一样,

---

[①] 荣格:《分析心理学的基本假设》,见《荣格文集》,冯川译,改革出版社1997年版,第17—18页。

[②] 荣格:《分析心理学的基本假设》,见《荣格文集》,冯川译,改革出版社1997年版,第15页。

是不能为我们的知性接受的。①

荣格的目的是既要建立一种"自主精神"的理论,为人的非理性争取独立的位置,又试图避免完全假定的揣测和幻想,把心理与生理联系起来,亦即把精神与肉体联系起来,进而把当下与远古联系起来,把个体心灵与"集体"心灵联系起来。这种联系又不是纯粹决定论的,而是带有一种先验假设色彩。

于是,荣格在他的老师弗洛伊德无意识理论的启示下提出了具有重要意义的假设:人的心灵世界是无限广阔的,在个人无意识之深层,还有集体无意识的存在,而集体无意识的呈现,则通过原型或原始意象,于是原型和原始意象作为集体无意识的最重要的内容和特殊的载体而被赋予新含义。为此荣格曾列举出了许多原型的例子,如出生原型、再生原型、死亡原型、力量原型、巫术原型、英雄原型、儿童原型、骗子原型、上帝原型、魔鬼原型、智叟原型、大地母亲原型、巨人原型,以及许多自然物如森林原型、太阳原型、月亮原型、风水火原型、动物原型,还有人造物原型如圆圈原型、武器原型等。其中比较重要的进行过具体分析的原型有阿尼玛和阿尼姆斯②、阴影、智慧老人原型等。荣格认为生活中有多少种典型情境,就有多少个原型。另外,还有转换的原型,它们不是人格,而是典型的情景、地点、方式方法。

从这里可以看出,虽然原型最早不是由荣格提出的,但是荣格重提原型并引起极大的反响,其根本原因,是荣格已不再重复他的先辈"立足于柏拉图哲学的基础",而是立足于自己对人类精神世界特别是人的心理结构的新见解和新开拓。具体来说,他是要建立一种不同于以往的建立在"自主精神"基础上的精神心理学,分析人类心灵的深层结构及其来源。

作为一位精神病医生,荣格的研究没有脱离他的职业,而他的任务是

---

① 荣格:《分析心理学的基本假设》,见《荣格文集》,冯川译,改革出版社1997年版,第19页。
② 按荣格的解释,阿尼玛和阿尼姆斯是个人人格中的原型,阿尼玛原型为男性心灵中的女性形象,阿尼姆斯则为女性心中的男性形象。

"治疗灵魂"。"大部分传统精神疗法的目的在于人格的基本调整和症状的治疗,采用的是控制疗法。与这些传统的精神疗法不同,荣格的精神疗法的目的在于救治灵魂,处理精神问题。这一目的不仅仅是病症的治疗,最重要的是实现个体的完善或自我实现。每个人的灵魂深处都隐藏着一切未来发展的种子。从终极意义上讲,它是一颗神性种子。荣格心理疗法的重要任务是帮助这颗种子发展、成熟,发挥它最充分的潜能。"[1]出于拯救人类灵魂的目的,荣格致力于人的心理结构和集体无意识的探索,从这一基点出发,借助于"原型"这一古老的概念来展开以集体无意识为核心的分析心理学的假设和推论。

原型的结构分析

一、原型是类似于本能的原始模式

荣格假设人生下来就带有某种先在的心理模式,这种模式类似于本能,或者说是一种精神的本能。他认为,原型实际上就是本能的无意识形象,也就是"本能行为的模式"。"本能和原型共同构成了'集体无意识'"[2],这是他的一个基本概念和观点。他认为人生来即具有某种功能方式,某种表现为原始模型意象形式或是原始模型形式的行为类型,认为原型确确实实是一种本能的趋向,它宛如鸟儿建巢、蚂蚁组成集群的冲动一样明晰可辨。

荣格认定人的后天的行为方式是有一个先天的原始模式在起作用,在制约着,这种模式就是人类自远古祖先遗传下来的精神原型。荣格曾经对于本能(生理本能)和原型(心理原型)有过区分,但他认为本能与原型在形态上有相似性,本能形成了与原型极其相似的形态,相似得使我们有充分的理由认为原型实际上就是本能的无意识形象,即本能行为的模式。

---

[1] 拉·莫阿卡宁:《荣格心理学与西藏佛教——东西方精神的对话》,江亦丽、罗照辉译,商务印书馆1994年版,第67—68页。
[2] 荣格:《本能与无意识》,见《荣格文集》,冯川译,改革出版社1997年版,第6页。

按此推理，人类那些重复的，与生理本能和精神本能相关的典型情境都会生成原型，因为它的重复发生性和普遍一致性都可能被我们视为原始模式在发挥功能，都可以去追寻这种模式产生的最初根源，从中找到一个最初的范式。

荣格的这种观点虽带有先验和假设色彩，但这并不是没有意义的。它实际涉及关于人有无先天心灵模式和精神本能的问题，其要害问题是人的大脑只是对于外界事物的反映呢，还是它先在地就具有某种本能的需求和模式，就带着祖先遗传的精神特质？进而它还涉及如何理解和界定人的主体性的问题，即能否把人的精神作为研究人的本体的一个方面或起点？也就是说，对于这个问题如何回答是直接与自主精神原则能否成立的问题相关的。荣格的回答是肯定的，就是说人生来就带有先在的某种功能方式，有某种特定的心理结构模式，按照特定的行为类型的形式行动。类似的观点曾在维柯的《新科学》中论及人类诗性时有所涉及，在泰勒《原始文化》中论及关于人类心理同一论时也有触及。荣格提出问题的意义在于，他的带有先验色彩的假设，有20世纪人类对于无意识领域的新发现作为一定的根据。就是说，现代人文科学的成果，已经使人们不能无视人的心灵世界中那种类似于本能的现象的存在，不能无视无意识现象的事实，而必须面对它，探讨它。荣格的假设，在客观上把人的意识、心灵现象与人类精神本原联系起来，为人类认识人自身的精神本能、心理本体提供了启示，由此对于理解人类精神本体及其具体层面提供了有价值的思路。

为了揭示人的精神的这种先天性，荣格对意识与心灵做了区分，提供了一种新的启示，值得特别注意。他说：

> 假如你把心灵和意识等同起来，你就可能很容易得出一种错误的观念，那就是：人带着一具空空如也的心灵来到世上，在以后的岁月中，心灵所蕴含的只是通过个人经历所习得的一切，除此之外什么也没有。然而，心头的涵盖却比意识的涵盖要大。动物几乎没有意识，但是，它们却有着很多标志心灵存在的冲动和反应；原始人做了很多事情，但他们对于这些事情本身的意义却一

无所知。①

在这里,荣格同样是在强调人的心灵的先天模式的作用。人的精神如同人的生理一样,在长期的进化过程中,人不但有了生理的本能和基本需求,同时人的心灵也形成了一定的本能和基本模式。人在降生之时,他的心灵并不是空白的,而携带着祖先精神的遗传,它铭刻、积淀、凝聚着人类的历史,形成了各种无意识的原型。

心灵大于意识,无意识的存在是一个事实,但它是怎样形成的?个体是如何获得的?对之却有不同的理解。弗洛伊德、弗洛姆等认为,它是由社会、文化等"过滤"、压抑而不被意识或"不让"意识的部分;荣格则认为,它是先天的人类的精神遗存,是人的精神本能,类似人的行为模式,是人性的结构而不是心理功能。就是说,荣格的"无意识"概念不是指"不能"意识,而是指心理结构中的一个层次。人的心灵的这一最深层次是不可意识的,而是经由后天的实践、环境所激活的。荣格强调意识与心灵的不同,就是强调心灵世界的最深层是由无意识特别是集体无意识所构成的,而这正是比意识"大"而又掩蔽在意识阈下难以觉察的部分,原型就是人的心灵中的这一部分,即集体无意识。这种对心灵结构的深层分析,目的仍然是为自主精神寻找依据。

由于原型理论带有假设性质,直到今天我们仍不能用科学的手段去证明这种假设,但是,我们不能就此断然否定这种假设的合理因素和意义,因为我们同样不能用科学的手段精确地证明这种假设不存在。荣格对于人类心灵的假设的意义,就在于它承认和强调人的心灵世界的复杂性,而不把人的心灵简单理解为只知被动接受外来信息的一块白板。这种观点在客观上把对人的精神现象的研究引向对人自身的关注,引向对人的精神本体和人性的探索。所以,荣格关于人的心理本能的假设是一个有价值的命题,也是原型理论最基础的论点。

荣格关于心灵本能先天模式的观点难为人们所普遍接受和理解。但

---

① C. G. 荣格等:《人及其表象》,张月译,中国国际广播出版社1989年版,第72—73页。

是全面把握荣格的理论观点就会发现,荣格并不根本否认原型与经验的一定的关系,荣格说:"人的无意识同样容纳着所有从祖先遗传下来的生活行为的模式,所以每一个婴儿一生下来就潜在地具有一整套适应环境的心理机制。这种本能的无意识的心理机制始终存在和活跃于人的意识生活中。如果允许我们将无意识人格化,则可以将它设想为集体的人,既结合了两性的特征,又超越了青年和老年、诞生与死亡,并且掌握了人类一二百万年的经验,因此几乎是永恒的。"①从这里可以看出,荣格一方面反对把原型与经验联系,反对决定论,另一方面又说原型意象是人类经验的残迹,承认原型是远古祖先的精神遗存,是一种永恒的、集体的"种族记忆",它无时无刻不在人们的头脑里,并决定着个体的思维方式和行为方式,这在实际并不断绝它与后天经验的关系。这说明,荣格的理论本身有着矛盾性。

假设人类有先天的精神模式,这是荣格理论的前提。为了不使这种精神现象的解释完全等同于生理的遗传,荣格做了有意义的谨慎的补充,这就是关于原型的"纯粹形式"。

二、原型是"纯粹形式"和"领悟模式"

原型理论的神秘和费解也在于,荣格把原型即集体无意识解释为一种特殊存在的"纯粹形式",一种先验的表达的可能性。荣格认为:"生活中有多少典型环境,就有多少原型。无穷无尽的重复已经把这些经验刻进了我们的精神构造中,它们在我们的精神中并不是以充满着意义的形式出现的,而首先是'没有意义的形式',仅仅代表着某种类型的知觉和行动的可能性。当符合某种特定原型的情景出现时,那个原型就复活过来,产生出一种强制性,并像一种本能驱力一样,与一切理性和意志相对抗,或者制造出一种病理性的冲突,也就是说,制造出一种神经病。"②"原型不是由内容而是仅由形式决定的……原型本身是空洞的、纯形式的,只不过是一种先

---

① 荣格:《分析心理学的基本假设》,见《荣格文集》,冯川译,改革出版社1997年版,第25页。
② 荣格:《心理学与文学》,冯川、苏克译,生活·读书·新知三联书店1987年版,第101页。

天的能力,一种被认为是先验的表达的可能性。"换一种较清楚的说法就是,"集体无意识不能被认为是一种自在的实体;它仅仅是一种潜能,这种潜能以特殊形式的记忆表象,从原始时代一直传递给我们……没有天赋的观念,但是却有观念的天赋可能性。这种可能性甚至限制了最大胆的幻想,它把我们的幻想活动保持在一定的范围内"①。这就是说,原型作为集体无意识处处存在,人人具有而个体又难以认识、无法描述。它是一种没有具体内容的形式,一种先验表达的可能性,其内容要在具体的情势下由个体的心理体验去"激活"并借助于原始意象才能意识到。对此,霍尔曾解释说:"为了正确理解荣格的原型理论,有一点十分重要,这就是,原型不同于人生中经历过的若干往事所留下的记忆表象,不能被看作是在心中已充分形成的明晰的画面。母亲原型并不等于母亲本人的照片或某一女人的照片,它更像是一张必须通过后天经验来显影的照相底片。"荣格说:"在内容方面,原始意象只有当它成为意识到的并因而被意识经验所充满的时候,它才是确定了的。"②这就是说,原型作为"纯粹形式",是与原型的集体无意识内容相辅相成的,这种"纯粹形式"是一种经过后天经验才能为个体所意识并充实具体内容的心灵图式和原始模型,它因个人的具体的心灵情境而被激活,不断置换。

为了对原型的这种"纯粹形式"有更清晰的解释,荣格曾对原型与原型观点做出了区分。荣格认为原型不同于原型观点。原型本身只是一种天赋的可能性,没有具体的内容,是一种心理模式,而当被人们具体感知、被意识到的时候,它就已经带上了原型观点,带上了个人色彩。荣格在提出这个观点时特意注明:原型具有假设性质,并非代表性模式而犹如生物学中的"行为图式"。③ 这种区分就是对于"纯粹形式"的另一种说明。这就是说,原型不是一个个具体的"行为图式",而是一种纯粹的"形式",是

---

① 荣格:《荣格文集》,冯川译,改革出版社 1997 年版,第 225—226 页。
② C. S. 霍尔、V. J. 诺德贝:《荣格心理学入门》,冯川译,生活·读书·新知三联书店 1987 年版,第 45 页。
③ 参见荣格:《集体无意识的原型》一文的注释,见《荣格文集》,冯川译,改革出版社 1997 年版,第 39 页。

先在的、能影响后天行为的一种精神模式,一种对行为起某种引导、规范的心理图式,它的内容要因人而异去激活、充实。原型只有通过后天的途径才能为意识所知,经个体而使本来的潜在的可能性具有具体的原型观点。

在这里,我想特别提出,要真正理解荣格关于"纯粹形式"的论述,需要对他的另外一个概念即"领悟模式"有所了解。荣格说,原型是典型的领悟模式。这里的领悟模式与纯粹形式是同样的意思,但更容易理解一些。所谓领悟模式,就是说,原型对于集体无意识内容起一种激活、领悟的作用,因为集体无意识是人人都有的,但却不是任意能被意识到的,它在特定情境下需要特定原始意象使其再现,而具体的原始意象(如日出意象、流水意象等)就是一种具体的领悟模式,通过这种模式使人领悟心灵深处的集体无意识内容,使其重现。这种模式是纯粹形式,是指它的基本的原始含义是确定的,并被形式化,具有约定性。而个体在特定情境下,借助于这种形式来领悟具体的内容,使人产生激活原型而与集体无意识相通的感悟(关于典型的领悟模式将在后面集中论述)。

这种看法不仅对理解个体意识与群体意识的关系提供了新的思考角度,而且也为集体无意识的探索打开了一个巨大的思维空间。因为"纯粹形式"这一概念,给人以深层的整体感和超越时空把握历时性背后的逻辑原则的视角。沿着这一思路展开,有可能触及对人类精神的普遍性、人性的共通性等问题的深入探讨。

三、原型的结构层次

对于集体无意识与个人无意识的发现与区分,是对人类深层心理的重要发现,同时也是对人类意识存在方式的一种结构性的分析,为对进一步研究人的心灵世界和内部结构找到了新的突破口。

意识与无意识、个体与集体,同时暗含意识表层与深层问题。原型不仅从纵向深入原始先民的精神遗存,而且在横向上覆盖着集体无意识领域。集体是指普遍的、超个性的。人类心灵无意识的集体性、先天性的观点,本身就包含着本能的意味,它和人在生理上生来就有对于周围的环境做出反应的能力一样。

因为原型是集体性无意识的载体,所以它不能为具体的个体所意识到,也难以描绘;要对原型有具体的理解需要借助于原始意象;原始意象既是原型的一个层次,也是原型具体的呈现,换句话说,原始意象在一定意义上是用来说明原型的载体。原始模型是无意识的,因而只能是假设的,然而,我们能通过某些返回到心理当中来的典型意象意识到它。在结构上集体无意识处于心灵的深层,它只有为具体人所领悟的可能性,所以它是一个纯粹形式、一个框架;原型的本质是感性的积淀,它的最终的含义实际上类似于理念、心灵图式和"道"。原始意象是从感性到理念的中间环节和具体呈现。原型由原始意象、理念、无意识等不同层次构成,原始意象向上通向理念、集体无意识,向下联系经验(感觉)。另外,情结(个人无意识)经由原始意象与原型(集体无意识)相通。

荣格又说:

> 原始意象或者原型是一种形象(无论这形象是魔鬼,是一个人还是一个过程),它在历史进程中不断发生并显现于创造性幻想得到自由表现的任何地方。因此,它本质上是一种神话形象。当我们进一步考察这些意象时,我们发现,它们为我们祖先的无数类型的经验提供形式。可以这样说,它们是同一类型的无数经验的心理残迹。①

在这里他把原始意象与原型混用,似乎二者是等同的。但荣格的其他论文论著中,却又对原型进行结构分析,原型与原始意象不同。如果对原型的内部结构进行剖析的话,处于核心位置的是原始意象。向上,它联系着抽象的、纯粹形式的原型;向下,它联结着人的具体的情感体验和心理活动。原始意象是具体可"见"的、伴随着"象"的精神现象,在人的心理活动过程中,它是沟通感性与理性的桥梁。原型要真正被现实中的人所感知,只有在特定的情势下,以现实的具体的情感和体验激活某种原始意象,形

---

① 荣格:《论分析心理学与诗歌的关系》,见《荣格文集》,冯川译,改革出版社1997年版,第226页。

成特殊的古今沟通的关系,使现实人的深沉的原先未被觉察的心理情感和体验得到意识和体验。而这种激活是在某种先天的模式范围中进行的,与理念、思维图式相通。所以,每一次原型被激活的过程,实际都是伴随着使抽象的集体无意识变得具体、有实在内容的过程。换句话说,如果没有现实的特定情势下原始意象被激活,原型将永远不会被感知,集体无意识永远不会有具体内容和得到显现,它们都只能是一种虚像,是一种可以负载特殊情感的潜在的可能,而不是实在的、可以解释的、精神的载体。集体无意识在这里,既是原始意象的抽象的概括,也是它的本体、实质和归宿。按照荣格的解释,原始意象能具有特定的意义而不是混沌一片,就在于集体无意识原本就是远古人类生活经验和情感体验的精神遗留物。对于集体无意识的重新激活和创化,也就是对于原型意象复原的过程。它的复原因此循着特定的路径。

荣格原型理论中的论点,并非每一个都解释得完善,但每一个都可能给人以启发,都能生发出新的理论意义。自荣格以来,许多运用了原型概念或者触及原型理论而不用原型概念的人,实际上都已充分注意到荣格理论所涉及的问题。荣格及其后继者对原型理论不断阐述的过程,就是人们对人类精神世界特别是无意识领域的探讨不断深入的过程,在这个过程中出现了许多闪光的思想。从这个角度说,荣格的贡献首先在于他提出的论题本身的重要性,其次,在于他寻求答案过程中给人的启示,而荣格的许多结论则需要我们重新思考。

荣格原型美学与西方现代美学主潮

荣格以"集体无意识"概念和心理原型理论奠定了他在20世纪人文科学中的杰出地位,其理论概念和观点已被广泛应用,且影响极大。尽管荣格毕生进行着艰苦认真的理论探索,直到晚年还发展和完善着他的观点,却仍然给后世留下了许多疑问。一方面,荣格提出的"集体无意识"概念和"原型"术语被广泛接受,被用于心理学、文学批评、宗教理论等领域;另一方面,人们对何谓"集体无意识"和"原型"仍存在许多不明了之处和理解上的差异。虽然这种含糊的理解或术语的借用仍具有不小的启示作用，但它限制了研究向更深广层次的发掘和拓展。这种现象的出现，表面上是应用者的问题，而根本的问题在于荣格原型理论本身存在着许多迷雾。比如，关于集体无意识与个体无意识的关系，原型心理与本能的关系，集体无意识的来源及其传承等，这些概念一俟用于实际的操作中，就程度不同地偏离了荣格原型理论的本义，使之类乎于一般心理学的解释。

荣格在提出原型概念之后，特别注意了不使他的理论变为一种流俗观点，再三强调集体无意识的不可意识性、原型的先天模式和心灵的自主原则。而原型理论研究的关键也在于对这样一些基本概念和建立在其上的理论体系如何确认和证实。

也许我们只有把荣格的理论放在西方非理性的人本主义思潮中，才能更好地认识其特点。20世纪西方哲学（美学）的重要特点是现代人本主义和科学主义两大思潮的形成演变，而在这两大思潮中，荣格的原型理论的核心基本属于现代人本主义，且带有鲜明的非理性主义色彩。虽然荣格曾有过这样的辩白："尽管我往往被说成是哲学家，但实际上我始终是一个经验主义者，并且始终像一个经验主义者那样恪守着现象学的立场。"他认为，一个人偶尔在经验的积累和分类之外做一些思考，这并不与他科学的经验主义原则相冲突。[1] 言外之意是说，他的一些在别人看来正好与科学的经验主义相反的观点并非是他的理论主体。他强调自己始终是一个经验主义者，是强调他的理论体系的感性或者非理性的特点，强调感觉的可靠性，因为经验主义的美学都以感觉经验为基础。

如前所说，荣格的出发点是要建立一种不依附于物质的自主精神基础上的心理学，他着重探讨的是关于人的心灵问题和人类心理结构问题，这集中表现在他的集体无意识理论上。他毕生的研究对象、出发点和归宿说明了他要为人的非理性争得地位。他对原型这一核心概念的执着探索并对其非理性特点的强调，源于他对原型与人类精神现象深层关系的思考和确认。他说："在现实生活中，我们永远做不到安然无恙地摆脱原型基础，

---

[1] 荣格：《心理学与宗教》，见《荣格文集》，冯川译，改革出版社1997年版，第306页。

除非我们以患精神病为代价;就像我们无法毁坏自己的躯体与器官而不自杀身亡一样。如果我们无法否定原型或者使原型失去意义,那么随着文明的发展,在意识发生异化的每一新阶段,我们就会面临在这一阶段为原型寻找合适的新解释的问题,以便把仍存留于我们身上的过去生活与现在生活衔接起来(后者是想摆脱它的)。如果不能形成这种衔接,就会出现一种不再面向过去的无根无源的意识,它就无能为力地屈服于任何形式的建议,而且实际上容易引起各种精神流行病。随着'过去'的消失,'现在'就变得'微不足道',就会贬值,并且不会再升值。"①"人类精神史的历程,便是要唤醒流淌在人类血液中的记忆而达到向完整的人的复归。"②

荣格原型理论对建立自主的精神心理学的努力,以及对于人的先天心灵世界的肯定,实际是把对人的心理的研究提高到人的本体的高度。他在弗洛伊德无意识理论的基础上又提出了集体无意识的概念,而且把集体无意识看作是决定人的后天行为最深层的、最本质的因素,把个人的本能看作是集体本能的一种个体的特殊的表现,这就从纵向与横向两个方面强调了集体无意识的最终的决定作用,而这涉及的正是一种精神本体论问题。

荣格的假设实际暗含一个基本预设的前提:人的独立自主精神先于人的后天实践而存在,因此它才是自主的。如果说萨特"存在先于本质"的理论是关于人的定义的现代思考,那么荣格的集体无意识原型理论则是对人的精神本体的假定。原型或者心理模式在这里含有精神本体、本质的意味。只是,荣格这种现代精神本体论不是"人之初,性本善"或原罪式的"本质先于存在"的思路,即不是从伦理道德出发对人性性质的确定,不是对人的精神或心灵进行善与恶的区分,而是肯定它的先在,即有与是。就是说,荣格的原型理论关于人的心灵世界的假设,是把人的精神的存在与人的存在视为同一的与生俱来的现象。按照荣格的观点,个体的人在出生时就遗传了祖先的精神遗留物,它是超个体的,也是先在的。从这个意义

---

① C. G. 荣格:《儿童原型心理学》,见阿兰·邓迪斯编:《西方神话学论文选》,朝戈金、尹伊、金泽等译,上海文艺出版社1994年版,第328页。
② 荣格:《毕加索》,见《荣格文集》,冯川译,改革出版社1997年版,第283页。

上说,精神已经不是与肉体同步产生,而是同步展开。

沿着荣格的思路推论,人的行为与精神的关系是:先天的、与人的存在同步的精神原型,在深层决定着人的行为,而且在本质上,人与人之间在精神结构的深层都是相似的或是一致的。尽管荣格在他对原型理论的阐述中似乎关注的焦点在个人的无意识与集体无意识的关系方面,而不在人的精神的本体方面,但是他的原型理论在根本上包含着这样一个根本的观念,遵循着这一逻辑。而原型理论、原型批评在后来出现的偏颇和受到的挑战,其根源也在于此,即不管如何研究文学和精神现象,最终都会落入一个无法超脱的框架:人的一切行为和精神现象都是一种本质上的规律性反复,这种规律是从远古先民时期就决定的,而后人的出现都带有这种特性,后天的活动是遇到特殊情景使原型瞬间再现,或者是这种原型的具体的展开。所以,文学被视为神话的移位。原型批评的受批评正是由于它的这种僵硬的模式,而这种模式源于原型理论的基本特点。

荣格的这种探讨过程又非常清楚地具有非理性的色彩。荣格是一个在根本上强调人的非理性的人本主义者,他的原型理论中有着许多对于人的非理性现象的关注和肯定的内容,如梦、精神分裂现象、炼丹术、瑜伽等神秘现象。他并不为这些精神现象的产生找到物质基础和现实依据,而是认为这些精神现象本身就与远古祖先的精神相通,是原型的一种瞬间再现,以此为精神本体的存在提供依据。把非理性因素强调到人性本体的高度,必然导致从纯粹生理的角度解释人类各种现象,包括心理现象。荣格的理论中充满着神秘主义和不可知论的色彩。

荣格与他的老师弗洛伊德在理论倾向方面有重要的区别:"弗洛伊德崇尚理性,执意要坚守19世纪科学理性主义的理想,他付出毕生的努力揭示人类的无意识心理,是为了对它进行监查和控制,似乎无意识只是存放意识弃置物的仓库。荣格则属于20世纪,甚至属于未来,他认为无意识是'母体',是意识的基础,具有其独立性和创造性。弗洛伊德精通经典物理学,荣格则关注着现代物理学的发展,而且同爱因斯坦等伟大的学者保持着密切的往来。荣格对西方和东方哲学都很重视,他的思想指向现代物理学与东方神秘主义以及无意识心理学的结合。"弗洛姆说:"弗洛伊德是个理性主义者,他之了解无意识是因为他要控制和征服无意识。相反,荣格属于浪漫主义的,反理性主义的传统。他怀疑理性和理智,代表着非理性的无意识对他说来是智慧的最深根源。……荣格对无意识感兴趣是取一种浪漫主义的赞赏态度;弗洛伊德的兴趣则是取理性主义的批判态度。"①

对集体无意识的探讨,归根结底属于对人的非理性的探讨。强调人的无意识深层心理,揭示人的先天的本能和行为模式,为人类非理性因素找到一个重要位置,甚至把集体无意识作为所有人类意识活动中最深层的、最后的、最重要的决定作用。这带有了现代西方以非理性主义为特点的人本主义的基本倾向。

荣格的理论研究过程反映了现代科学主义与人本主义在方法论上的对立与交融。荣格在总体上是要建立一种自主的精神的心理学,这种目标是现代人本主义思潮的组成部分,但是,荣格的研究思路和论证方法却带有现代科学主义的色彩,甚至需要科学主义的具体手法。这主要指的是他对原型和集体无意识的假设所体现出的特点。他说的集体无意识是超越时空范围的精神现象,又是可以用模式来演示而不能具体描述的现象。这实际是揭示一种共时现象,一种人类精神的深层结构,这与结构主义是相通的。然而,虽然他的理论需要科学的实证和逻辑的推理,但是他却没有这样做,而是以假设为主要方法,兼有思辨色彩。从这个意义上说,荣格的原型理论是一个特殊的存在:在出发点上,他是具有现代非理性主义色彩的人本主义思潮中的一支,他是对以黑格尔为代表的传统理性主义的反叛;在具体的命题上,他又具有现代西方科学主义的色彩,他提出的是一个与结构主义有关联,只有用科学主义所采用的普遍方法实证才能说明的问题;在具体研究过程中,他却采取了一种自上而下(先假设普遍的理论命题,后展开演绎)的传统方法,同时又不排斥某些实证。

荣格过分地强调先验的存在,强调集体无意识的现象及其作用,而坚持反对用后天经验来解释原型。他的这种坚持有他的用意:一方面为了在

---

① 刘耀中、李以洪:《建造灵魂的庙宇——西方著名心理学家荣格评传》,东方出版社1996年版,第39—40页。

整体上保持他为人文科学、心理学争得独立地位的目标,另一方面则是他的理论命题本身不容许他导向后天经验和逻辑实证方面。但是,他的命题的结论却需要科学的论证和逻辑的推理,于是就产生难以解释的问题,理论不能贯彻到底并令人充分信服。这种矛盾性,也正是现代西方科学主义与人本主义两大主潮对立的表现。各执己见与各自的局限影响了对问题的科学的解决。荣格的研究需要实证而又不能用实证的方法,不能纳入实践论,这并不是一种对实践观点的偏见,而是一种与命题相关的必然,他怕因此失去自己理论的精髓。

荣格为了确认自主精神的存在,推测出集体无意识理论,所以在确认和解释集体无意识的存在时,必然反复强调集体无意识的先天性、不可描述性。从一定意义上说,对于集体无意识先天性的维护,是基于对精神自主性、精神不依赖于物质而独立存在的假设的维护。另一方面,荣格对于集体无意识这种个体不可意识的、以集体方式存在的精神现象的来源的解释,避免重复灵魂理论,并试图在不脱离人的现实存在的前提下解释他的先天性质亦即"自主精神",于是他提出原型即集体无意识是一种类似本能的领悟模式,是远古先民的精神遗存,是人类世世代代相承的种族记忆。

荣格恰恰由于这种逻辑起点使自己的理论有着难以自圆其说的矛盾性。他虽然不是完全地以纯粹的遗传观点来解释精神现象,但反对用后天经验理论解释原型和集体无意识现象,它的具体观点都紧紧地围绕着自主精神这一基本观念,因而他必然地并在实际上落入他所不愿陷入的逻辑怪圈里:精神不依赖于物质而自主存在,但它要通过生理遗传,它蛰伏在人的大脑中;深层的集体无意识精神不是后天得来的经验,它是先天的本能模式,然而,它要被后天的特殊情境来"激活",在后天的个体的行为中"重现"和被证明。这是一个无法克服的理论难题:作为自主性的精神是如何存在于个体这个物质载体上的?心理的东西如何变为通过生理可以承传的东西的?对此,荣格的解释终究不能使原型心理与生物本能反应划清界限。

从这里可以看出,现代人类学、结构主义等理论在荣格假设集体无意识和原型理论时似乎为荣格提供了理论依据。但是,当遇到实际的难题时,现代人文科学与自然科学并没有为荣格提供真正坚实的具体的理论观点,甚至在这方面是无能为力的。因为文化人类学也好,结构主义、符号学、神话学也好,虽然它们都以自己的理论框架来分析人类精神现象,提供了种种不同的模式,但是它们实际上却有一个重要的特征,就是每一种理论观点都是围绕着自己理论体系的建立而提出的概念。它们作为概念术语有时可以被借用,或者说提供某种启发,但是,它们不能直接地为原型理论提供观点和完全适应的方法。另外,上述现代人文科学理论还有一个共同特点,就是比较注意从具体的研究对象中寻找规律,考察种种精神现象的产生原因和特质,从具体现象的分析中得出结论。它们的理论或许都存在片面性,但是很少脱离实证的分析而纯粹假设和猜测,就是说不脱离人类的实践孤立地研究自主精神,这里又体现着20世纪西方人本主义与科学主义思潮特点及某种相通相容。而荣格关于建立自主精神的理论,关于集体无意识和原型的理论,似乎缺乏这种现实的基点和实证的方法,最重要的是它的研究对象本身就潜伏着使理论基础崩毁的危险,这就是他脱离了对正常人的精神现象的关注而专注于非正常的人群,比如精神病人的精神的研究。企图从个别的特例中寻找人类精神现象的普遍性,解释人类的集体无意识现象,这是原型理论存在逻辑缺陷的重要原因。荣格在这种理论基点上做出了难能可贵的、富有启发性的探讨,同时又做出有片面性的进一步的假设。

荣格的矛盾是深刻的,但是,就在他的矛盾的理论中潜藏着重大的理论前景。这就是,荣格极力要证明的人的精神带有先天性的观点,类似集体无意识的现象存在的观点本身,具有继续探讨的重要价值。

荣格关于集体无意识的发现和原型概念被赋予心理学含义是一个极有意义的课题,如果轻率地把它看作是唯心论、先验论而加以否定或变相地否定,那无异于拒绝对人类心灵世界的进一步探讨。如果不从历史的发展的、实践的观点研究人类的发展史,包括精神发展史,就难以解释人类的生存发展的过程和精神现象,然而,这种研究也不能不注意它的起点和本原。马克思曾说过,人类"懂得按照任何物种的尺度来进行生产,并且随时随地都能用内在固有的尺度来衡量对象;所以,人也按照美的规律来塑造物体"①。在这里,我们不能以"内在固有的尺度"来否定人类衡量事物的尺度在实践过程中的历史发展,然而恐怕也不能完全否认这种"内在固有的尺度"本身的存在,至少,我们值得对类似的问题进行探索。比如,人类有无其所以为人的最初的特性,"内在固有的尺度"是否就是这种特性决定的? 人类的精神的发展过程是否也是一种恒定性与变异性的辩证统一过程? 在我们今天现代人的精神中,是否还保持有人类诞生以来一些固有的精神元素? 如果承认这种现象的存在,就是承认人类有某些恒定的、基本的精神本原和基因,在精神现象中包含着人类的本性因素,而不能把现代人的所有的精神现象都解释成为后天习得的结果和对现实的反映。以往人们忌讳谈论这个问题,过分地突出精神文化的流变性、历时性,而无视各种精神现象后面不变的共同原则和普遍性。这种研究方式看起来是绝对的唯物论的,但实际上把复杂的精神现象简单化了。过分的决定论简单地解释了许多复杂的精神现象,它导致的直接结果之一是过分强调不同民族之间文化的差异性、对立性,人性的特异性,而否认或轻视人性的相通性、同一性。笔者认为,原型理论研究的真正的价值正在于它实际要回答的是人类心理结构问题,是人性的本原及其如何生成和传承的问题,是人性在历时态中的永恒性和共时态中的相通性,以及它的表现形态中的反复发生性和普遍一致性。而这些问题的探讨,也正是原型作为美学范畴的依据所在,也就是荣格所说的"美学实质上是应用心理学,因此它不仅与事物的审美性质有关,而且也与,并且主要与审美心理学问题有关"。

因此,应在荣格关于这种现象的发现的基础上,重新对这种现象进行探讨,并找出更为合理的解释,而不是否认这种现象本身。同样,回避荣格原型理论中的矛盾性,而使它流于一般心理学原理,也是不可取的,因为这实际上就是在荣格的基点上的倒退。

克服荣格原型理论的片面性,在根本上要克服20世纪人本主义所普遍存在的非理性主义的偏执与科学主义对人的理解上的矛盾性,而寻找两

---

① 马克思:《1844年经济学-哲学手稿》,人民出版社1979年版,第50—51页。

者的契合点。原型之"原"与"型"要追溯到人类作为宇宙中一个有共同属性的生物类属的基本特性方面,并以此为起点,解释它如何完成了从生理到心理的过渡,个体到集体的融通,达到历史与逻辑的统一。要克服荣格原型理论的片面性,就要给人的非理性以科学的解释,从理性与非理性两个方面理解完整的人,在科学的推理与逻辑实证的结合上解释人性。

第三章　原型批评的理论与实践

原型理论与原型批评

为了区分作为分析心理学的原型研究与作为文学批评方法中的原型研究,笔者运用了"原型理论"与"原型批评"两个不同的术语。原型理论与原型批评是两个互相联系但有区别的概念,是两个层次上的问题。原型理论是一个涉及哲学、文化人类学、心理学、精神现象学甚至生理学的复杂的概念,主要是关于人的心理模式(心理结构)是否存在、如何生成、怎样承传以及如何再现的问题,其精髓是探索人类的精神本体,进一步揭示人类心理结构。原型批评是20世纪西方一个重要的文学批评派别,它把原型概念引入文学艺术批评。原型批评所探讨的应该是人类文学艺术活动与人的精神本体的关系,分析人类文艺史中宏观的带有深层规律性的问题,揭示人类艺术活动的精神本原、内在动因和心理机制,真正从人的主体方面、人类心灵活动方面揭示人类艺术史的发展轨迹。

原型理论不仅被运用到文学艺术的研究中,最先也最直接地对文学艺术产生影响,而且,原型理论的奠基者荣格实际上把文学艺术作为他研究集体无意识和原型的标本,在许多方面以艺术活动为例来说明他的观点。

作为20世纪一种重要的批评派别的原型批评,它的兴起和发展与荣格原型理论有密切的关联,但是,原型批评又不仅仅与荣格的理论关联,不是荣格原型观点的简单运用。它是在现代人文科学,包括原型理论的影响下发展起来的,同时在某些方面又突破了荣格原型理论的概念范畴。

原型批评兴起于20世纪20年代,到50年代后期弗莱《批评的解剖》的问世,可以说达到了一个高峰,成为最重要的文学批评派别之一。此后原型批评仍在不同的国家和不同时期有所发展。

本章主要描述:原型批评作为整个原型理论体系的一个重要构成部分,它的理论与实践过程,实际上体现了怎样的原型观点和理论?它与荣格的原型理论有哪些不同?

因为原型批评不仅补充并发挥了原型理论,而且它的批评实践及其所表现出的优势与缺点,也是对原型理论的一种检验或修正。西方原型批评所暴露出的一些弱点,正是我们应当重新解释原型理论的契机之一。

在原型批评方面较有代表性的论著主要有:荣格的《论分析心理学与诗的关系》《心理学与文学》《〈尤利西斯〉:一段独白》《创造的赞美诗》《美学中的类型问题》等,英国的哈里森的《古代的艺术与仪式》,鲍特金的《诗歌中的原型模式:想象的心理学研究》《诗歌、宗教和哲学中的类型意象研究》,墨雷的《古典诗歌的传统》,威尔莱特的《隐喻和真实》,法国巴什拉的《火的精神分析》《水与梦:论物质的想象》,列维-斯特劳斯的《神话学》(一至四卷),加拿大弗莱的《批评的解剖》《同一性的寓言:诗的神话研究》,等等。其中对于原型批评最具意义和做出重要贡献的是加拿大学者诺思洛普·弗莱,特别是他的《批评的解剖》一书。而近二十多年出版的著作内容更加丰富,如由东方出版社出版的"曼荼罗丛书"中的《大母神——原型分析》(埃利希·诺伊曼)、《父亲:神话与角色的变换》(阿瑟·科尔曼、莉比·科尔曼)、《猫、狗、马》(芭芭拉·汉娜、迪安·L. 弗兰茨)等,弗莱的《伟大的代码——圣经与文学》《神力的语言——"圣经与文学"研究续编》《现代百年》,等等。而最富于概括力和启示性的著作,笔者以为是英国著名女作家凯伦·阿姆斯特朗的《神话简史》(胡亚豳译,重庆出版社2005年版)等。

仪式学派与原型批评

关于原型与仪式的关系,可以追溯到弗雷泽《金枝》的有关描述。弗雷泽认为,原始部落的一切风俗、仪式和信仰都起源于交感巫术,人类最早是想用巫术去控制神秘的自然界。弗雷泽以充分的文本资料解释原始人的生活深深地为春天以及生命律动仪式所浸润,分析了仪式的产生形成同自然节律、植物枯荣现象以及人类理性地掌握这些现象的行为的紧密联系。他关于仪式的论述,为追寻艺术的原型与原始仪式的关系提供了重要启示。

哈里森在《古代的艺术与仪式》第一章中,通过对古希腊的戏剧艺术与原始神话、宗教仪式之间关联性的探讨,对于艺术理论中的模仿说以及艺术的特性提出了新颖的看法。她推论出,仪式也包括模仿,但并非由模仿而来。"它想再创造一种感情,不是再创造一个实体。"仪式实际上是一种固定不变的行动,这种行动虽然不是真正可行,却没有完全同实际做法隔断联系,只是对真正实际做法的回忆或者预示。艺术同仪式的相似性在于,艺术的目的和动力不是那种想复制自然的愿望,也不是想改进自然的愿望,而是"与仪式同享的冲动,是想通过再现,通过创造或丰富所希望的实物或行动来说出、表现出强烈的内心感情和愿望"。① 艺术与仪式的共同来源是举世都有的深切的愿望:但愿那看来是死的自然能复活起来。这个共同的感情上的因素使得艺术与仪式在一开始就密切得无法区别。"首先两者都从复制一个动作开始,但是并非首要地为了复制。只有在感情衰退并被人遗忘的时候,复制本身才成了目的,仅仅是为了仿造。"② 哈里森的这种推论说明,艺术和仪式一样,是一种人性的冲动的表现,是通过

---

① 叶舒宪选编:《神话-原型批评》,陕西师范大学出版社1987年版,第79页。
② 叶舒宪选编:《神话-原型批评》,陕西师范大学出版社1987年版,第79—80页。

创造所希望的情境和行动来表达感情和愿望。她的论点的重要性还在于为揭示艺术起源的心理基础提供了启示,即艺术与仪式原出于同一心理动机和目的,只是在具体的表现方式上不同。从这个角度来说,仪式与艺术有着渊源关系,原始宗教仪式是原型的载体之一。仪式逐渐演变为艺术形式,所以它又是艺术原型。

墨雷在《古典诗歌的传统》一书中,研究了埃斯库罗斯的《俄瑞斯忒斯》与莎士比亚的《哈姆雷特》两剧之间的许多相似之处,比如,哈姆雷特和俄瑞斯忒斯都是世界两大悲剧时代最伟大的或者说最著名的英雄人物。比如,莎士比亚和欧里庇得斯描写主人公发疯是写的一样的等。从有记载的历史看来,不管直接还是间接,这两剧都没有后者模仿前者的机缘,但是两者之间的相似是存在的。那么,这种相似的最终原因是什么呢?墨雷排除了各种可能,终于"追索出哈姆雷特传说的巢穴","这个巢穴与俄瑞斯忒斯的在同一个地点:在先史时代举世普遍的仪式中"。他分析到,哈姆雷特与俄瑞斯忒斯这两个英雄的风格与仪式中的"夏冬、生死的斗争"有某种对应关系,他们的性格与其说像夏季,不如说像冬季,但两者都是站在正义的立场反对邪恶。墨雷在这里的"夏冬"季节源出于被称为金枝王国的遍及全世界的仪式故事。这个故事讲的是,神圣的帝王经过一定时间或者在初露虚弱迹象的时候,为了保证王国的利益,帝王必须在尚且健康之际被迫受死,以使健康的灵魂及时迁移至更为健康的躯体之中。帝王的身躯虽然不断死去,但其灵魂平安康泰。渐渐帝王终于想出一个找替身的办法,形成了帝王死而复生的巫术仪式。帝王的死亡与复活,在原始人的观念中,同植物的枯荣性质是一致的[①],与季节变换是对应的。每年国王来时,先杀死冬天,娶王后,变得骄傲神气起来,然后被其前任的复仇者杀死。"这种死亡和复仇,在我们远古的祖先间,真的是以人的流血来演出的。神圣的国王真的'杀死杀害者',而自己又命定被杀。王后可能做她丈夫的杀害者的妻子,要不就一同被处死。深染人类早年历史的不是苍白的神

---

① 参见弗雷泽:《金枝》,徐育新、汪培基、张泽石译,中国民间文艺出版社1987年版,中译本"序"第10页。

话,也不是寓意故事。这是人为了不致饿死的强烈的食欲,他记得很深切:为了活命,不管愿意与否,总得洒出许多鲜血。"①墨雷正是从这一神话传说和远古仪式及其与先民生存意识的联系的方面,推论出希腊悲剧是从古代宗教仪式中派生出来的,悲剧是对牺牲的模仿,进而解释了《哈姆雷特》与《俄瑞斯忒斯》这两个不同时代悲剧的相似性,指出它们同出于一种原型。

墨雷由此还对艺术创作中这种较为普遍的现象做了进一步的分析,他认为:"在所有的诗人与孩子之间,创作者与一般人之间,艺术家与听众之间,有一种伟大的不自觉的固结性与连续性,世世代代继续下来。艺术创作和其他生活方面一样,传统的成分远比天真的人所想的要大,纯粹创作成分远比他们想的要小。"②他还指出,神话故事、文艺创造中,"一个题材有时候显示出一种近于永恒的持续性","某些原始神话中,常蕴含有细致的戏剧力量的宝藏,只待天才的戏剧家去发现它,去表现它"。原始概念甚至原始仪式具有这种"近乎永恒的持续性"。基于这种认识,墨雷在分析了《哈姆雷特》《阿伽门农》等剧之后说:"我想我们在表层下面看到奇异的、未经分析的震撼力,一种冀望、恐惧和情绪的潜流,这种长期沉睡然而永远令人亲近的情绪,几千年来一直潜藏于我们内心的感情深处,织进我们最神奇的梦幻之境。这条溪流可溯源于过去的年代究竟多远,我甚至连推测都不敢;不过看来,激动它,或随它而激动的那种魅力,是天才最终秘诀之一。"③

墨雷这里实际揭示或触及了原型批评中的一个重要问题,这就是艺术创造中深层的"模式"与远古仪式之间的联系。他的结论是,决定这种相似性的深层原因不是由于艺术家的模仿,而是由于人类历史中始终存在的延续了几千年的情感的潜流。而天才艺术家就在于能发现和表现它。这种看法与荣格在《论分析心理学与诗歌的关系》中的观点是相同的。这种

---

① 叶舒宪选编:《神话-原型批评》,陕西师范大学出版社1987年版,第250—251页。
② 叶舒宪选编:《神话-原型批评》,陕西师范大学出版社1987年版,第258页。
③ 叶舒宪选编:《神话-原型批评》,陕西师范大学出版社1987年版,第260页。

对于艺术创造现象的分析应该是深刻的。

但是,墨雷同荣格一样,没有对这个重要问题的关键之处做出更深刻的阐述,即这种情感潜流,是通过什么方式承传给后世的。是通过文化的继承呢,还是通过生理的遗传?作为如荣格所说的类似本能的模式是先天存在的呢,还是后天形成的?这个实际上不能绕过的问题,墨雷却连推测都不敢,而这个关键问题不解决,关于艺术创造的模式与原始仪式、神话传说的深层关系,其本身就永远只是一种推测,而不能成为一种科学的分析。这正是原型理论与原型批评始终存在的一个致命的局限。

而在这个问题上,弗莱的观点很明确,他说:"关于文学,我首先注意的东西之一是其结构单位的稳定性。比如说在喜剧中,某些主题、情景和人物类型从阿里斯托芬时代直到我们今天都几乎没有多大变化地保持下来,我曾用'原型'这个术语来表示这些结构单位。"①在《作为原型的象征》中,弗莱说:"文学的叙述方面乃是一种重复出现的象征交际活动,换句话说,是一种仪式。在原型批评家那里,叙述被当作仪式或对作为整体的人类行为的模仿而加以研究,而不是被看成对某一个别行为的模仿。同样,在原型批评中,意义内容是愿望与现实之间的冲突,这种冲突以梦的活动为其基础。这样,仪式和梦,就分别成了文学在其原型方面的叙述和意义内容了。对于一部小说,一部戏剧中某一情节的原型分析将按照以下方式展开,即把这一情节当做某种一般的、重复发生的或显示出与仪式相类似的传统的行为。""艺术节奏之中重复出现的原则看来是从大自然的循环往复中派生而来的,后者使我们知觉到时间的流程。"②关于仪式与艺术(文学)的渊源关系,弗莱在《批评的解剖》中特别指出:"对文学批评家说来,仪式是戏剧行动的内容而不是其源头或由来。"弗莱实际比较明确地从人类社会实践和文化承传的角度,理解了仪式的产生、仪式与艺术的对应关系及其在艺术中的重现。在这些有关仪式与文艺规律的理论中,已经暗含着一个与原型理论相关的观点,就是通过对于艺术现象的考察分析,

---

① 叶舒宪选编:《神话-原型批评》,陕西师范大学出版社1987年版,第16页。
② 叶舒宪选编:《神话-原型批评》,陕西师范大学出版社1987年版,第159页。

揭示它的背后所潜藏的人类情感的深层模式,揭示艺术史历时性变化中的共时性特质。

心理学派与原型批评

荣格既是原型理论的提倡者,在一定意义上也是一个原型批评者。文艺现象是他原型研究的对象之一,又是一种揭示心理深层结构的"标本"。荣格在《心理学与文学》《论分析心理学与诗歌的关系》等论文中阐发了他的文艺观点。

在关于文艺的本质特性的认识上,荣格有一个独特的看法,认为艺术与科学之间的根本差别根植于人们的心灵之中。他说:"假使艺术和科学之间的根本差别不是很久以来就植根于人们心灵之中的话,它们就根本不能作为独立的实体而存在。在幼儿的身上,艺术的、科学的和宗教的倾向尚混为一体处于沉睡状态,这一事实,或者下列事实,艺术、科学和宗教发端于原始人那种巫术性智力的无差别混沌状态;在自然本能的动物身上找不到'精神'的痕迹——所有这些都不足以证明某种能够抹杀事物之间差别的同一性原则的存在。""初始的状态并非解释性的原则,我们不能靠它来对后来的状态,对高度发展了的状态的性质下结论,尽管这些后来状态都是从初始状态中发展而来的。科学的态度总是倾向于从其因果由来方面俯视这些更为分化的状态的特殊性质,并努力使它们附属于一个总的但又是更基本的原则。"[①]荣格正是从艺术现象中试图去证明艺术与科学的这种本质上的不同,这种根植于人的心灵之中的差别。

荣格从人的本性的角度去推论艺术与科学的思路,比之从认识论的角度、从反映世界的不同方式的角度去区分艺术与科学的思路,或许更容易通达对艺术本质的探讨。然而荣格却从这一思路推论出一些瑕瑜互见、深刻与片面共存的结论。他认为,艺术作品的含义和特质存在于艺术作品本身,而不存在于外来的决定因素。也就是说,杰出的艺术的创造是作家心

[①] 叶舒宪选编:《神话-原型批评》,陕西师范大学出版社1987年版,第83—84页。

灵中无意识的自然表现,是对集体无意识原型的激活。"几乎可以把它描述为一种利用人作为滋生媒介的生命存在,它按照其自身的法则运用它的能力,为了完成其自身的创造性目的而自我形成。"这个论点中的优点是他看到了艺术创造与集体无意识的深刻关联,但是,他却几乎完全否认了作家的主体意识,作家的创造性及其与后天实践的联系。"在艺术家心中孕育着的作品是一种自然力量,它或以狂暴或以自然本身的机巧来实现自身,根本无视充当它的载体的人的个人命运,创作欲望犹如一棵树苗在他身上生存和生长,从那里汲取养料。因此,我们应把创作活动视为植根于人类心灵中的一个生物。"①荣格试图从人的心灵这一根本基点着眼来解释文艺的本质,同时揭示文艺与原型的关系。

与荣格的思路相似的,还有鲍特金,但是她的结论与荣格有重要区别。她强调原型的社会性继承,而不同意荣格的遗传说,并且试图透过人类心灵深处的表现来探寻这种社会性继承的途径。鲍特金在《悲剧诗歌中的原型模式》一文的结论中说:"与悲剧形式相对应的决定性的感情模式是什么呢?根据上面的讨论,我们就可以首先回答说:这模式是由对立性质的两种感情倾向所组成的,这两种倾向易于为同一物体、同一情境所激发;并且,这样彼此冲突就产生内在的紧张,这紧张或在幻想的活动中,或在独创地或相对地创造的诗歌想象中寻求解脱。"②那么,产生两种对立性质的情感倾向的机制是什么?

她在分析了荣格等人运用原型理论研究文艺现象之后,指出在有关种族经验这个观念上表现出两种方式:"(1)看来像是在心或脑的组织中继承下来的那全部系统或倾向都可以说是源于过去的种族经验。对我们的目的来说,并不需要确定我们从祖先那里得来这种'生物性继承'所采取的方式。对我们的目的来说,更重要的问题却是(2)有关种族经验的,语言也是从我们的祖先传下来的,它唤醒我们继承下来的潜力,使之活跃起来,在我们对语言中所保存的意义的那种'社会性继承'所发生的反应中

---

① 叶舒宪选编:《神话-原型批评》,陕西师范大学出版社1987年版,第93页。
② 叶舒宪选编:《神话-原型批评》,陕西师范大学出版社1987年版,第142页。

我们可以'享有'这个种族经验。正如我们在悲剧诗歌方面所讨论过的，在这种族经验或群体经验中，如涉及一个经验者，那么，这经验者似乎不是一个个人，倒是更大的整体，我们所了解的个人的或本人的自我正是与这个更大的整体相区分的，这更大的整体作为对更大的力量的感觉而保留在我们身上，或是隐蔽着，或是活动着。"①鲍特金注意到了类似于种族经验的现象的存在，但是，她更倾向于从社会性继承的角度去解释这种现象，认为从社会性继承中能"享有这个种族经验"。按照这种思路推理，似乎问题可以正好反过来说：不是作为生理的种族经验即原型中保留着原始先民的精神遗存，而是社会性继承（包括神话、诗歌等文艺形式）作为一种特殊载体，保留了原始先民的精神遗存。如果这样，那么原型就不是一种类似本能的精神遗传，而是一种文化继承了。

我们还应该注意到，鲍特金针对荣格和墨雷主张情感模式"在我们的肉身的机体上打下烙印"，是"在大脑组织中继承下来"的比拟说法，指出这种说法没有值得考虑的证据。她认为，荣格关于有些人在梦里或幻想里自然地产生古代模式的证据很难估价，因为这些人神志恍惚时所产生的精神表现，"后来却由这种表现追溯出该人生平一些遗忘的感官印象"。就是说，这些人的所谓古代模式，与后天的人生经历有关，而不是先天的遗传。可以看出，鲍特金一方面对于艺术中的模式的存在及其心理表现是承认的，但是她对这种模式的先天遗传的说法表示怀疑。

与鲍特金对于精神原型先天存在的观点的修正相似，蔡斯和费德莱尔对原型的文化价值研究从另一方面表明，原型或许不限于从古代神话中提取模式，它可以同社会的或历史的兴趣结合起来，从现当代作品中发现具有文化特征的神话和原型。

弗莱的原型批评

弗莱在《批评的剖析》《伟大的代码——圣经与文学》《批评之路》《现

---

① 叶舒宪选编：《神话-原型批评》，陕西师范大学出版社1987年版，第144—145页。

代百年》等著作和《文学的原型》《文学即氛围:弥尔顿的罗西达斯》等文章中,致力于建立一种新的科学的文学批评方法,表现出从人类学的角度分析文学现象的明确意识,这一视角为原型批评开拓了全新的视野。

弗莱在《批评的解剖》"参与争鸣的导言"中开宗明义地指出,他"旨在探索是否可能就文学批评的范围、理论、原则及技巧达成一种概括的见解"。为了发展一种真正的诗学,其第一步必须识别并摒弃毫无意义的批评,即以一种无助于建立系统的知识体系的方法去谈论文学。第二步是要认识到文学具有许多相邻的学科,批评家务必在确保自身独立性的前提下建立与它们的关系。因为他认为,所有的决定论,不管是马克思主义的、托马斯主义的、自由人文主义的、新古典主义的、弗洛伊德的、荣格的,还是存在主义的,通通都是用一种批评态度来顶替批评本身,它们所主张的,不是从文学内部去为批评寻找一种观念框架,而都是使批评隶属文学以外的形形色色的框架上去。可是,批评的基本原理需要从它所研究的文学艺术中逐渐形成。文学批评家应做的第一件事是阅读文学作品,用归纳法对自己的领域有个通盘的了解,并且只有从关于该领域的知识中才能形成他的批评原理。批评原理是无法从神学、哲学、政治学、科学或这些学科的任意结合中现成地照搬过来的。弗莱的研究方法,就是以人类学的视野,用归纳法来考察西方文学,特别是叙事文学的深层结构和规律。而这一切建立在他对西方传统文学批评方法反思的基础上。弗莱指出:"亚里士多德所谓的诗学,便是指一种其原理适用于整个文学,又能说明批评过程中各种可靠类型的批评理论。在我看来,亚里士多德就像一名生物学家解释生物体系那样解释着诗歌,从中辨认出它的类和种,系统地阐述文学经验的主要规律;简言之,他仿佛相信,完全可以获得一种的确存在的关于诗歌的十分明白的知识结构,这种知识结构并非诗歌本身,也不是诗的经验,而正是诗学。"[①]他指出,各种科学通常都肇始于一种朴素的归纳状态,它们往往首先把自身应加解释的现象当作据以立论的事实。"当今文学批评也处在一

---

① 诺思罗普·弗莱:《批评的解剖》,陈慧、袁宪军、吴伟仁译,百花文艺出版社2006年版,第11页。

种朴素归纳的状态。批评的材料是文学名著,可是我们还没有把名著看成是有待按照文学批评独有的观念框架去进行解释的种种现象。人们至今还不晓得文学作品如何构成批评的框架或结构。……批评看来非常需要有一个整合原则,即一种中心的假设,能够像生物学中的进化论一样,把自己所研究的现象都视为某个整体的一部分。""像任何其他科学一样,文学批评要实现这种'归纳的飞跃',其首要前提是应认识存在着一种紧密结合的整体性。"①在弗莱看来,这里最重要的是要有整体性的意识和眼光。弗莱似乎要尽力避免社会历史批评与形式主义批评的缺点,而又取了社会历史批评注重整体性的所长,当然,这是超越具体历史性的整体性。

从整体性着眼,弗莱发现了文学的某种规律性:"文学的全部历史使我们隐约地感觉到,可以把文学看成是由一系列比较有限的简单程式构成的复合体,而这些程式在原始文化中都可以观察到。随后我们又了解到,后来的文学与这些原始程式的关系决不是仅仅趋于复杂化,一如我们所见,原始的程式在最伟大的经典作品中一再重现;事实上,就伟大的经典作品而言,它们似乎本来就存在一种回归到原始程式的普遍倾向。……我们开始设想,莫非不能将文学看成不仅随着时间的推移日趋复杂化,而且是由观念空间中某个中心向外辐射的,文学批评便可定位在这个中心。"②在文学时空中,弗莱发现了"原始程式"也就是原型。在"权宜的结论"中,弗莱说:"本书并不打算提出一个新的文学批评纲领,而仅是就现有的各种批评派别提供一个新的视角,各派文学批评本身都是卓有成效的","决意推倒的仅是这些不同方法之间的障碍","在推倒这些障碍的过程中,我认为原型批评应起到中心作用,因而赋予它突出的地位"。③

《批评的解剖》由四篇论文构成,弗莱从不同的角度和层面对文学的

---

① 诺思罗普·弗莱:《批评的解剖》,陈慧、袁宪军、吴伟仁译,百花文艺出版社 2006 年版,第 22 页。
② 诺思罗普·弗莱:《批评的解剖》,陈慧、袁宪军、吴伟仁译,百花文艺出版社 2006 年版,第 23—24 页。
③ 诺思罗普·弗莱:《批评的解剖》,陈慧、袁宪军、吴伟仁译,百花文艺出版社 2006 年版,第 505、506 页。

原始模式进行解剖,建立起了自己的批评维度和理论视角:第一,从文学历史批评的角度,提出"模式的理论",从纵向概括出了"虚构的模式""悲剧的模式""喜剧的模式""主题的模式"。第二,从伦理批评的角度,阐释了象征的理论,其目的是"从文学内部""着手寻找关于文学意义的理论",力图说明,"当我们由阅读一部个别的艺术作品进而感觉到艺术的总体形式时,艺术就立刻变成一种参与文明建设的伦理工具,而不再仅是审美思考的对象了"①。第三,"从神话世界来着手研究文学原型",因为神话模式"在文学的一切模式中,是最抽象、最为程式化的","这一如绘画的结构原理之精密关联着几何学"。第四,修辞批评,即体裁理论,"所关注的将是体裁和整合的节奏",考察诗歌、散文、戏剧等的"节奏"。其中贯穿的是对文学体裁模式的解剖。

在弗莱的原型批评理论中,神话-原型批评是他的批评体系中最有影响和最精彩的构成部分。

弗莱认为,"文学概而言之是'移位的'神话"。"在文学批评中,'神话'(myth)归根结底是指情节结构(mythos),即文学形式的一种赋予生机的结构原理","文学批评的起点是对文本的研究,其终点则在于把文学结构视为一个总体形式"。② 他的理由是宗教仪式随历史的发展消逝了,但是,它却转变为、移位于诗的形式,成为各种诗歌类型的原始模式。文学通过各种具体内容和方式在重复着神从诞生到死亡的过程。他认为,不同文学体裁的渊源都可以追溯到四季更迭,并将喜剧、传奇、悲剧及讽刺分别与春夏秋冬联系起来,给以整体的把握:春的意象对应于"喜剧",是神的复活与恋爱原型;夏的意象对应于"传奇",是神的历险与胜利原型;秋的意象对应于"悲剧",是神的受难与死亡原型;冬的意象是对应于"反讽和嘲弄",是神复活前的混乱状态原型意象。这种观点对于从整体上把握文学艺术史发展的某些规律有很大的启发意义,对于理解文学与人类心理的深

---

① 诺思罗普·弗莱:《批评的解剖》,陈慧、袁宪军、吴伟仁译,百花文艺出版社2006年版,第516页。
② 诺思罗普·弗莱:《批评的解剖》,陈慧、袁宪军、吴伟仁译,百花文艺出版社2006年版,第506、507页。

层联结有独到之处。

弗莱的贡献不仅在于他成功地把原型理论运用于文学的领域,使原型批评成为20世纪西方文艺批评的重要派别,而且还在于他提出了识别原型的具体的标志,认为原型是"具有约定性的联想群",原型是"反复出现的意象",提出了原型的置换变形的观点。弗莱在《作为原型的象征》一文中说:

> ……象征是可交际的单位,我给它起名叫原型:即一种典型的、反复出现的意象。我用原型来表示那种把一首诗同其他诗联系起来并因此而有助于整合统一我们的文学经验的象征。由于原型是可交际的象征,所以原型批评首先考虑的是一种作为社会性的事实和交际模式的文学。通过对传统和文体的研究,原型批评试图将单篇诗作放回到作为一个整体的诗歌系统中去。
>
> …………
>
> 原型是一些联想群(associative clusters),与符号不同,它们是复杂可变化的。在既定的语境之中,它们常常有大量特别的已知联想物,这些联想物都是可交际传播的,因为特定文化中的大多数人都很熟悉它们。……某些原型深深地植根于传统的联想之中,几乎无法使它们与那些联想分开。……"完全"传统化了的艺术应是这样一种艺术,其中的原型即可交际的单位已基本上成为一套秘传的符号……那就是要使原型尽可能有多方面的内涵,而不是把它们局限在一种解释之内。[①]

弗莱这种对原型特征的概括,其意义之一是他实际上是从作为人类精神实践产物的文学作品中抽象出原型概念,而不再强调荣格关于原型是集体无意识的内容的观点。这些观点在客观上将荣格带有假设性质的理论

---

① 叶舒宪选编:《神话-原型批评》,陕西师范大学出版社1987年版,第151—152、155—156页。

向后天经验和历史实践方面推引了一步,打开了原型理论的形而上与形而下之间的通道,部分地消解了原型的神秘色彩,使之具有了历史文化内涵和实践性质,使荣格所构筑的人类心理原型的大厦真正有了使各部分相互联结贯通的可能。

从以上几个方面可以看出,原型批评的理论与实践与荣格的原型理论确实既有深刻联系,又有某些不同。

第一,原型批评就总体而言,它的出发点不同于荣格原型理论把文艺中的某些现象作为建立"自主精神基础上的心理学"的例证,去证明先天心理模式的存在,而是从具体文学作品之间暗含的联系中概括出原型,挖掘潜伏在文学现象背后的深层情感力量和共同感受,揭示人类审美反映的共同心理程序,探讨原型现象背后的共同原则、人性模式,把文艺活动中深藏的无意识现象揭示出来。这标识着心理学在文艺批评中的进展。由于原型理论涉及人类久远的、深层的而且是集体的精神现象问题,所以,由原型理论的探讨可以推论出许多有现实意义的重要的新的命题。比如,如果承认和证明人类有心理模式和精神本能,有与生俱来的某些心理欲求,那么,我们对于文艺现象的解释就可能会有新的思路,也许会解释一些用一般社会科学理论难以解释的现象。另外,由对人的精神本能和心理模式的探讨,或许能为认识人类精神的共通性和情感的相通性,人性某些方面的永恒性与易变性提供一些启示;进而还可能对于一些重要的文艺现象,如文学的永恒主题、永久魅力以及美的主客观关系等做出新的解释。原型批评的出现,正具有这种特点。

第二,原型批评从文学实践出发,没有完全沿着荣格关于原型是先天的精神遗传的神秘思路发展,而是在一定程度上对他的神秘观点有所纠正。作为文艺批评方法的原型批评,从根本上说,它的研究对象是作为人类精神实践产品的文艺作品,而文艺作品本身主要与人的有意识的创造、与人的后天实践相关,而不是荣格的不可言说的纯粹形式或先天精神遗存。这实际说明了原型的再现性是经验性的,或者说与经验相联系的。然而,原型批评也同样没有正面去揭示原型现象产生承传的现实基础,没有把人类这种集体性的精神现象的解释纳入人类历史实践过程中,取得令人信服的结论。也正因为如此,原型批评在取得较大发展的同时,也出现了许多局限。

第三,原型批评在实际上打破了荣格原型理论的一个核心概念的范畴,即原型不仅仅承载集体无意识,原型现象综合地呈现着人类复杂的心灵世界。因为宗教仪式、神话传说、文艺作品等,作为原型载体,作为揭示人类心理深层结构的对象,本身并不能简单归结为集体无意识的表现,它们之间以及作品与作品之间的联系融进了人类明确的意识活动,其所显现出的模式性,带有文化承传的因素,它含有后天特殊情境所决定的相似的情感,有意识到的共同的心理需求等。与此相关,原型批评同时也表明,原型的载体可能是多样的而不只限于神话。

原型批评承认原型现象的存在,并用原型理论对文艺现象进行了研究,但是对于原型的生成、存在方式,原型的特性,原型的概念,原型的内涵与外延等却没有深入探讨。特别是它注意到原型现象类似生物遗传现象,存在"不变项",却又不能用科学理论证明,也没有从生理、心理和文化等角度和层次做出具体解释。这是原型理论的困惑,也是原型批评在后来遇到困惑的原因。要对原型这种有重要理论价值和实践意义的现象做出科学的解释,不能只在荣格的思路和范畴中探索,而应站在荣格的基础上又跳出荣格的理论圈子,重新解释原型。

第四章　原型与集体无意识

自从荣格在弗洛伊德个体无意识理论的基础上,创造性地提出"集体无意识"这一概念以来,集体无意识已被广泛地运用于人文科学的许多领域。但是,人们在引用这一概念术语时,其所指和对其内涵的理解,与荣格的概念本来的含义已有很大的不同。这种不同,或者说程度不同的"误读",并非就是真正的失误,它或许可以看作是对荣格理论的局限性的一种"纠正"。

尽管如此,笔者认为,辨析这种区别,仍然是有意义的,这不仅有利于深入理解荣格理论的本意,而且有利于对这一有重要价值的概念做出接近科学的解释,有利于对人类心灵世界的进一步探索。而对这一概念辨析的最好的途径不是别的,就是要深入探讨荣格集体无意识概念的本来含义。

无意识与心理结构

无意识现象是存在的,它不仅为精神分析学所证明,也作为心理学概念被人们所接受。对无意识的研究,并不始于荣格,也不始于弗洛伊德。

从历史上说,在西方,柏拉图、亚里士多德在谈到人的记忆时从心理学的角度涉及过无意识问题;后来莱布尼茨在对统觉、微觉的探讨中,实际触及了意识与无意识的关系问题;19世纪赫尔巴特提出"意识阈"的概念,并对无意识冲破意识阈上升为意识的状态进行了分析;费希纳用海上冰山来比喻人的心理现象的隐与现,已经露出类似弗洛伊德关于意识领域结构分析的端倪。到了弗洛伊德,他深入揭示了人的精神结构,提出了意识的几个不同层次的观点,使得无意识不再仅仅被视为一种偶然出现的心理现象,而视为人的心灵世界中一个未被发现的新天地,从而把无意识的研究真正推向了一个新水平,并产生巨大的影响。此外,乔姆斯基探讨过语言与无意识的关系,并直接引述过荣格的原型观点,列维-斯特劳斯在结构人类学的研究中涉及人的无意识问题,拉康在语言结构的研究中提出了语言结构化无意识,弗洛姆提出了社会无意识,还有人提出政治无意识,等等。人们对于无意识的理解也不仅仅限于集体无意识和个人无意识的关系这一层面,而是把无意识运用到诸多方面,出现了社会无意识、历史无意识、艺术中的无意识,以及"精神的无意识"与"自动的无意识"的区别(马利坦)等理论。而在东方,不管是中国的文学艺术创作、思维特点,还是印度的瑜伽,都不同程度、不同形式地触及类似无意识的问题,对此荣格特别地予以关注。这说明无意识现象是一个重要的而且越来越显得重要的问题。

无意识不仅仅是一种重要的心理现象问题,人类在认识自身时不能绕过它,而且因为无意识在社会行为中发生着实际的作用,有时它比自觉的意识甚至更为重要。从这个角度说,荣格对于这一问题的高度重视并把它与人的心灵本能和先天性联系起来是一个大胆的探索,或者说他是试图以此为切入点建立人的精神本体理论的先驱,他的集体无意识概念的提出功不可没。然而,后来人们在借用集体无意识概念时,却逐渐与荣格的本意有了距离。

从集体无意识的内容来说,许多人实际上把集体无意识视为一种以集体方式表现出的综合的情感态度和普遍心理倾向。集体无意识或被视为一种类似的情绪,或一种相近的情感模式,或一种共同的信仰和教义,或这些因素的综合的不易觉察和难以描述的表现。同时,许多人都认为集体无意识的背后有着文化模式在深层起着制约作用。其实,这种对集体无意识的理解中,所指已与荣格不同,这种集体的无意识已不是纯粹的无意识,而是含有意识与无意识、理智与情感等复杂情绪的综合心理现象,或者说集体的精神现象。

从集体无意识的来源和性质来说,一般人所说的集体无意识与荣格所说的集体无意识的原则区别在于:第一,它已不是或主要不是荣格所说的远古精神的遗留物,不是那种个人无意识阈下深层的、人人具有而不可言说的心灵领域,不是先天的精神的遗存,而是后天一种经验性的集体的心理反应;第二,它有时以古老的性质出现,似乎只是一种远古精神的激活,而实质是指特定条件下的一种类似的心理表现,或者文化—心理结构。一般人对于集体无意识的运用,偏重于它的"集体所有"的性质和"不被意识"的含义方面。

这种"误读"有一个现象值得注意,就是人们在使用"无意识"的概念时,一般都较为准确,而在使用"集体无意识"的概念时,就有较大的偏差。这里的关键在于,要证实集体的无意识的存在,必须通过个体的行为,或者具体的文化精神现象来显现,否则它就"不可见";而用来证实的那些"可见"的精神文化现象本身又难以真正划清其无意识与有意识、心理与文化的界限。也许这本来就是一个难以还原的命题。

那么,什么是荣格所理解的无意识和集体无意识呢?

荣格在《集体无意识的原型》中,对弗洛伊德的无意识理论与他的集体无意识概念做了区分:"最初,无意识概念仅限于指那种受到压抑的或遗忘的内容状态。……对于弗洛伊德来说,虽然他看到了无意识这一概念具有古老和神话色彩的思想形式,他仍然赋予无意识以完全个人的特性。""或多或少属于表层的无意识无疑含有个人特性,我把它称为'个人无意识',但这种个人无意识有赖于更深的一层,它并非来源于个人经验,而是先天地存在的。我把这更深的一层定名为'集体无意识'。"[①]无意识之于个人,称为"情结"。当荣格对于个人无意识即情结的概念不能概括

---

① 荣格:《心理学与文学》,冯川、苏克译,生活·读书·新知三联书店1987年版,第52页。

他对人的心灵的发现时,他提出了集体无意识假设。他假设在人的意识、前意识和无意识之下,有着更大的、更重要的集体无意识的存在。也就是说,在人的心理结构的探索中,荣格在弗洛伊德无意识理论的基础上又开掘出一个新的更大的层面。霍尔曾对此有过描述:"个人无意识有一种重要而又有趣的特性,那就是,一组一组的心理内容可以聚集在一起,形成一簇心理丛,荣格称之为'情结'(complexes)。"当我们说某人具有某种情结的时候,我们的意思是说他执意地沉溺于某种东西而不能自拔。用流行的话来说,他有一种"瘾"。荣格早期倾向于相信情结起源于童年时期的创伤性经验,后来意识到情结必定起源于人性中比童年时期的经验更为深邃的东西。"这种更为深邃的东西究竟是什么?在这样一种好奇心的鼓舞下,荣格发现了精神中的另一层次,他把它叫作'集体无意识'。"[1]霍尔在这里描述了关于个人情结与集体无意识的关系,以及荣格集体无意识理论提出的过程。情结不仅在人的心灵结构中所处的位置与集体无意识不同,而且它的获得途径也是不同的。荣格谈到集体无意识的来源时,认为:"它是集体的、普遍的、非个人的。它不是从个人那里发展而来,而是通过继承和遗传而来,是由原型这种先存的形式所构成的。原型只有通过后天的途径才有可能为意识所知,它赋予一定的精神内容以明确的形式。"[2]按照荣格的解释,集体无意识具有超个体的集体的性质,它是种族的、共同的、心灵的遗留物。它不是个体在后天经验中获得的,而是本能遗传的。它不为个人所觉察、所意识,然而却处处制约着个人的精神、心灵和行为方式。

荣格关于集体无意识观点的提出和推论,有一个基本的目的,即为建立自主精神基础上的心理学寻找根据。为此他把无意识这一人的非理性的精神现象视为人性的本原,把假设的集体无意识作为一种由先天决定的精神本能。他的一系列观点和论证在总体上都依存于这一目的。为了同

---

[1] C. S. 霍尔、V. J. 诺德贝:《荣格心理学入门》,冯川译,生活·读书·新知三联书店1987年版,第38页。
[2] 荣格:《集体无意识的概念》,见《荣格文集》,冯川译,改革出版社1997年版,第84页。

样的目的和理论的需要,他避免把集体无意识解释为一种对某种精神现象的"不能"意识,亦即避免从心理功能的角度去解释,而是把它解释为一种人人天生具有的心理结构,解释为人格的组成部分。荣格说:"我们在无意识中发现了那些不是个人后天获得而是经由遗传具有的性质……发现了一些先天的具有的直觉形式,也即直觉与领悟的原型。它们是一切心理过程的不可少的先天要素。正如一个人的本能迫使他进入一种特定的存在模式一样,原型也迫使直觉与领悟进入某些特定的人类范型。"①这说明,荣格认为人的无意识与意识不同,它不属于人的理智部分,而是非理智(非理性)的部分,是一种本能的、先天就存在的直觉形式。对此,弗洛姆曾解释说,荣格在根本上把无意识看作是"特定内容的人格的另一部分",即非功能意义的理解。荣格的无意识不是指"没有觉察的""没有意识到",而是"智慧最深之本源",是人类一种重要的精神现象,是人格的一部分。② 换句话说,荣格的无意识概念中的"无"不是动词,它主要不是指人对意识的"无"意识、"不"意识,而是指人的心灵中的一种特殊构成部分,一种不同于意识的精神现象,是人性中的一个特殊的层次。它是本能的、"预先"存在的。这也就是所谓不从功能上而是从结构上的理解。这也和弗洛伊德关于无意识是人的童年时期的创伤性经验的观点有了重要区别。

集体无意识与精神本原

荣格又把无意识分为个人无意识与集体无意识。

荣格说:"选择'集体'一词是因为这部分无意识不是个别的,而是普遍的。它与个性心理相反,具备了所有地方和所有个人皆有的大体相似的内容和行为方式。换言之,由于它在所有人身上都是相同的,因此它组成了一种超个性的心理基础,并且普遍地存在于我们每一个人身上。"③荣格

---

① 荣格:《心理学与文学》,冯川、苏克译,生活·读书·新知三联书店,"译者前言"第5页。
② 埃里希·弗洛姆:《精神分析与禅宗》,见《弗洛姆文集》,冯川、王雷泉译,改革出版社1997年版。
③ 荣格:《集体无意识原型》,见《荣格文集》,冯川译,改革出版社1997年版,第40页。

又说:"我所称之为集体的所具有的心理内容并不特指单个人,而是在同时指许多人,即社会、民族或普遍的人类。这样的内容被列维-布留尔描述为原始的'神秘集体观念'('集体性的表现'),它们也包括通行于文明人类中的诸如国家、宗教、科学等的一般权力观念。它不仅是被称之为集体性的观察事物的方法与观念,而且也是情感。……在文明人那里,集体情感与诸如上帝观念、正义、爱国思想等集体观念有着密切的联系。"[①]

从这些论述中可以看出,荣格认为集体无意识的内容是原型,或者原型是集体无意识的"确定形式的存在"。荣格特别强调,原型始终是集体的而不是个体的,是种族的记忆,不是个人的经验。集体无意识与人人相关,但却不能被意识到,也难以描述。荣格这种强调,同样有他建立理论体系的需要。他由对原型集体性出发,即以人人必然具有的特性为前提,进一步推论出,原型所呈现的集体无意识是一种先天的内容,它作为一种精神的存在,具有本原的性质。荣格关于个体无意识即"情结",与集体无意识即"原型"的区分,终极目的并不在于要说明无意识的个人性或集体性,而是要说明心理结构问题,就是说要揭示在个人无意识"之下""之后"的更为广大深层的心理层面。所以说,强调"集体"一词,并非说明数量上的多数,而是要揭示心灵结构的更深层面,进而说明精神本原的先天性。因为集体所具有,正表明它是不可避免的、早先确定的。由此可以说明,荣格突出无意识的集体性,其最终的目的是为人类的自主精神找到一个起点,赋予它本原的特质。这种研究和探索过程在表面上是追寻由时间的久远所标示的"原始模式"和开端,但其实质则是探寻着人类的共同性,以及由这种共同性所决定的各种表现方式。在这里,对先天原型根源的确认,是以后天的无数代的人类文化和心理现象为依据的,是以不同民族之间的共通性互为佐证的,这样集体的共同性就实际成为抽象出原型的元素。

荣格的集体无意识是一种新的假设,而不是一种研究结果的抽象归纳。他不但把无意识从个体扩大到集体,而且把这种集体无意识的来源推

[①] 参见 C. G. 荣格:《心理类型学》,吴康、丁传林、赵善华译,华岳文艺出版社 1989 年版,第 508 页。

向远古族类的精神遗存。因为荣格在这里还不能找到比假设更好的方法，来对集体无意识现象做出科学的解释而又不偏离他坚持的自主精神的原则。在这里他不能再如弗洛伊德一样把这种集体精神现象概括成从后天获得的创伤性经验的压抑结果，如果这样的话，集体无意识就同样是一种后天获得与经验相关的精神反映，就十分不利于他既反对物质决定精神，又反对灵魂观念的自主精神基础上的心理学的建立。所以，他在这里首要的是要坚持认为，集体无意识作为人人共有又不可意识的人性结构，是先天存在的、与生俱来的。这样集体性就不是为了说明某种无意识存在于多数人和集体身上，而是说明无意识是人类一种共有的本性，集体性因此具有了本原性。

总的来说，荣格的集体无意识在弗洛伊德理论的基础上有了新的解释：一是无意识不限于个人，在个人无意识之下还有集体无意识；二是无意识不是对意识的未被认识，不是受压抑的本能，而是人性的构成部分，类似于精神本能和行为模式；三是集体无意识的来源是先天的而不是后天的，是人类远古祖先的精神遗存。而这几个方面仍然是为了证实它的自主精神的理论，为的是说明集体无意识就是人类这种自主精神的表现。

集体无意识与原型

从荣格的一系列理论中，我们似乎可以领悟到，但荣格却没有很清楚地阐述的一个理论思维架构：在分析心理学中，集体无意识是一个大的概念范畴，包括了"本能"和"原型"。本能是"典型的行为模式"，原型则是"典型的领悟模式"。原型是集体无意识的重要内容和承载方式。但是，当荣格进一步论述原型的具体内容时，他关于原型的含义似乎又超出了集体无意识的范围，而涉及集体精神或其他可意识的方面。荣格说：

> 原型概念对集体无意识观点是不可缺少的，它指出了精神中各种确定形式的存在，这些形式无论在何时何地都普遍地存在着。在神话研究中它们被称为"母题"；在原始人类心理学中，它

们与列维-布留尔的"集体表象"概念相契合;在比较宗教学中的领域里,休伯特与毛斯又将它们称为"想象范畴";阿道夫·巴斯蒂安在很早以前则称它们为"原素"或"原始思维"。①

荣格这段话里有两点值得特别注意:首先,原型"指出了精神中各种确定方式的存在",这说的是原型的意义和功能,由于原型的作用而使无形的精神的存在具有了某种确定方式,因而变得具体可辨。从这个意义上说,原型具有把精神确定化的功能,但它并不只是集体无意识本身的显现,而指出了"精神的"各种确定形式的存在。其次,荣格在这里把作为集体无意识内容的"原型"与作为原始人类学中的"集体表象",与作为宗教现象中的"想象范畴",与作为思维方式的"原始思维"以及神话中的"母题"等相类比,这实际是对原型的内容和性质的表述。而这个表述表明了:荣格的原型概念内涵并不限于集体无意识,原型作为一种精神的载体,本身的界定并不明确和具体,更不限于神话。这是因为,母题、集体表象、仪式、原始意象、神话、想象范畴、原始思维等现象,不管其多么古老和神秘,都不能证明是一种先天的自主精神,一种与生俱来的心理模式。这就是说,原型并不能只还原为集体无意识的内容。

荣格关于原型与集体无意识的关系的观点,实际也是一种假设,这一假设存在着不能自圆其说的矛盾性。这种矛盾性在于:一方面,荣格关于集体无意识的概念中,始终坚持着无意识的集体性、不可描述性、先天性。他认为集体无意识是不能具体描述的,它是某种可能,是纯粹形式,是类似本能的行为模式。也就是说,集体无意识的来源是先天的。但是,另一方面,集体无意识必须通过其特殊的载体来显现,这种载体是原型或原始意象。要了解具体的集体无意识,需要从原型或原始意象中去分析。而原型和原始意象也不是独立自在的实体,它存在于梦幻中、神话中、精神病人的无意识表现中,存在于某些内倾型的文艺作品中。原型的再现实际上就成

---

① 荣格:《集体无意识的概念》,见《荣格文集》,冯川译,改革出版社1997年版,第83—84页。

为人类精神现象的一种反复,一种只有在实践过程中才可理喻的后天行为。通过这些载体的显现,集体无意识才能变得具体可感。这种逻辑推理看起来是圆满的,但是,它实际却不是一个可以还原的圆圈,而是一个悖论和怪圈。这里的焦点在于,要用人类后天的行为方式和文化模式,去证明人类先天就存在而又不可见的精神遗存。如此推论,恰恰不能证明集体无意识的先天性,而证明了它的后天性、经验性,或者说,不能确切划清集体无意识来源的先天与后天的区别。

与上述问题相联系,作为需要通过人类后天的精神活动或者文化现象所呈现和证实的原型,是否只承载着集体无意识,也是需要重新思考的。

荣格确曾说过,集体无意识的内容是原型或原始意象,但是,这里的"原型"实际只是一个抽象物,是具体原型的共相,是泛指的原型。而问题恰恰在于,实际上并不存在抽象的原型,而只有一个个具体原型。当人们说到某个原型时,它的所指或者是一个母题,或者是一种精神现象的反复,或者说是一个象征等,一定是一个具体的实在的原型。换句话说,或者是作为原型的象征,或者是作为原型的意象,或者是作为原型的母题,或者是作为原型的仪式,等等。总之,它必须有一个具体的能作为原型载体的实体。而当我们真正面对这些具体的原型时,就会发现,从这些具体的原型载体中所归纳出的意蕴,却又不仅仅是集体无意识,而且更重要的是,它们不是先天的精神遗传,而是人类在后天的特定情境中产生的精神现象,有着与个人经历相关联的个人情结,有着理性和意识等复合精神成分。在这里,荣格无法严谨地分清个人无意识与集体无意识之间的原则界限,甚至无法分清意识与无意识的来源的严格界限。

这样,荣格及其原型批评的理论和实践,在其发展过程中已经打破了它的概念内涵,扩大了其外延。

就内涵说,原型显现的主要是无意识,但又不仅仅是集体无意识。人类的意识、理性等也可以以原型的形态得到体现;原型当然也不是一种先天的生理本能,而是一种类似先天本能的文化心理。这实际打破了集体无意识的内容是原型的概念,也就是说,原型不仅是集体无意识的内容,还是人类一种普遍的心理情感的表现形态和特殊的精神现象。它有着生理本能的、心理现象的和文化承传的不同维度。

就外延说,原型的载体和表现形态又不仅仅是原始意象,具有原型特征的可以是原始意象,但也可以是神话、仪式、象征、意象、梦幻、母题、习俗、形象等。正是从这里,原型理论才可能真正求得新的解释,才能与人类精神现象,特别是集体无意识心灵现象的实际相符合,原型研究才有真正的理论意义。

本能与原型

卡西尔曾经反对用"本能"等观念对人下定义。他说,本能乃是一非常含糊的字眼,它或许有某种描述的价值,但显然不具有说明的价值。实际上他反对任何对人所下的哲学定义。他说:"如果有什么关于人的本性或'本质'的定义的话,那么这种定义只能被理解为一种功能性的定义,而不能是一种实体性的定义。我们不能以任何构成人的形而上学的本质的内在原则来给人下定义,我们也不能用可以靠经验的观察来确定的天生能力或本能来给人下定义。人的突出特征,人与众不同的标志,既不是他的形而上学本性也不是他的物理本性,而是人的劳作(work)。正是这种劳作,正是这种人类活动的体系,规定和划定了'人性'的圆周。语言、神话、宗教、艺术、科学、历史,都是这个圆的组成部分和各个扇面。"[①]卡西尔的提醒是有必要的,否则,把本能与人性或人的本质混淆,无疑有把人降低到动物的危险。但是,当荣格在精神分析理论中使用"本能"这个概念时,当他把本能与原型进行艰难区分时,他不是要为人下定义,而是试图通过人的本能即"典型的行为模式"与原型在形态上的相似性,以及本能与集体无意识的关联,来解释作为"典型的领悟模式"的原型的特征及其来源。荣格曾经认为,原型作为人类共同心理反应的生物基础是人类的生理本能,这种本能可以通过遗传而获得。他说:"原型与天生的方式意义相同,

---

[①] 恩斯特·卡西尔:《人论》,甘阳译,上海译文出版社1985年版,第87页。

换句话说,它是一种'行为模式'。"①

所谓遗传的原型要素是指个体身上所天生带来的人类集体性本能,这种本能是人类与环境(自然的和社会的环境)关系中长期形成的,它决定了人在出生后,有可能在面对同样情境时产生相同的心理反应和情感,具有一定的模式特点,这是人首先在对自然物象特性的感悟基础上把自己的心理情绪投射其中的原因。

荣格的目的是想证明一种不同于生物本能的精神本能或心理本能的存在,他确认有一种类似于本能的精神现象,一种与生理相关的精神现象,一种必须借助于生理研究才能把握的精神现象。荣格的缺陷只在于它没有找到合乎科学的解释,而其意义在于他坚信这种现象的存在,这种现象是一种被人们忽视而实际存在的现象。

但是他无法找到这种精神本能的载体和存在方式,无法说明它的来源和实在性。然而他也无法否认人的生物本能对于人的行为的制约和自我意识的影响。当他把无意识现象再向前推导时,实际已经抵达人的生物本能的层次。而他的"灵魂就是生命本身"的说法,就是对此的一种注脚。他为了证明集体无意识观点,特别论证了人有不为物质决定和不在后天获得的精神现象:"我们最好还是承认,把灵魂看成客观实在,看成某种独立自足、变化多端、凶吉难测的东西,这种古老观念,确实有某些正当的理由。更进一步说,这种如此神秘、如此令人恐惧的东西,同时又是生命的源泉,这种假设从心理学角度看是不难理解的。经验告诉我们,'我'的感觉即自我意识是从无意识生命中成长起来的。……原始人在他的灵魂深处感觉到生命的跳跃,他因此而相信一切对生命发生影响的东西,相信各种各样的巫术实践。对他来说,这正是灵魂之所以就是生命本身的缘故。"②荣格的许多论述,无法把生物本能反应与所谓的集体无意识区分开来。比如,他说:"我们知道了威胁着我们的最大的危险来自于精神反应的不可

---

① M.艾瑟·哈婷:《月亮神话——女性的神话》,上海文艺出版社1992年版,"序"第1页。
② 荣格:《分析心理学的基本假设》,见《荣格文集》,冯川译,改革出版社1997年版,第22—23页。

预测性。""对生活在象征的时代和文化中的人们来说,希望去体验与探索无意识无疑是一件愚蠢的、毫无意义的事情,因为无意识中除了自然本性的、沉默的、未受打扰的摇曳不宁外,便空无一物了。""所有的观念最终都是建立在原始的原型模式之上的,这些原型模式的具体性可以上溯到一个意识还没有开始'思考',而只有'知觉'的时代。"①荣格这种对于精神的不可预测性的正视,对于无意识本性的正视,对于把原型模式上溯到只有知觉的时代的方法,都说明对于集体无意识的深层探究,已不能不越过精神的界线而触及生物本能。于是,荣格在实际的探索中使无意识与本能有了某种关联。荣格说:

> 现代有关动物本能(例如昆虫本能)的研究,已经搜集积累了大量的经验材料。这些经验材料表明:如果有一天人也像昆虫那样,他将具有比现在更高的智慧。当然,不可能证明昆虫掌握着自觉的知识,然而常识却不容我们怀疑它们的无意识行为模式也是它们的心理功能。人的无意识同样容纳着所有从祖先遗传下来的生活和行为的模式,所以每一个婴儿一生下来就潜在地具有一整套能够适应环境的心理机制。这种本能的、无意识的心理机制始终存在和活跃于成人的意识生活中。②

在这个论证过程中,荣格触及了人的生物本能的问题,而又力图回避用生物本能理论来说明自主精神和集体无意识的存在。但是,其结果却适得其反,他的论述正好表明,荣格的集体无意识在相当程度上就是指人的生物本能及心理反映。荣格不但把本能与无意识概念并列同时使用,而且,从他的阐述来看,动物的无意识行为模式与婴儿的本能的无意识心理机制是一致的,实际上集体无意识就是人的生物本能反应,他没有证明他

---

① 荣格:《集体无意识的原型》,见《荣格文集》,冯川译,改革出版社1997年版,第62、62—63、73页。
② 荣格:《分析心理学的基本假设》,见《荣格文集》,冯川译,改革出版社1997年版,第24—25页。

所说的那种作为精神遗留物的原型即集体无意识的独立存在。而基于要创造一种"自主精神原则基础上的心理学"的动机,他在尽力要寻找这种精神本能存在的依据,证明精神的客观性,而避免用生物本能的观点,以表明集体无意识确实作为精神的本能存在着。然而,荣格从生物医学和分析心理学的角度对集体无意识的进一步描述,同样没有与生物本能划清界限,而是一种关于生物本能反应的另一种表述。比如他说:

> 无意识是深入到长期被称为"交感性"神经系统中的精神,它从理智与道德之明晰意识的日光下脱离了出来。……它是一个极具集体性的系统,是一切"神秘参与"的功能基础。①

荣格在这里明确地把无意识与人的生物机能联系起来,甚至明确地视二者为同一事物。而在进一步试图通过论证集体无意识来建立自主精神基础上的心理学的时候,更显出了回避生物本能而坚持自主精神的困难。这种困难和复杂性把荣格关于原型来源的思路导向了"先天"与"远古",但却没有找到联系当下与远古、后天与先天的桥梁。他的先天性和远古性是为了建立自主性和不依赖于物质性的需要而提出的假设。荣格关于本能的概念定义更为明确地说明了本能与心理的关系。他说:"当我谈及本能时,我以此表示这个词所普遍表现的东西,即一种导致某些活动的冲动。"

荣格这种试图分清生物本能与集体无意识的区别而恰恰未能分清的现象,也表现在他对具体原型的分析中。在荣格原型理论中,他认为有一些最重要的心理原型,如"阴影""个人面具""阿尼玛""阿尼姆斯"和"智慧老人"等,并对此进行了具体分析。但是也正是在对这些最重要的原型的论述过程中,荣格同样难以分清集体无意识原型与人的本能反应的界限。比如,"个人面具"原型,实际所显现的是人抑制某些本能以对社会环境和文化模式的适应,这在莫里斯《裸猿》、威尔逊《论人的天性》等论著中

---

① 荣格:《集体无意识的原型》,见《荣格文集》,冯川译,改革出版社1997年版,第57页。

也有过论述,它与人的生物本能有着不可分割的联系,是人在生物基础上的社会化过程的必然表现。"阴影"原型,也是人的动物性和本能的表现,是类似原始冲动的东西。"阿尼玛"和"阿尼姆斯"原型,是男人身上的女人性与女人身上的男人性在各自身上的表现,它们也与人的本能相关。"智慧老人"原型,包含的主要是人性中的善恶、情理的对立和冲突,这也与人的生物本性方面相关。荣格的目的是想证明一种不同于生物本能的精神本能或心理本能的存在,但是他无法找到这种精神本能的载体和存在方式,无法说明它的来源和实在性,其结果是把本属于两个范畴和层次上的问题作为一个问题来解释。

原型(作为心理原型)是与人的生物本能相关的对情境反应能力的确定形式。就是说,第一层,原型在功能意义上,有确定心理反映向度的能力,使人对外界事物的反应带有预定的模式,或者类似于模式的特性,这是原型的生物学基础和维度;第二层,原型在结构意义上,是人面对环境而产生的特定心理体验与生物本能的确定形式的契合,这是人的生物本能性与社会适应性、先天生理反应与后天心理反映共同作用而形成的一种类似本能的精神现象。它类似本能又不是本能。类似本能是因为它确与生物本能相关,带有预定的属于先天的性质,具有集体的特点;它不是本能,因为它是一种在生物本能基础上产生的心理反映,是一种精神现象。生物本能在一定意义上决定了原型的"型",之所以说"在一定意义上",是指在"人-环境"(广义的)系统中,人面临相同的情境时有着基本的相同的体验(如对蛇的恐惧,对于光的向往,等等),并必然地做出本能的反应。而这种本能的反应,才是荣格所谓的世代相传的、人人共有的集体的无意识的表现。之所以无意识是因为它是一种生物本能的反应,是人类作为宇宙中的一种生物类属,在与环境的适应中积累的千百万年祖先的经验,这些经验随着人类进化过程而成为一种本能。荣格这种理论的形成,受到进化生物学家海克尔理论的直接影响,"尤其是海克尔建立在这些历史性生物学方法基础上的颇具影响的'生物发生律'——'个体发生重演种系发生'——最终对进化生物学、精神病学和精神分析,特别是对荣格的分析心理学产生了深远影响","个体发展(个体发生)的阶段可以被看作是对人类发展阶段

(种系发生)的对应性重复,……这样每一个成人都在发展阶段及生理结构上成为人类全部历史的活生生的博物馆"。①

这些现象从分析心理学的理论和实践两方面似乎都在证明,荣格的集体无意识假设中,实际就包括了关于人的生物本能在后天的反映和表现的意味。而荣格之所以回避用生物本能的概念术语,主要是为自主精神原则找到依据。他要说明的是,是自主精神或精神本能在人的后天行为中发挥作用和制约着人的心理模式,而不是人的生物本能。但纠缠于这种思路,他的这种假设难以被证明。一方面,他在试图沟通生理性与心理性联系方面混淆了生物反应与心理体验、先天本能与后天经验的关系;另一方面,他在试图打通远古与现代的关系中抽掉历史过程和实践性而倒向了精神遗传说。

综上所述,关于荣格的集体无意识概念,我们可以初步得出以下结论。

第一,荣格的集体无意识概念,是指一种超越物质决定论又反对灵魂假定说而重新假设的自主精神,是一种不脱离人的肉体但先天存在的精神本能。它不是心理功能而是人性结构。它以两种主要的外现方式证明着它的存在,一是通过本能所体现的"典型的行为模式",一是通过原型所呈现的"典型的领悟模式"。换句话说,集体无意识关联着本能与原型。本能和原型的共同特征是它的重复发生性与普遍一致性。在这一点上,本能类似于原型,而原型也类似于本能。而不同的是,原型指的主要是心理内容,而本能是生理功能。它们的深层关系是,本能依赖于一定的生理功能而体现为行为模式,心理原型则要通过一定的表象(集体表象)得到显现。同时,人的本能行为要有一定的心理能量驱动并与心灵原型相关联,而心灵原型不同于哲学原型的重要区别是它不单是一种理论假设,而且从人的行为模式特别是领悟模式中体现出来。"在最深的深处,本能和原型是彼此决定的"。

第二,现在一般意义上的集体无意识,已不同于荣格概念的内涵。这

---

① 理查德·诺尔:《荣格崇拜——一种有超凡魅力的运动的起源》,曾林等译,上海译文出版社2002年版,第55页。

种集体无意识实际是指人类对于某种事物或特定情景下所表现出的普遍的心理倾向、情感态度等精神现象,它以类似无意识的方式表现,却有着综合的复杂内容,实际超越了无意识的范畴。它带有集体的性质和远古的色彩,但它是一种后天的精神现象,是一种文化心理结构的表现而不是先天的精神遗传。其集体性源于人类生物本能反应和情感需要的共同性,其远古性则源于人类同样基础上的古今相通性。原型是一种精神的共通现象,它的本质就是寻求反映在历时性中的共时性原则(瞬间中包藏着性质),探求个别事物中的共同性,研究不同个体之间、不同民族之间的相通性,揭示作为表层的有意识现象背后的深层的无意识心灵。这是一种集体性质的精神现象。这种精神现象,既有属于无意识领域的内容,包括集体的压抑的心灵欲望,乃至由本能决定的共同的生理冲动,也包括了人类的一些集体方式的意识,即隐形的群体心理,只是这种意识似乎以无意识的方式表现出来。

第三,需要特别指出,笔者并不否认无意识现象,无意识是存在的,个体无意识现象是被证明了的,但是把无意识说成是一种先天存在的心理模式和精神遗传,这种观点,不管是用在个体上或是集体上都是难以证明的。荣格的贡献是他提出了无意识的集体性质,这是对弗洛伊德的无意识理论的发展,但是他企图改变无意识的性质和重新解释其来源的努力却很难说是一种成功的理论。这可能因此动摇集体无意识理论的根基。集体无意识或者作为其主要内容的原型,既不是单纯的生理本能,也不是纯粹的心理结构,而是具有生理基础维度、心理体验维度和文化模式维度的多维联系的精神文化现象。原型既显现着集体无意识,也显现着集体意识;既是心理情感模式,也是文化模式;既有不可见的一面,又有通过特殊方式瞬间再现的一面。

第五章 原始意象辨析

原型与原始意象和理念

荣格的原型理论中另一个重要概念是原始意象。

从心理学的角度说,意象首先与人类的记忆和经验相关。而荣格对于意象的重视,是与他的原型理论中的核心内容集体无意识紧密联系的。因为"集体无意识经验自古以来擅长于以意象形式来表现,而且总是以同样方式更新自己。它所包括的是历史上已知的世界,即如今从内心体验到往昔历史"①。

荣格有时把原型与原始意象互用,但是如果深入研究分析原型的内涵时就会发现,原始意象不同于原型,它既处在原型内部结构的一个特定的层次上,又是原型的内容的载体或显现。

在原型的内部结构中,原始意象处于一个极为特殊和重要的位置,没

---

① L. 弗雷-罗恩:《从弗洛伊德到荣格——无意识心理学比较研究》,陈恢钦译,中国国际广播出版社1989年版,第120页。

有原始意象作为载体和中介,原型理论将变得神秘和不可理解。这在第二章中,我们已经进行了分析。这里对这一概念再集中进行探讨,是基于一个十分重要的目的,即需要弄清荣格所说的原始意象是一种先天的完整的模式、图式、模型,还是一种情境交融的心理反映。这关系到荣格原型中的一个重要问题,即原型再现是遗传的还是生成的,是先天的还是后天的,是生理的还是精神的,是本能的还是文化的。这显然不是一个概念的界定问题,而关系到原型理论能否成立。

要解释原始意象,必然涉及意象的问题。

意象,顾名思义,是"意"与"象"的自然交融。在中外文学艺术中,它是一个十分重要的概念。文艺活动,包括创作、欣赏引起共鸣等,都是通过意象的中介作用而达到的。一方面,通过具体的意象而通达到理念、"道"的形而上的层次,使得每一部作品都能在一定的文化模式和背景中得到理解和获得意义;另一方面,通过意象而表现具体的感性,它联系着最基本的人生世界,使人生的体验和记忆碎片得到整理,形成人们意识中的人生图景、心理情景、情感模式等。因此,意象是理解原型的一个基础的重要的环节。

韦勒克、沃伦关于意象有过独到的看法:

> 意象是一个既属于心理学,又属于文学研究的题目。在心理学中,"意象"一词表示有关过去的感受上、知觉上的经验在心中的重现和回忆,而这种重现和回忆未必一定是视觉上的。……心理学家与美学家们对意象的分类数不胜数。不仅有"味觉的"和"嗅觉的"意象,而且还有"热"的意象和"压力"意象("动觉的"、"触觉的"、"移情的")。还有静态意象和动态意象(或"动力的")的重要区别。
>
> ……庞得(E. Pound)对"意象"做了如下的界定:"意象"不是一种图像式的重现,而是"一种在瞬间呈现的理智与感情的复杂经验",是一种"各种根本不同的观念的联合"。
>
> …………

> 一个"意象"可以被转换成一个隐喻一次,但如果它作为呈现与再现不断重复,那就变成了一个象征,甚至是一个象征(或者神话)系统的一部分。①

韦勒克和沃伦关于意象的观点,有两点值得特别注意:其一,意象是"有关过去的感受上、知觉上的经验在心中的重现和回忆","是一种在瞬间重现的理智与感情的复杂经验"。就是说,意象与人生经历、记忆相关,意象只能是一种与人的后天经验有联系的精神现象的重现;反过来说,意象的重现,必须是意象与人的某种人生经历、特定情感相契合。这个过程,也只能发生在现实的人的后天实践的过程中,意象来源于人类的生存发展的过程中,也重现于人类具体的历史过程中。其二,意象的重现,不是一种图像式的重现,而是复杂经验的瞬间呈现。就是说,意象不是脱离人的心理情境的被动的重现,而是反映着一个复杂的心理过程,是作为主体的"意"与作为客体的"象"的又一次重新契合生成,通过意象来重现心理情感。

意象的记忆性质,为理解原型意象提供了一定的理论依据。后起的理论家沿着这条思路对此做了进一步的探索,如弗莱关于原型是可交际的反复出现的意象,原型是联想物等,都是对这一概念的进一步发展。这也是对荣格概念的神秘色彩的打破。

基于意象可以使人的经验重现和回忆的观点,荣格把原始意象引入原型理论中来,用以解释现实的人与远古祖先精神的相通,为他的集体无意识是源于祖先、与生俱来的理论找到一块基石,也为他提出的原型可以借助于原始意象而被意识、可以瞬间再现的理论架起一座桥梁,找到一个中介。

既然意象能够呈现复杂经验,那么它就有可能呈现远古的原始的记忆,于是荣格提出了原始意象的概念:

---

① 雷·韦勒克、奥·沃伦:《文学理论》,刘象愚、邢培明、陈圣生等译,生活·读书·新知三联书店1984年版,第201、202、204页。

意象既是一种无意识的表现,又是一种暂时的意识内容的表现。因而,意象含义的阐述并不只是来自无意识,也不只是来自意识,而只是来自它们的相互关联。

当意象具有一种远古的特征时,我把它称为原始的;当意识与熟识的神话主题处于惊人一致的状况中时,我说它具有远古的特征。……

个人的意象既不具有远古特征,也不具有集体含义,而只是表达着个人无意识与个人有限的意识的状况的内容。

原始意象(在别处也叫作"原型")总是集体的,即它至少对整个民族或时代来讲是普遍的。……

原始意象是一种记忆的沉淀,一种铭刻,它由无数类似的过程凝聚而成。它主要是一种凝结或沉淀,因而是某种不断发生的心理经验的典型的基本形式。因此,作为一种神话主题,它是永恒有效的,持续不断地或是为某种心理经验所唤醒,或是恰当地为某种心理经验所程式化的表现。这样,原始意象是一种决定于解剖学与心理学的沉淀的心理表达。①

荣格自己解释说,原始意象与意象的区别,在于前者的古老的性质,在于原始意象承载着远古祖先的精神遗存,同时原始意象是集体的。他用远古时期的社会生活经验来解释人类心理结构的形成和原始意象的起源。荣格在这里实际上如前所指出的,他把原始意象仍然看作是原型结构中的一个层次,在这一点上原始意象与意象的功能和位置是一样的。而不同处是,荣格特别强调原始意象的远古的性质。这种强调,是与他坚持认为原型是一种先天的模式和本能的观点相联系的。换句话说,原始意象呈现的是远古人类的心理体验和集体无意识心理,而不是后天的经验。在荣格看来,只有原始意象才能"如实"地显现原型的内容。这正是他使用"原始意

---

① C. G. 荣格:《心理类型学》,吴康、丁传林、赵善华译,华岳文艺出版社 1989 年版,第 532—533 页。

象"这一概念的原因。显然，荣格的观点是有片面性的，他不愿意把原型理论等同于一般心理学，不愿意因为承认后天因素而与先天模式理论相冲突，为此而无视原型模式在根本上就是后天的体验、记忆等心理情感的积淀。

尽管如此，荣格对原型与原始意象的区分仍然是有意义的。因为这个区分，在客观上不但为原型从"天赋的可能性""领悟的典型范型"等抽象的概念走向现实的具体的内容方面架起了桥梁，而且对原型的内部结构的解剖提供了一个角度。因为荣格认为原型是一种精神框架、结构，一种经历过漫长的时光后的形式，从一定意义上说，原型是被抽象化了的，类似"理念"和中国的"道"。而原始意象是具体可感的，所以，有了原型与原始意象的区别，就使原型有了现实感受（经验）—原始意象—原型这样几个层次的区分，使得集体无意识及其被感知的过程得到贯通。

这里还关系一个重要的问题：原始意象与意象具有同一的性质，即它是一种主观与客观、意与象的契合的过程，是一种与生理反应相关的心理的反应，而不是作为一种固定的图式的激活和再现。意象与记忆相联系，意象的重现不是图像式的复现，而是复杂经验的呈现与"象"的契合，它有一个后天合成的过程。正是这里，荣格的观点遇到了一个不可回避的难题：意象——具有特殊含义、有象征色彩和约定性的意象，或作为原型的意象——是怎样被遗传的？或者说，它能够被遗传吗？这个问题我们将在后面探讨。

下面我们先看与原型相关的另一个问题，即原型意象与理念的关系与区分。

荣格在《集体无意识的原型》中曾指出过理念与原型的关系，认为理念可以追溯到柏拉图的"理式"这一概念，"永恒的理念是在超天界的地方蓄积起来的原始形象"，"所有的观念最终都是建立在原始的模型之上的"。笔者在第一章中已经指出，柏拉图从哲学角度对事物原型的追根溯源得出的结论是"理念"，荣格从心理学对人的心理原型的追溯结论则是原始意象。所以理念与原始意象在柏拉图和荣格的理论中有着逻辑结构上的共同性，有着思维方式上的相似相通性，二者有联系又有区别。荣格为了把他的心理原型理论阐述得较为具体明了,也运用了理念这一本来属于哲学范畴的概念,同时对原始意象与理念做了区分,并把它们纳入一个共同的思维结构和认识过程中,论述了各自的位置及功能意义。荣格说:

> 我把理念一词用来表达某种从意象的具体性中抽象或分离出来的原始意象的意义。……理念是一种先验的存在和起决定作用的心理因素。在这个意义上,柏拉图把理念视为一种事物的原始意象,而康德则把它界定成"精神活动的原型",因此,它是一种超越了经验事物的局限的超验的概念。
>
> ……
>
> 原始意象是理念的初级阶段,是它的母性的土壤。通过从对于原始意象特殊而必需的具体化的分离,理性发展为概念——即理念——此外,它由这样的事实从每一种其他的概念中区分出来,即决定而且也确实包含着构成所有经验的基础。理念具有这种来自于原始意象的性质,它作为特殊的大脑结构的表现,也把某种确定的形式赋予每一种经验。
>
> ……
>
> 沿着原始意象的无意识勾勒的线索,理念获得了极大的发展。由此下去,原始意象间接地达到了表面。……理念纯粹是处于理智阶段中的原始意象。①

原型、意象、原始意象、理念,都是与荣格"独立自主"精神理论相关的概念。荣格对于理念的解释是与原始意象结合起来的,他的解释实际上与柏拉图和康德是有区别的,这就是他认为理念与原始意象在本质上是一致的,理念指"从意象的具体性中抽象或分离出来的原始意象的意义",是超验的概念。原型与理念的关联在于,它们都是表达某种终极、本源意义的

---

① C. G. 荣格:《心理类型学》,吴康、丁传林、赵善华译,华岳文艺出版社1989年版,第525、534页。

概念;而它们的区分在于,原型以具体的有感性内容的"象"来呈现意义,而理念则是从具体性中抽象或分离出来的意义。理念有来自于原始意象的性质。从这个解释中,必然地可以引申出一个观点,理念在内涵和功能上具有原始意象同样的性质,理念就成为原型的抽象形式。而这,我认为就是荣格所说的"意义的原型"。

原始意象的承传和瞬间再现

荣格曾经指出,原始意象遇到特殊情境,可以瞬间再现。这使原型理论具有了一定的历史文化的意味和后天的色彩,也是原型理论能被运用于文学批评,并取得成果的重要原因。

荣格认为原型可以瞬间再现的观点,实际建立在一个潜在的假定上,即假定原型是一种既定的可以通过个体遗传的图式或原始意象,它可以通过个体的特殊情境而复现,从而证明集体无意识是远古祖先的精神遗传和再现。如果真是这样,就不得不回答这样一个问题:原型既然是人类远古精神的遗存,是一种人人具有的先天性的心理模式,那么它又是如何生成、承传、一代代流传下来的呢?因为遗传不同于社会性文化承传,它应是通过活生生的个体的肉体而不是抽象的集体遗传的。那么这种属于精神的内容到底是怎样在个体身上重现的呢?这关系到原型理论能否成立的问题,在这个问题上,出现了不同的解释。

大致而言,沿着两种思路进行探讨。一种思路是从生物遗传的角度寻求答案,一种思路是从人类历史实践的角度寻求答案。

一、思路之一:生物的遗传

荣格认为原型是一种永恒的集体的"种族记忆",它无时无刻不在人们的头脑里,并预定着个体的思维方式和行为方式。为了强调原型的集体无意识特性和永恒性,他反对用后天的经验来说明,也反对把原型理解为一般的哲学概念。这样他只能以原始意象这个较为具体可见的载体来说明,而在他看来,原始意象是自古就存在的,被镂刻在人的大脑中。这样就使得他的论点中的生物遗传和神秘的色彩大大增加,原型的存在方式因而显得费解。

荣格在《论分析心理学与诗歌的关系》中说:"集体无意识不能被认为是一种自在的实体;它仅仅是一种潜能,这种潜能以特殊形式的记忆表象,从原始时代一直传递给我们,或者以大脑的解剖学上的结构遗传给我们。没有天赋的观念,但是却有观念的天赋可能性。"荣格在这里就认为原型是靠大脑结构遗传给后代的,然而他又说"只有依靠从完成了的艺术作品中所得出的推论,我们才能够重建这种原始意象古老的本原"。[1] 这种解释,实际打破了他的生物遗传的观点,使他的理论显得牵强和矛盾。就这一思路来说,其所要解决的关键问题,是解释远古的或者既往的精神是通过何种途径怎样遗留给后世的,社会性因素如何转化为生物性因素,心理情感如何在生理遗传过程中被保持的。

在荣格原型理论的研究者中,有人也做过这样的推测:"用来解释身体进化过程的观点同样可以用来解释集体无意识的进化过程。由于大脑是心灵的主要器官,因此,集体无意识的进化直接依赖于大脑的进化。……人生来就具有种种用于思维、情感、知觉和行为的具体方式的先天性向,这种种先天性向或者潜在意象的发展和显现完完全全取决于个体的种种生活经历。""我们感受到的生活经验愈多,潜在意象显现的机会也就愈多。""所有的原型对于个体和种类的生存来说都必须是有利的;不然的话,它们就不可能成为人类精神遗传特性的一部分。为了生存,人格面目是必不可少的。"[2]

还有人做过同样的推测:

> 万事都来源于经验,这并不等于来源于每一新世代的每一个体所反复进行的当前的经验,而是来源于物种在其进化过程中的所有祖先积累起来的经验。只有这种从偶然性那里得来的经

---

[1] 荣格:《论分析心理学与诗歌的关系》,见《荣格文集》,冯川译,改革出版社1997年版,第225、226页。
[2] 卡尔文·S.霍尔、沃农·J.诺德拜:《荣格心理学纲要》,张月译,黄河文艺出版社1987年版,第34、35、38页。

验——只有那些被选择的和经过磨炼的无数次尝试——才能同其他器官在一起,使得中枢神经系统变成一个器官,使之适合于它自己的特殊功能。

....

同其他动物物种相比,人类更是依赖体质的和观念的双重进化的力量,人就是这种双重进化过程的继承人。①

另外,还有的研究者取了一种中间的思路,既不否定先天原始性又承认后天实践性的观点。"我们可以假设,这些原始意象或者说原始模型的形成过程持续了几千年之久。在这漫长的岁月里,人的神经和意识从一种动物状态浮升出来,可是它们,即这些原始模型的再现形象仍然具有一种原始性质,并依它们对之显现的时代而有所增减或改变。某些原型,特别是那些对心理协调起重要作用的原型,便出现在一种抽象形式或者几何形式下面,如一个正方形,一个圆,一个球下面,它们单独或者以多少被加工过的方式组合起来,形成一个典型的象征。"②这里说的已经不仅是作为精神现象的原始意象的存在,而是将这种现象与生物进化特性结合起来。

我国也有学者在感到目前仅用"积淀说"不能透彻地说明这一问题时,也不排斥对生理本能方面探讨的意义,并注意到前人已经提出的一些观点的合理性,如关于个体思维的某些形式或结构,可以通过"获得性遗传"而不必经过直接经验所获得的观点;寻求个人意识生活的解释必须回到种族经验中去的观点;现当代发达地区儿童对数理公式的掌握先于个人经验而发生的观点;个体心理的某些结构性因素可以通过遗传先于个体的经验而发生的观点;等等。所有这些看法对于理解人类心理结构的形成承传都是有一定启发意义的,对于理解原型同样有意义。但是,"在当前,从根本上解决这个问题的科学背景还不具备。无论是当代心理学、神经生理

---

① 雅克·莫诺:《偶然性和必然性——略论现代生物学的自然哲学》,上海外国自然科学哲学著作编译组译,上海人民出版社1977年版,第114、119页。
② F.弗尔达姆:《荣格心理学导论》,刘韵涵译,辽宁人民出版社1998年版,第13页。

学,还是人类学,都尚未提供足以说明这个问题的成果和材料"①。

二、思路之二:文化的积淀

关于原型承传方式的另一种思路是将原型与人类的实践或经验联系起来。笔者以为,在目前尚未有更适当的解释理论的情况下,弗莱关于原型的置换变形的观点与李泽厚的积淀说是较有启发性的解释思路。

弗莱关于原型的定义及其原型批评观点在第七、八章中将有较充分的解释,在这里要说明的是,弗莱用"反复出现的意象""可交际的单位""联想群""已知联想物""传统化"等这样一些术语来解释原型的特征和功能,其意义在于弗莱实际上不同于荣格把原型看作一种先天的精神遗存和心理模式,而是看作一种文化现象,一种后天的精神现象。原型是一套秘传的符号,因而弗莱没有再陷入荣格关于原型通过原始意象瞬间再现的观点。另外,弗莱还认为原型可以置换变形,以适应时代变化和道德的需要,这一观点进一步对原型的承传和在后世的演变提供了理论依据。上述概念,较为充分地解释了人的原型心理怎样在横向上相互之间传播,在纵向上怎样代代相传的问题,而文学艺术正是起了这样一种作用的特殊传播媒介。这种传播和被接受,则是由人类心理结构的相通性决定的,而这种相通又是以文化模式为基础的。

李泽厚在他的一系列美学著作中屡次涉及或提到人的"文化-心理结构"的概念,试图从历史文化的角度探讨人类的心理结构问题、人性问题,同时,相应地提出了积淀说,以阐述人类精神的生成和承传。李泽厚的积淀说本来也不是针对原型提出的,但是,在笔者看来,他的观点所涉及的问题的实质与原型观点有重要的联系,这就是人性的原型的问题,只是他对这个问题的思考是建立在人类历史实践的基点之上,正如他近年所说,他的目的是"阐述人性的历史生成"。所以,他的积淀说,对于解释原型的生成承传同样有启发意义。他的下述论述就具有这种启发性:

原始的图腾舞蹈把各个本来分散的个体的感性存在和感性

---

① 徐梦秋:《积淀与中介》,载《学术月刊》1994年第7期。

活动，有意识地紧密连成一片，融为一体，它唤起、培育、训练了集体性、秩序性在行为中和观念中的建立，同时这也就是对个体性的情感、观念等的规范化。

　　这里有着个体身心的自然性、动物性的显示、抒发、宣泄，然而就在同时，这种自然性、动物性却正在开始"人化"：动物性的心理由社会文化因素的渗入，转化而成为人的心理；各种人的心理功能——想象、认识、理解等智力活动在产生，在萌芽，在发展，并且与原有的动物性的心理功能如感知、情感在联系，在交融，在组成，在混合。

　　……"积淀"在这里是指人的内在自然（五官身心）的人化，它即是人的"文化心理结构"的逐渐形成。①

李泽厚的观点和思路可以说也是中国当代对于这一问题的基本思路。他的观点是在人类历史实践的基础上和承认文化-心理结构存在的前提下，去解释人性的生成过程的。文化-心理结构说不同于荣格的原型理论，但是它明显地受到原型理论的启发，李泽厚自己对此有过说明。而积淀说与原型理论在一些重要方面不谋而合。这就是说，积淀说是阐述如何历史地把文化积淀为人的文化-心理结构即人性。与荣格的不同是，李泽厚试图从历史文化的角度去解释类似原型重现的人类精神现象；与弗莱的不同是，李泽厚不仅仅从文学现象中去归纳和概括出原型置换变形和重现的现象，以解释原型的承传过程，而是服从于他的主体性理论，带有哲学思辨的色彩。

如果把原型理论与积淀说两者比较，其区别在于：原型理论假定人类存在着自远古遗传来的古有的集体无意识，它是带有遗传特点和先天性质的；而文化-心理结构说认为，人性是历史实践的结果，是积淀而非遗传，就是说，它的理论基础建立在现实的历史实践的基础之上。前者是先验性的，后者是后天经验性的。前者的难题是这种精神的先天性和遗传难以科

---

① 李泽厚：《华夏美学》，中外文化出版公司1989年版，第6、7、10页。

学地证明,后者的难点在于如何解释这种积淀过程。这种探索的路程可能还很长。

原型理论只有成功地运用于现实实践才是可信的,它要解释原型从远古通向现实之路,而文化-心理结构说在于如何推论远古以来的人性的历史生成过程。原型理论因为弗莱的"反复出现的象征""瞬间再现""置换变形"等概念而向现实靠近了一步。同时,又因为有"互渗律""集体表象""原始思维"等理论而使它显得理论根据丰富。文化-心理结构说同时也在吸收人类学、文化学、心理学等学科的新经验,但它的理论基础仍然是人类主体性理论,是实践的观点。劳动创造人,物质第一、精神第二,存在决定意识等观念仍是其理论的支柱。但是,从发生学的角度说,人类是否有与生俱来的精神本体,人类精神特性是否就是通过后天积淀而来的,似乎不能断然地就下结论。

关于原始意象的瞬间再现问题,必须首先跳出一个假定的前提,就是原始意象可以遗传。笔者以为,所谓原始意象的再现,实际不是作为整幅"图像"被遗传和浮现,而是具体情境下的"意"与相对恒定的联想物"象"的契合;它的反复性不是精神的遗传,而是人与自然(客观存在)关系及其在人的心理上产生的感受的不断反复。原型的瞬间再现是一种契合关系,是一种生成过程,是人类后天实践中出现的现象。

第六章 原型理论的难题与潜在意义

原型理论面临的问题

荣格的原型理论所具有的重要性是显而易见的,它所涉及的问题的价值同样是显而易见的;但是,荣格在阐发其理论的过程中也留下了许多疑问,甚至在一些根本问题上面临着来自各方面的挑战,包括原型批评实践中遇到的挑战,以及原型理论自身的矛盾性的挑战。

第一,原型的内容到底指什么?这首先涉及原型与集体无意识的关系。集体无意识是一个有重要意义的理论概念,这一概念已经被普遍承认和运用,但是问题在于人们对于它的理解实际上存在着许多差异,其焦点是关于无意识的内涵及其来源。大多数人对无意识的理解也许是弗洛伊德的理解,即它与"压抑"相关,是后天获得的;它是不能被意识到的"意识",而不是先天存在的。然而,这与荣格的集体无意识理论是有距离的。荣格的观点之所以不能被特别重视和接受,不是这一观点不重要,而在于其中还有许多理论环节不连贯,或者有脱节。荣格为了强调集体无意识的存在,把人的心灵世界的空间极大地拓展——揭示出比个人无意识更深层的集体无意识;为了强调集体无意识与人类祖先精神的联系,把假设的人的这种精神现象获得时间极度地推远——提出原型是人类祖先遗留给我们的精神遗存;为了解释这种心灵现象是先天的而不是后天的,把人的心理现象与生理遗传联系起来——实际提出了人的精神是可以遗传的这一难以使人接受的观点,并使原型理论蒙上了神秘色彩。荣格理论自身存在着矛盾,这种矛盾的根源是他不能用人类实践的、历史的观点来解释人类精神的发生发展,而企图以先验的假定作为他的出发点。正因为如此,他的那些在医疗实践乃至精神现象中所收集到的实证材料,始终不能科学地和逻辑地证明其观点,反而有时得出与他的观点相左的结论,使其显得矛盾重重,这在他的核心观点集体无意识与原型的关系上表现得非常突出。

荣格假定原型是集体无意识的主要内容,换句话说,原型所显现的内容是集体无意识。但他在对原型理论的实际阐发中,特别是在原型批评实践中已经超出它本来的内涵,而使其本身已面临重新解释的问题。实际的情形是,一方面,类似集体无意识的现象确实是原型的重要的内容,但是,人类的这种集体无意识现象,又不仅仅以原型或原始意象为确定的存在方式,从原型批评的理论与实践中可以看出,集体无意识还以仪式、神话、习俗、意象、形象、母题、象征、梦幻、文艺等形式存在。另一方面,荣格所用来证明集体无意识和原型的现象,虽有着原型的反复、再现、约定性等特征,但是,这些行为却似乎又不仅仅是一种集体无意识的表现,有些活动中有着人类明确的意识,有着理性成分。这样,原型所体现的似乎不限于集体无意识,而且有集体意识,是一种共同的精神的体现。这样原型与集体无意识概念范畴的内涵和外延及其相互关系,在论证原型理论的过程中被打破。因此,原型、集体无意识、原始意象概念本身及其相互的关系,原型的内部结构都需要重新理解和建构,否则理论探讨将在概念的矛盾中徘徊。

第二,如何理解原始意象与纯粹形式的关系?原始意象是荣格原型理论中的一个重要概念,但是他在解释意象与原始意象时,只是说明了原始意象的性质比意象古老。而在我看来,一般意义上的意象与荣格的原始意象的区别,并不只是在于是否古老,而在于对意象的"象"本身的理解。

顾名思义,意象不仅有"意",同时必须有"象",是意与象的一种特殊的契合,而"象"有图式、模式的特性,只有如此,才能谈到原型的瞬间再现。按荣格的解释,只有通过意象才能沟通特定情境与人类祖先的情感交流,激活集体无意识。荣格曾经对图像与人的无意识心灵的关系进行过长期研究,在《毕加索(1932)》一文中,荣格说:"近20年来,我一直致力于对图像再现心理活动之心理学的研究"。但是,他的直接对象是作为艺术作品的图画,还不是人的直接的心灵图像或图式。

那么,荣格所说的这种意象又从何而来呢?

按荣格对于原型的解释,原型的载体不是意象和图式,而是一种纯形式,一种不可见的行为的可能性,就是说,他的原型本身又否认"象"(图式)的存在,它的原始意象与纯粹形式的关系令人费解。而这个问题牵扯到原型理论的一个根本问题,即原型是作为图式"象"被遗传呢,还是一种类似本能的行为模式,或者一种需要后天填充具体意象的形式。这是有区别的。如果是一种意象图式,它就倾向于(类似于)精神现象的承传;如果只是一种本能模式,是一种行为的可能性,那么它就倾向于(类似于)生理本能的遗传。若是后者,那么荣格又何以要使用原始意象这一术语呢?

第三,原型是生物遗传还是文化继承?荣格研究原型是如何从远古传承到当下人们的心灵深处这一问题,实际上用的是生物遗传的观点、进化的观点,认为它凝聚、沉淀在人的大脑中,即一种生理的遗传。但是,荣格没有说明这种从心理到生理的过渡是如何完成的,没有解释人类这种心理结构与历史过程的关系。这就是他的理论带有神秘色彩和不能被人理解的重要原因,这种观点在原型批评的实践中或被置之一旁,或被有意回避。但是,这种回避也是原型批评局限的要害所在。对于荣格原型理论的这个重大问题,荣格研究者霍尔曾有所觉察,并提出补救方法。

霍尔说:"原始指的是最初或本源,原始意象因此涉及心理的最初的发展。人从他的祖先(包括他的人类祖先,也包括他的前人类祖先和动物祖先)那儿继承了这些意象。这里所说的种族意象的继承并不意味着一个人可以有意识地回忆或拥有他的祖先所曾拥有过的那些意象,而是说,它们是一些先天倾向或潜在的可能性,即采取与自己的祖先同样的方式来把握世界和做出反应。……我们之所以具有怕蛇和怕黑暗的先天倾向,是因为我们的原始祖先对这些恐惧有着千万年的经验。这些经验于是深深地镂刻在人的大脑之中。"①霍尔在这里小心地运用了"一些先天倾向或潜在的可能性"这样的术语,其目的就是要说明,荣格的原始意象并不是一般意义上的意象,原型的瞬间再现并不是再现意象,而是按人类祖先的某种方式把握世界和做出反应。但是,霍尔的这种观点与荣格自己的说法实际有了很大的距离。如前所说,荣格也讲过纯粹形式,但是他同时又提出了原始意象的概念,并强调了人的集体无意识的先天性。也因此,荣格给自己出了一个不仅在当时而且在今天都无法证明的难题。

显然,从遗传的角度理解原型的古老和先天性是行不通的。于是,霍尔另辟蹊径,指出:"集体无意识这一概念并不一定要从获得性遗传理论中去寻求解释,它也可以从突变论和自然选择论中获得解释。这就是说,一种或一系列突变,可以导致一种怕蛇的先天倾向。既然原始人暴露在毒蛇的伤害之下,他对蛇的恐惧可以使他小心警惕着不被蛇咬伤。那么,导致这种恐惧并因而导致这种小心警惕的突变,就可以增加人的生存机会,这样,基因胚质中这种变异也就会传给后代。也就是说,我们对集体无意识的进化可以像对人体的进化那样来说明和解释,因为大脑是精神最重要的器官,而集体无意识则直接依赖于大脑的进化。""人生下来就具有思维、情感、知觉等种种先天倾向,具有以某些特别的方式来反应和行动的先天倾向,这些先天倾向(或潜在意象)的发展和显现完全依赖于个人的后天经验。""从个体出生那一天起,集体无意识的内容就给个人提供了一套预先形成的模式。"他引用荣格的话说:"一个人出生后将要进入的那个世界的形式,作为一种心灵的虚像(virtual image),已经先天地被他具备了。"②

---

① C.S.霍尔、V.J.诺德贝:《荣格心理学入门》,冯川译,生活·读书·新知三联书店1987年版,第41页。
② C.S.霍尔、V.J.诺德贝:《荣格心理学入门》,冯川译,生活·读书·新知三联书店1987年版,第42—43页。

从突变论和自然选择论来解释集体无意识的承传,是一个值得重视的思路。霍尔力图从人与自然的关系、与环境的关系的角度来说明人的集体无意识形成的现实基础,进而说明这种精神现象在生理中的遗传和镂刻。无疑,他的动机是要为集体无意识现象找到现实基点。然而,霍尔的理论实际还是一种与获得性遗传的理论相似的理论,它的要害仍然没有离开说明原型的先天存在的思路,并力图证明它。这本是对荣格理论的一种较为有说服力的解释,不这样就难以解释集体无意识这种精神现象如何通过个体的生理的机制被传承给后代。因为虽然现代生物学的发展一再地证明人类遗传基因对于后代的意义,说明人类作为一个族类在基因方面的基本特征及其相通性,但是,我们却没有足够的理由说明精神可以遗传。这里的问题是,第一,这里隐含着这样一个问题,就是这种观点实际在假设人在一生下来的时候一切都是既定的,是完备的,人的行为是预先的,后天只是一种激发作用。第二,既然人一生下来就按照预先的模式行动,那么人在本质上就是对前人的重复和模仿,由此生发出来,精神包括艺术创造在本质上就是对前人、祖先精神的重复模仿或移位。这在根本上难以解释人的创造性,也难以解释人类实践的动因。第三,它不能解释人(出生后)在现时社会中新的集体无意识的形成机制。显然,这里有着片面性,即在对实际存在的这种现象的解释中存在着不符合事实的偏差。原型理论要获得新的意义和为人所接受,仍然不能回避这一重要问题。

此外,在强调人的集体无意识心理及其在审美过程中的作用的同时,如何解释审美的个体差异性,如何解释艺术创作中个人的独创性,如何解释现实生活对艺术发展的影响,等等,也是需要继续探讨的。

原型假设的潜在意义

荣格原型理论有着潜在的重大意义。

荣格反对近代物质决定精神的观点,又反对灵魂观念,因而他在试图寻找第三种路径的过程中,客观上触及了一个重要的问题:人的精神的深层无意识领域可能与人的某种先天的生物因素相关,人在降生时就存在着某种决定行为方式的先在的本能。这种本能本身不是自主精神,但却是我们探讨自主精神或精神本能的基础。荣格由于纠缠于他的集体无意识先天性假设,认定它是一种精神的遗传,而当不能证明时,他用远古、祖先这样含混的时空概念来做推测,而不去思考它就是一种与本能相关的心理反映。如前所说,他已经在许多地方触及生物本能与心理现象之间的关系问题,但是他为了不动摇关于集体无意识原型先天性的假设而不开启这种思路,这导致他不能正视本已涉及的一个有重要意义的问题,即原型现象与人的生物本能的关系,或者说原型的生成有其生物学维度的要素。

这个问题的重要性是荣格在探讨原型作为原始模式时,在强调原型的先天性时,被客观上突现出来的。由于他始终强调人的精神的独立自主性,强调先在性,因而他把人性的探讨引向对历来被忽视的、与理性割裂对立的人的生物本能方面的关注,引向对"人之初"的重新思考。对一向被忽视和轻视的人的表象方面的重视,与对精神的自主性的重视,使得对于人性的探讨追溯到生物学维度,重新拓展出关于人性、人的精神研究的领域。东西方几千年来未占据重要地位的人的感性、生物因素在荣格的理论中有了重要的位置。在这一点上,荣格的原型理论具有现代西方人文科学重视人的非理性因素的鲜明特点。直到现在,我们仍然不能科学地证明精神可以脱离物质而独立自主地产生和存在,不能科学地证明人类集体无意识现象与远古祖先的关系,但是,人类有无精神本体,人类的精神与肉体是否同步产生,却是不应轻易否定的命题。尽管还难以有公认的结论,但是对这些问题的探讨过程本身,却促使人们思考一些新问题,它们所具有的启示意义是不容抹杀的。荣格原型理论虽然有许多疑点,但它在促使人们重新探索人类精神发展、人的心灵世界方面,在研究人性的生成和分析人的心理结构方面,有着重要的开拓意义。荣格提出的命题包含着可向纵深开掘的价值和可能。

荣格的集体无意识概念,特别是"集体"概念,也是一个极有意义的理论命题,可以说是有时代意义的重大命题。它的重要性就在于,它从集体的人即人类性、民族共同性方面切入探讨人性,揭示人类心灵世界。这种探讨的意义或许就在于,它在客观上有可能避免从单个人(个体)身上探索普遍人性和人性本质,因而出现抽象人性论的局限。当然,在这个问题上,荣格同样纠缠于他的集体无意识假设,把人类的集体精神现象的研究局限于无意识层次的领域,然后将这个有局限的领域无限地扩展,而无视和忽视了人类精神领域许多值得探讨的集体性质的研究,或者说他把自己的研究变成主要为集体无意识寻找依据和例证的过程。

回过头来看,荣格关于建立在自主精神基础上的心理学假设的潜在意义正在于,它启示我们从人的生物性与社会性两个维度,从人的先天本能性与后天实践性两个方面,从生理反应与心里情感两种角度的结合上去探讨人类自主精神或精神本能,从而进一步解开人类精神领域的那些未解之谜。

如果把这种具有重大潜在意义的探讨,置于现代自然科学、社会科学和人文科学发展的背景下来看,其价值更为重要。

直到今天,人类仍然面临着许多未知的领域,既包括物质领域,也包括精神领域。爱因斯坦相对论的提出,星际探险的开展等,使地球和人类的中心地位再次动摇。由此所引起的人的思维方式的改变和时空意识的改变,对于人类重新理解和探索自己的精神世界发挥着持续的影响。诺贝尔物理学奖得主李政道博士在谈到当今人类对于物质的认识问题时指出,科学面临着一系列挑战,人类对于世界的认识是十分有限的。比如,在宇宙研究方面,关于类星体和暗物质的认识上所面临的课题,就使人类不敢轻易地在无限的宇宙面前自夸:"在我们的宇宙中,一切物质都产生引力场,影响其他物质(星体、星系等)的运动,我们可以观察到它所具有的引力场。但是有些星际物质我们无论是用红外线、紫外线、X光或雷达等仪器,都无法观测到它;然而,这些物质确实是存在着。这就是暗物质。就在我们生活的太阳系的星系集团中,至少有3/10是暗物质;在全宇宙至少有90%是暗物质,可能会更多。""在宇宙中的大部分物质都是我们所不知道的。"[①]人类科学技术发展到今天,我们对于物质世界的认识尚且如此有限,我们对于自己的心灵世界的认识恐怕也不能过于自信。随着人类的进

---

① 李政道:《科学的挑战——从中国古代到现代》,载《新华文摘》1994年第11期。

步和社会的发展，人类不断地拓展新的认识领域，包括精神领域，是一种必然。因此，任何大胆的质疑都应该被认真对待，荣格的理论虽有缺陷，但是他对于精神自主的探索，是一个极具重要意义的未来的课题。

荣格关于原型的先天遗传的观点，关于人的大脑中有祖先的精神的遗留物的观点，在他去世后并没有从飞速发展的现代科学，包括他曾从事的医学科学领域得到直接明确的证明，但是，一些新的研究成果却又使我们不能断然否定他的理论假设。一些本来属于精神范畴的现象确有从生理方面做出解释的可能。这些解释，一方面动摇着荣格关于人类精神遗传和心理结构先天性的假设基础，另一方面却又表明某些心理现象确实与人的生理相关。从下面摘要的文字中可以看出，现代自然科学确实在向一些古老的结论挑战，也在改变着人们的一些传统观念：

> 人脑作为思维器官是一切智慧活动的基础。然而，由于人脑结构极其复杂，其功能又和神经细胞的动态活动过程相关，因而过去长时间内被蒙上了一层神秘的面纱。关于意识的本质，通常的假设是：意识作为人类独有的主观世界，它虽然是人脑的机能，但却不能归结为纯粹的自然过程，不能归结为人脑的物理活动过程和化学活动过程。这种人类意识超自然论，几乎构成了科学解释意识现象的不可超越的界限。
>
> 值得注意的是，近代物理和近代化学的进步，特别是现代生物化学和分子生物学的发展，以及在此背景下神经生理学和神经心理学的飞速成长，为我们认识意识现象提供了可靠的科学方法与手段。新的科学发现对人类意识超自然论提出了强有力的挑战。首先，脑电生理研究表明，人脑神经细胞不论大小、形状如何，都全部采用两类电信号——动作电位和分级电位（又称局部电位）来处理和传导信息。……神经生理学称这一过程为"产生了一个神经冲动"，而认知科学、心理学和哲学等所讲的意识现象，也正好是以上述的生理学过程为基础的。其次，20世纪50年代以来，人类对于自己脑神经细胞的化学变化已有了较为明确

的了解与认识。神经化学的研究已经揭明,人脑神经元的突触之间的信息传递是靠化学信号完成的。现已发现,这种能传递化学信号的物质有 20 多种,基本上可分为兴奋性递质和抑制性递质两种。人类各种心理现象,都和脑内神经细胞化学递质的变化相关。

上述科学发展表明,作为一个天然的信息处理系统,人类意识在其生理机制方面,其特性与一般动物只有复杂程度上的不同,并不存在质上的差异。由此,科学智慧便陷入了"自相矛盾"的窘境:从人类"独有"的理性能力出发,在发掘自己不同于其他动物的独特能力的过程中,却发现了自己以为得天独厚的那种认识能力却并无神秘之处,而是一种很普通的生物电过程和生物化学过程。而且更为严重的是,如果我们从上述科学事实出发,还会发现原本为人类意识所独有的社会性、主观能动性等概念现在都变得需要重新认识了。[①]

这个新的科学研究成果,迫使人类必须科学、理智地正视,而不是假设、推理地设想自己,包括自己的特性(人性)。换句话说,对人、人性问题的探讨,应以最新的发展了的科学智慧为背景,立足于新的科学基础。它告诫我们,人类必须重新正视自身。为了区别人类与一般动物、生物之间的界限,找到不同点,认识人性,人类必须首先承认人的生物性和动物性,认识其相同点,而后才能真正找到两者的界限。这个界限的分明的过程,应是人类进化发展的过程,是文化的发展过程。

另外,梦作为精神分析和心理分析的重要研究对象,始终是用来证明其观点的重要依据。弗洛伊德对于梦的解析,荣格将梦与集体无意识结合起来研究的努力,都产生了重要的影响。他们的共同特点是试图从心理和精神方面对梦的来源和象征意义做出解释。但是,新近的研究,却从人的生理功能方面对梦做出解释:

---

① 苟志效:《科学智慧面临自我挑战》,载《科技潮》1994 年第 4 期。

日有所思夜有所梦,这是人们通常对人为什么会做梦的一种解释。美国研究人员在新的研究中发现,做梦是大脑低级部分对高级部分的一种"检测手段"。

据美国《科学》杂志报道,美国国立研究所和沃尔特·里德陆军研究所的研究人员使用正电子释放断层扫描术对正在熟睡中的10名男性进行测量,以便精确地确定大脑的哪一部分在晚间熟睡后还处于活跃状态。他们发现,大多数活跃的梦都发生在人睡着了而眼球还处于不断运动状态时,这时人的大脑里更加原始的部分正在活动中,就像大脑边缘系统那样能够调节情绪和长期记忆。与此同时,大脑的另一部分如参与"高级命令"处理过程的前额皮质却处于完全关闭状态。

参加这项研究的美国聋人和其他疾病研究所的阿伦·布朗说,他们的这一发现有助于阐明梦中的一些情景为什么会稀奇古怪。①

这则由新华社记者发自华盛顿的消息,当然只能看作对梦的研究的一个阶段性的成果或一家之言。但是,它包含了一个重要信息,即梦与生理功能有关。同时,这种生理现象与"大脑里更加原始的部分"的活动有直接关系,它"就像大脑边缘系统那样能够调节情绪和长期记忆",其结论认为"做梦是大脑低级部分对高级部分的一种'检测手段'"。这种结论似乎与弗洛伊德关于人的意识与前意识、无意识的结构分析有相似之处,而更重要的意义也许在于它启示人们,对于梦这类神秘的精神现象需要从生理与心理的联系中去做出解释。

还有,荣格曾"一直致力于图像再现与心理活动之心理学的研究"。在这种研究中,虽然荣格本人及他的老师弗洛伊德的成果曾经受到人们的质疑,被指出有许多牵强的地方,但是,另外一些研究,如贡布里希的图像研究,在这方面有着重要的进展。而笔者认为,在这方面还有相当的余地,

---

① 《美科学家发现人做梦的原因》,载《人人健康》1998年第3期。

比如中国的绘画、书法这类强调写意的艺术,人人都能体会到它们作为图像与人的心理的特殊关系,但从心理学的角度作出更深刻的解释还有许多工作可做,而荣格的一系列理论,如人格的内倾与外倾、作品的抽象与移情的关系的论述,就有极大的借鉴意义。所有这些方面,说明荣格的原型理论还有重大的潜在的意义。

为了不致使原型这一有重要价值的命题被轻易放弃,也为了不使原型理论流于一般的心理学水平,看来我们需要在保持原型基本特征的前提下,跳出荣格的思路,对其重新阐述。

第七章　原型研究方法质疑

荣格分析心理学的核心问题是对人类集体无意识的发现,亦即认为人类精神结构中,在意识的"冰山"之下,还有个体无意识的"河床",在这个"河床"之下,则有集体无意识的"海底世界"。荣格进而把这种发现推及对整个人类心灵的分析。

现在,集体无意识概念的广泛运用,似乎表明这一观点被公认。然而问题在于,荣格的这种结论是如何得来的,或者说假设是如何被证实的?对此,笔者提出疑问:首先,从研究对象来说,荣格为了证实集体无意识现象,以异常而非正常的人群或精神现象为研究对象,其结论能否说明人类普遍的心理值得怀疑。其次,在研究方法上,荣格是从个体无意识现象中推论集体无意识的存在,这本来有其医学方面的依据,但是当他设法要证实集体无意识而不仅是个体无意识时,作为其研究对象的集体却是抽象出来的共相而不是具体的实在,于是他不得不由个体的心理分析变为一种假定的集体心理的分析。这种分析的实际步骤就是从人类精神发展的历时态中归纳出不变的原则,在共时态中揭示出普遍性和相通性,否则不能证实集体无意识的存在。而当不得不这样做的时候,他实际已经将心理分析变为结构分析了。这无疑与他本来要达到的建立自主精神基础上的心理学有了距离。下面,试对这些问题进行分析。

特殊现象还是普遍人性

基于建立自主精神为基础的心理学的目的,荣格力图避免重复物质决定论和灵魂不朽说,而谨慎地试图证明一种既与肉体相关又不依赖于后天物质决定的精神本能理论,集体无意识的发现和推论,就是它的一个结论。但是,荣格对于人类集体无意识这一普遍精神现象的存在的证实,不是以人类社会中正常人的普遍的精神现象为研究对象得出的结论,而是从诸如精神病人的言行、神话传说,乃至炼金术、星相学、卜卦、心灵感应、特异功能、瑜伽、招魂术、降神术、算命、飞碟、宗教象征、梦和幻觉等现象中感悟到的,为此他"屡遭批评"[1]。我们并不完全怀疑荣格研究所得出的一些具体的结论本身,如精神病与无意识心理的关系,但还是要问,这种结论可以用来说明人类普遍的精神世界吗?它们就是试图左右我们日常的行为而又被文化压抑的心理本能吗?

笔者认为,荣格关于集体无意识的假设和原型概念的阐述,对探讨人类精神世界和心灵结构是有重要意义的,但是这种求助于个别特例来说明普遍人性的研究视角及其得出的结论却需要反思。

荣格选择这种研究对象和研究方法,并不是偶然的和随心所欲的,而是服从于他的理论体系的需要。荣格的目的,如前所说,是要建立"自主精神原则基础上的心理理论"。

荣格要证明他的理论,第一项工作是要通过原型的载体来为集体无意识提供实在的证据。荣格力图紧紧抓住人的精神的先天性、集体性和无意识现象,来证明有一种自主精神的存在。于是我们在荣格集中阐述集体无意识概念的几篇文章即《分析心理学的基本假设》《集体无意识的原型》

---

[1] C. S. 霍尔、V. J. 诺德贝:《荣格心理学入门》,冯川译,生活·读书·新知三联书店1987年版,第19页。

《集体无意识的概念》中,看到了他为此所做的艰苦努力。但是,他在具体地论述什么是原型时不但显得论据不足,而且这些论据本身也不能使他得到所要的结论。就是说,从他列举的原型现象中难以证明集体无意识的内容是原型,或者反过来说,难以证明原型是集体无意识的存在形式。这在两个方面打破了他理论概念的内涵与外延。一方面,集体无意识的表现不仅仅限于他所理解的原型,如神话、梦、文艺作品的模式,它或许更多地表现在人的日常生活中,在人的后天的活动中得到反映;另一方面,他所列举的原型也不仅仅显现出集体无意识,而且可能有着集体意识,有着人的理智的结晶。比如他列举事例说,"原始部落的传说与原型有关,但这些原型已采用特殊方式加以修改。它们已不再指无意识所包含的内容,而变为意识的公式,根据传统进行传授,并且是秘密传授。这种传授是一个传递那些溯源于无意识的集体内容的典型方式"。这就是说,作为原型重要证据的原始部落的传说,实际表明的并不是纯粹的集体无意识,而是包括了意识。荣格又提出:"另外一个众所周知的表达原型的方式是神话和童话。但是这也是从古代传下来的一些具有特殊烙印的形式……原型所表现出来的形式可以准确无误地揭示出意识加工所施加的品评估价的影响。"[①]荣格还提到了宗教教义,而当他把教义与集体无意识联系起来时,实际说明的也不是真正的集体无意识,而是似乎以集体无意识的方式表现的包含着复杂精神内涵的宗教情绪,是人面对特定情境的群体心理、态度,它的形态似乎是集体无意识,而实际是意识与无意识交织的心理情感倾向。另外,荣格同弗洛伊德一样,特别重视梦幻与无意识的关系,他说:"既然原型被认为是能够产生某些精神形式的,那么我们就必须讨论在哪里和怎样才能获得表现这些形式的材料。'梦'自然是主要的来源。"[②]荣格在《集体无意识的概念》中为了进一步说明集体无意识原型,列举了达·芬奇画中的"双重母亲"的母题,但这个例子本身是艺术创造现象,也可以说主要是一种文化现象,并不能说明原型和集体无意识作为先天精神

---

① 荣格:《集体无意识的原型》,见《荣格文集》,冯川译,改革出版社1997年版,第41页。
② 荣格:《集体无意识的概念》,见《荣格文集》,冯川译,改革出版社1997年版,第91页。

的观点,在证明方法中他用梦和幻想状态中的所谓"积极想象"来证明,此外就是妄想狂的妄想。荣格在这里和某些原始人类学家一样,为了给自己的理论找到依据,几乎完全避开了正常人的心理现象和精神状态,离开人类精神史和历史实践过程而谈论人的精神的自主性,其科学性值得怀疑。而即使如此,他实际也没有提供有说服力的证明。在笔者所见到的荣格的其他论述中,这种状况并没有根本改变。他在《分析心理学的理论与实践》中那些可以说最为具体的例证中,也没能正面回答有关集体无意识概念中的疑惑,仍带有许多因为不明了而造成的神秘感。

在这里,集体性是从个别事例中概括出来的普遍性,而无意识现象则不能脱离与后天经验的关联,也是从个别现象中概括出的超个人性现象。

这就是说,荣格并没有从人类精神现象本身归纳出确凿的关于集体无意识理论的证据,来说明他的自主精神理论。荣格在这里的重大的缺陷也许就在于:第一,他为了证明人类精神的先天自主性的存在,而又不能不依赖于人类后天的、具体的精神现象,从中归纳出符合这种理论的事例,以此来证明他的论点。这种用经验性事例来证明先验性假设的努力是一个无法克服的逻辑背反。第二,他本来是要建立一种自主精神为基础的心理学,为人的精神本体争得地位,但是他却避开了现实中的正常的人,而为了证明自己的假设,他不得不专注于一些特殊的例子或特殊的人的精神现象(如精神病人),所以这决定了他的集体无意识假设经不住推敲和实践的检验。

在这方面,苔丝蒙德·莫里斯的《裸猿》里的一些看法值得引起重视。莫里斯在他的这本著作的"导言"中指出,人类"消耗了大量的时间探究自己的较为高级的行为动机,而对自己的基本行为动机则视而不见","人尽管学识广博,但仍旧保留了裸猿(这里的裸猿可以理解为生物学意义上的人类——引者注)的本色;人在不断获得高级行为动机的同时,并没有离弃那些不登大雅之堂的旧动机。这一点往往使他感到难堪。可是旧习性和他做伴已历数百万年,而新的习性至多才不过数千年,想一蹴而就地甩掉在进化过程中长年累月积累起来的遗传遗产,实在是希望渺茫。他只有正视这一事实,才会豁然开朗,使生活变得更加充实。"①莫里斯特别对一个多世纪以来备受尊崇的原始部落文化的研究和精神分析研究的作用提出了疑问,他说:"在以往对裸猿行为的研究中,最令人诧异的莫过于这些研究几乎总是避实就虚。早期的人类学家奔波于世界各个角落,以求发现人性的真谛。他们的足迹遍布遥远的、未开化的社会,但这些社会既无典型意义,又不发达,且几乎濒临绝境。随后他们携带着有关这些部落的奇异的婚配习俗,怪诞的氏族制度,以及神奇的仪式等令人吃惊的材料满载而归,似乎这些材料对于研究全人类的行为具有举足轻重的意义。"②莫里斯对这种无视正常人的精神现象而把特殊性作为人类普遍性的现象的做法提出了疑问,对它的研究价值也打了问号,认为"这些调查者所做的工作在展现一群裸猿误入文化歧途时会走得多远方面确实饶有趣味,很有价值。它显示出,即使在社会没有彻底崩溃的情况下,我们的行为模式可以在多大程度上偏离正常标准。但是关于典型裸猿的典型行为,它却无可奉告。这一点惟有通过观察一切主要文化的一般成员——即足以代表大多数人的主流——所共有的行为模式才能做到"。③ 莫里斯明确反对关于"技术落后的部落成员比发达的文明人更接近人类的本来面目"的观点,相反,他指出:"至今尚存的那些头脑简单的部落成员,其实并非原始落后,而是泯灭了灵性。真正的原始部落决不会数千年如一日地存在下去。裸猿在本质上是一个勇于探索的物种,所以任何一个未能进步的社会,从某种意义上说,都是失败了的、误入歧途的社会。""在试图讨论整个人类的生物本性时,过于强调早期人类学和精神病学的研究成果,是不明智的。"④莫里斯这些观点,可以说是试图把对人的天性的研究,从早期人类学家和精神分析学家以原始部落和精神病人为研究对象,转向以正常人类为研究对象。这种转向无疑是正确的、有重要价值的。它使得人类能够冷静地沿着正常的思维和轨迹回溯自己的本性生成的历程。而在具体做法

---

① 苔丝蒙德·莫里斯:《裸猿》,余宁、周骏、周芸译,学林出版社1987年版,"导言"第1页。
② 苔丝蒙德·莫里斯:《裸猿》,余宁、周骏、周芸译,学林出版社1987年版,"导言"第1—2页。
③ 苔丝蒙德·莫里斯:《裸猿》,余宁、周骏、周芸译,学林出版社1987年版,"导言"第2页。
④ 苔丝蒙德·莫里斯:《裸猿》,余宁、周骏、周芸译,学林出版社1987年版,"导言"第2页。

上,莫里斯的办法"是略去技术及语言方面的种种细枝末节,集中精力研究裸猿和其他动物所共有的一些相似之处:如摄食,梳理,睡眠,争斗,交配及抚育后代等活动。在面对这些基本的生存问题时,裸猿是如何做出反应的呢?他在哪个具体方面与众不同呢?他的古怪行为与他的特殊进化过程又有什么联系呢?"①以往研究人类原始生活、原始意识、原始思维的方式,以及得出的一系列结论,曾给精神界带来极大的惊奇和反响,对于人类认识自身无疑是有意义的,但是,这种研究,比如弗雷泽著名的《金枝》等,以及弗洛伊德的精神分析研究,都是离开人类正常的种群,离开了对于现实的正常现象的观察,所以,其结论存在着值得怀疑的方面。如果情况就像莫里斯所说的那样,那么,这种研究可能恰恰放弃了对于人类最为基本的方面的探讨,人性及其历史生成就永远只是一种推测。实际上,我们与其把落后部落和精神病人作为研究对象而推测人类的过去,还不如以现实人生活本身和人类的文化遗产为研究对象,这种推测即使不是完全准确的,也起码是接近正常人的。

心灵发现还是结构分析

接下来的一个问题是,荣格的集体无意识理论是对人的心灵世界的一种真正的新发现呢,抑或只是对于人类精神现象共同性从新的角度的一种重新解释?进而遇到的问题是,荣格发现的是人类先验的自主精神的表现呢,还是对人类历史过程中一种精神现象的深层结构分析?

提出这些疑问并不是没有根据的。

首先,对于荣格所说的集体无意识现象,别人也有过类似的触及,只是这种触及不是生理医学的角度,而是社会文化的角度。比如维柯对于人类语言中的共通现象的关注,列维-斯特劳斯对于文化结构的探讨。而在另一方面,柏拉图、康德等人也从不同的哲学体系出发对原型及理念、理式进行了探讨。这种探讨中的一个共同特点,就是在个别中看到一般,从历时

---

① 苔丝蒙德·莫里斯:《裸猿》,余宁、周骏、周芸译,学林出版社1987年版,"导言"第3页。

中注意到共时原则,在表象中揭示出深层结构,从现象中抽象出本质。

维柯曾经对不同语言文化中的相似现象进行过分析,比如他指出:

> 值得注意的是在一切语种里大部分涉及无生命的事物的表达方式都是用人体及其各部分以及用人的感觉和情欲的隐喻来形成的。例如用"首"(头)来表达顶或开始,用"额"或"肩"来表达一座山的部位,针和土豆都可以有"眼",杯或壶都可以有"嘴",耙、锯或梳都可以有"齿",任何空隙或洞都可叫做"口",麦穗的"须",鞋的"舌",河的"咽喉",地的"颈",海的"手臂",钟的"指针"叫做"手","心"代表中央,帆船的"腹部","脚"代表终点或底,果实的"肉",岩石或矿的"脉","葡萄的血"代表酒,地的"腹部",天或海"微笑",风"吹",波浪"呜咽",物体在重压下"呻吟",拉丁地区农民们常说田地"干渴","生产果实","让粮食肿胀"了……①

维柯在这里列举的"一切语种里"的这种隐喻,无疑就是不同民族有共通性的极好的例证。的确,维柯所说的这种语言现象,是一种普遍的现象,语言特别是其中的隐喻的相同是最典型的集体无意识显现。语言中隐喻的几乎完全一致性具有结构学的意义。如果按照荣格对原型的推论方式,人类的语言正是一个最为合适的对象,语言正是在表层的不同之中有着深层的共同性,在各民族独特的语言中有着共相,否则不同的民族语言之间就不会翻译和理解。索绪尔和结构主义语言学正是看到了这一特性。由此我们可以从语言现象中推论和追溯出一种原型,它比荣格所列举的神话、传说、梦幻、狂言所显现的原型更有说服力和典型性。然而人类语言中的这种现象显然不是一种集体无意识遗传的表现,而反映着人类与世界形成的一种具有共同性的关系,是一种有着相似性的文化现象。不管是不同民族之间的横向比较,还是同一民族之间的纵向联系,都可以获得某种相

---

① 维柯:《新科学》(上册),朱光潜译,商务印书馆1989年版,第200—201页。

同结构的印象而带上原型模式的色彩。

对于人文科学研究中的这类现象及其一些推论方法的漏洞,马林诺夫斯基似乎也早有觉察,他曾说:"对于文化的正确认识应当求之于一代代人类产生文化的过程,及每一代新生的机体如何受文化的陶炼熏染的情形中。玄学上的观念,如集团心灵,集合感觉中枢,或良心等,都是逃不出把社会实体分作两对立部分——一方是属于个人心理性质的文化,他方是属于集团的超个人性质的文化——的说法。既然这样分立之后,自然将进而谓:由个人的心理集合或完整以形成一超个人的,但仍是精神的实体。涂尔干的'道德逼迫出于社会实体直接影响'的学说,和其他认为出于集合潜意识及文化高层结构的学说以及同类意识,或集合模仿等概念,都是着重于社会的心理基础,而认为这是超个人的社会实体,这种种学说都是想采用多少带着玄学色彩的理论捷径。"马林诺夫斯基指出这种现象,包括在思路上与荣格有着联系的涂尔干的理论,与荣格所要试图解释的现象是相似的。马林诺夫斯基对这个问题的看法是,"我们认为这问题可以用经验来解答的,社会精神的或心理的实体其最后的媒介总是个人的心理或神经系统。至于集合或完整的现象不过是各个人反应的相同罢了。相同反应的来源是在各个人受着相同的制约过程,因为他们是在相同的物质文化中受约制的。于是这超个人的实体就是这一套物质文化,它是存在于个人之外,而同时却又影响着个人的日常生理现象。所以,文化的不约而同,精神的及集合的性质便没有什么神秘可言了。它并不是一个谜,可以用一语或一个概念来道破的。它是需要我们广阔的精细的研究人类机体如何陶炼,最重要的是神经系的熏染,研究时又不能把它和物质文化及已有的风俗相分离"[①]。马林诺夫斯的上述论述当然带有他的文化功能学说理论特性,但也为我们认识人类生活和精神现象中的共通性和相似性提供了另一种思路,或者说为分析荣格的原型理论提供了另一种参照系统。

由此我们不得不对荣格的集体无意识论点和原型理论提出另一种假设,即荣格对人类集体性心理现象的描述,也可以理解为是对人类共同性

[①] 马林诺夫斯基:《文化论》,费孝通等译,中国民间文艺出版社1987年版,第10页。

与共通性的抽象、概括和假设。而他假设的现象与其说是一种远古祖先精神的遗传,毋宁说是在共同生物本能基础上相似情境下的一种类似心理反应;它并不是一种先天的模式,而是一种反应机制和文化模式的功能性显现。

对荣格研究方法的质疑

荣格关于集体无意识的假设,以及它寻求例证的过程,正反映了他实际也是对一种人类精神的共同、相通现象的发现和概括,只是他把这种发现用来构建他的自主精神理论,把这种共同性看作是一种集体无意识现象。可以说,荣格集体无意识概念中的"集体"一词是准确的,人类确实有一种不是属于某个人的而是属于集体的心灵表现。但是,问题在于,这种集体的心灵表现是一种集体无意识呢,还是一种集体的综合的精神现象,抑或是一种文化现象?荣格的研究和他的证明过程,使人产生一种感觉,即他是对人类共同现象的一种归纳基础上的理论假设。他的理论命题具有重大意义,而论证过程及其证据不足,用以说明的论据不是人类实践过程和文化现象,不是正常的人类社会生活和他所说的远古祖先,而是非正常的生理现象与个别的文学现象。

阿兰·邓迪斯在《西方神话学论文选》中介绍荣格的学术观点时曾指出,荣格关于整个人类存在着一种"集体无意识"这一概念,可以使人们联想起19世纪流行的"心理统一性"观点。他还对荣格关于几种普通原型的观点多少有些微词,比如关于母亲、孩子、智叟等具有世界性的原型。以母亲原型为例来说,"即使普通母亲的意象是普遍存在的,也没有必要假定这一意象是遗传内容的一部分。这一意象可以通过文化媒介而获得。在不同的文化中,母亲的意象是不同的,这可能正像在不同的文化中,母亲看上去不同一样"[①]。

---

① 阿兰·邓迪斯编:《西方神话学论文选》,朝戈金、尹伊、金泽等译,上海文艺出版社1984年版,第323页。

荣格把集体无意识的产生推向远古时代,强调其先天性。这种强调实际已把精神现象推向了生理遗传。在这里,荣格原型理论所包含的重大的启迪意义和所具有的逻辑上的谬误并存。其启迪意义在于他为精神的独立自主争得一席之地的努力确实把关于人类心灵的探索的重要性突现出来,并为从生理、肉体与心理精神的结合上理解人性提供了可能,打破了历来把人的精神与肉体相分离研究人性的传统意识。同时,他使得人们不得不正视人类精神现象中某些类似"心灵本能""行为模式"的现象的存在。然而,荣格在这里出现了一个由他的长处所导致的致命弱点,陷入了一个他力图避免反而陷入其中不能自拔的境地,这就是他关于集体无意识的来源的解释。

荣格是位有成就的心理医生,对于精神病人心理的熟悉使他的心理学研究达到了一般人难以达到的深度,当然也为他的理论提供了依据。但是,也许正是他的这种职业性质和特长,使得他把注意力专注于精神病人的心灵、梦幻乃至占星术、炼金术等非正常的现象中,而忽视了对绝大多数人的正常精神现象的研究。另外,一个需要引起注意的现象是,据一位研究者说,荣格在着力探讨集体无意识理论的过程中,与他自己的精神接近迷狂有一定的关系。在一个时期内,荣格自己的精神就处于一种无意识状态,"这就是他与弗洛伊德决裂后,一时失却方向的时期。那是一个内心迷惘、混乱、骚动不安、孤立无援的寂寞孤独期,荣格被一些混乱的梦、意象、幻觉困扰着,汹涌而来的无意识波涛曾使当时的他怀疑自己的理智。实际上,就某种意义而言,他就像一个精神分裂症。……这正是荣格面对无意识的岁月"[①]。这位研究者较详细地描述了荣格如何在这一时期精神的非正常状态中记录下自己的无意识心理现象,待他"豁然醒悟"后便发现了曼荼罗等原型意象。荣格的这段异常的经历,使得他越发相信无意识现象的存在。而这种包括荣格自己和他的病人的非正常的精神现象,又被

---

① 拉·莫阿卡宁:《荣格心理学与西藏佛教》,江亦丽、罗照辉译,商务印书馆1994年版,第40—41页。

他视为具有普遍意义的人类的心理现象和人人都可能走过的心路历程。在这种领域里的深入探讨,导致荣格不是从人类社会实践的过程中去解释和寻求答案,甚至不再如他的老师弗洛伊德从个体的人生经历中去寻找原因,而把它们看作是先天的存在甚至遗传的精神现象,从而不把这些现象视为一种心理的失常和精神的扭曲,而是视为人类深层心理的浮现或原型的激活。于是荣格为了说明集体无意识的先天性,不得不陷入他一直力图回避的一个理论命题:精神可以遗传。

荣格确实在回避用生理本能、遗传理论来解释原型、集体无意识的来源,但正是先天性理论本身的追寻把他自己逼上了尴尬矛盾的境地。因为,在荣格的理论中,集体无意识原型不是后天的,不是经验的,不是个体的,不是可以意识的;相反,它是先天的,是本能的,是集体的,是属于无意识领域的。在这里,最致命的矛盾还不在于对先天性的强调,而在于关于集体无意识现象本身的界定和它的来源的推论。如前所说,荣格对集体无意识的界定是不明确的,是经不住反证的,而他对集体无意识来源的推论更是虚幻的,他在把无意识从个人扩大到集体时,实际就是突出了人类的"共同性""相通性",就带有把人类或族类作为一种类属而揭示其集体性,暗示其共同本能的意味。而当他进一步明确提出集体无意识不同于个人情结,不是后天获得而是与生俱来时,他也就截断了通向从人类历史实践观点探讨人的心灵现象的道路,他留给自己的余地,就只有用生理遗传来解释集体无意识这一条道路了。不管荣格承认与否,不管这是否是他的初衷,实际情况就是如此。而荣格自己的许多论述,包括专门定义集体无意识概念的论文中,都表明了荣格关于集体无意识的来源是生理遗传的观点。而正是在这时,荣格原型理论的矛盾才真正暴露出来:或者说,精神能够遗传,集体无意识就是远古祖先精神的遗留物;或者说,集体无意识不是精神的遗传,实际就是一种人类共同的、决定后天某些行为方式的生理本能。而这两种观点都不是荣格的本意,但是我们却从他的理论中得出了这种结论,因为他的理论中不时地有着这两种声音的交替出现。

荣格原型理论及其论证方法的矛盾在于,他为了建立以自主精神为基础的心理学理论,把弗洛伊德的无意识理论推前了一步,提出了集体无意识的假设;但是,他对集体无意识的来源的解释的证据却没有超出弗洛伊德的基本范围,于是只能把它们推向远古以至先天。在这里,先天性就是说明精神不依赖于物质性和自主性。这种几乎每一个环节都建立在假设基础上的理论体系,在后来的进一步论证中就显得十分费解并走向神秘。

第八章　原型批评的批评

心理视角向文化视角的转变

　　以荣格原型理论为先导,以弗莱的文学理论为后起代表和标志的原型批评,是 20 世纪西方重要的文学批评派别之一。它不仅受到原型理论的影响,同时也受到文化人类学、象征哲学、符号学等现代人文科学的影响。它以其理论基础的跨学科性质和批评视角的新颖独特而产生了重要影响。原型批评有其他批评方法无法代替的特点和优势。

　　就整体倾向而言,从 20 世纪二三十年代兴起,后来由弗莱在 50 年代推向高峰的原型批评,大致在两个不同的阶段,分别从两个不同的向度推进了原型批评的深入。

　　原型批评的早期(20 世纪二三十年代),主要人物如荣格、鲍特金、哈里森、墨雷等,通过对文学作品特别是戏剧和诗歌中相似现象的研究,分析文学与原始宗教仪式、神话等的关联,他们的批评视角主要是侧重于揭示互不相同的文艺现象背后潜藏的人类深层的共同心理。比如荣格的《论分析心理学与诗的关系》《心理学与文学》《〈尤利西斯〉：一段独白》《创造的赞美诗》等，哈里森的《古代的艺术与仪式》，鲍特金的《诗歌中的原型模式：想象的心理学研究》，墨雷的《古典诗歌的传统》等，都比较注重从心理原型和情感模式的角度深入，探究文艺与心理原型的关系以及艺术与仪式的共同心理源泉问题。在方法上，实际分为两步：第一步，论证文学创作中存在着原型再现和集体无意识现象，即在不同时代、不同文学作品中有着深层的相似性；第二步，则是追寻这种现象的心理根源，即把这种现象归结为一种共同的心理基础，一种由远古祖先精神遗传的反映。这可以看出原型批评在这一时期鲜明的心理学特色。不过，这里有一点需要指出，这就是，作为有许多文学理论家共同构成的原型批评派别，包括荣格自己的文艺批评，并没有完全局限于荣格关于原型和集体无意识的假设的思路中进行实践，它的许多论述实际上程度不同地注意到文艺现象作为文化的构成部分所具有的后天经验的性质。

原型批评发展到五六十年代，以弗莱的《批评的解剖》出版为标志，体现出一种新的倾向，就是在整体上，把对文学中的原型现象的解释与其心理根源的追寻，转向对其深层的结构分析，以更加开阔的视野，宏观地把握文学现象的规律，揭示文学现象中的深层模式。这种转变的具体表现，是弗莱不再仅仅把原型看作祖先精神的遗留物，不再仅仅强调原始意象的古老性质，而是对原型这一概念做了新的解释，认为原型是"反复出现的意象"，是具有约定性的联想物和象征，原型可以置换变形，等等。这实际上把原型理论的重心，从心理领域向社会文化领域牵引了一大步，使原型这一概念不再神秘和不可理解，而且为其找到了现实的基点。弗莱在《批评的解剖》中提出，"社会和文化的历史即是广义的人类学，它永远构成文学批评语境的一部分；而且越是清楚地区别于人类学研究仪式的方法与文学批评研究仪式的方法，那么二者之间便越能产生有益的相互影响。心理学与文学批评之间的关系也同样如此"①。这就为原型批评开拓出新的理论空间。它的直接结果就是认为文学是神话的移位,用神话原型模式解释文学的历史。当然,我们也注意到弗莱仍然看重心理原型的意义,但是他更看重其中的结构,看重历时中的不变因素和内在模式。这体现出原型批评与结构主义诗学的某种联系或相似性,只是结构主义诗学偏重文化模式,而原型批评更重视心理模式。

由对具体的文学现象的比较研究,寻找文学现象中的人类共同的情感因素,追寻人类共同的心理根源,到从人类艺术活动的相似现象中推论一个"最终的"无所不包的神话原型模式,并做出完整的理论概括,之后又把它反过来用于对文学史的分析,这或许可以说是原型批评演变轨迹的一个侧影。这种变化的直接动因是对于原型的理解发生了由荣格时期的偏重于心理维度到弗莱时期向社会文化维度的转变。

心理分析向结构分析的倾斜

尽管原型批评的理论基础是荣格的原型概念,特别是集体无意识理论,但是,原型批评的实践却纠正了这种理论前提,它不是深化而是泛化了"无意识"概念,即把集体无意识泛化为集体精神、群体情绪或集体心理现象,它包括了集体无意识又不限于集体无意识;以这种被泛化的集体无意识理论考察人类文学现象,其关注重点在于人类集体所共同标示的精神现象及其在文学中的体现和反复。这里的集体有两种向度上的含义:从时间上来说,集体包括了远古祖先直至当代的"我们";从空间来说,集体包括了不同种族、不同国度的人们。正是有这种无限的集体及其所创造的文艺成果,才为原型批评提供了超越时空界限的观照对象,才能从相互关联和比照中发现它们内在的相似性,才能由此去概括和解剖其深层的结构。换

---

① 诺思罗普·弗莱:《批评的解剖》,陈慧、袁宪军、吴伟仁译,百花文艺出版社2006年版,第157页。

句话说,原型批评真正产生重大影响的方面,在于"集体"概念的覆盖和拓展,在于它表现出的整体意识和远观视角,以及对文学现象从着重心理分析向结构分析方面的转变。这通过原型批评观点在后来的嬗变,特别是弗莱后来的理论就可以看出。

　　作为现代原型理论的代表人物,荣格以他的理论假设来解释文艺现象,提出了诸多独特的观点,涉及关于文艺本质和功能、作家人格的内倾型与外倾型、作品的心理模式和幻觉模式、抽象与移情等有意义的命题。同时与其他原型批评家相比,荣格自然重视集体无意识与文艺的关系。比如他认为,伟大的艺术是通过原始意象的激活来再现与远祖心灵相通的集体无意识,因为"每一个原始意象中都有着人类精神和人类命运的一块碎片,都有着在我们祖先的历史中重复了无数次的欢乐与悲哀的一点残余,……无论什么时候,只要重新面临那种在漫长的时间中曾经帮助建立起原始意象的特殊情境,这种情形就会发生"①。荣格把"原始意象"和"集体无意识"的概念引入对文艺现象的分析,客观上为文艺批评拓展了无限大的时空范围。从时间的维度来说,它把人类当下的精神现象与祖先的精神遗存联系起来,由这种对时间的跨越而触及文艺现象中的永恒问题;从空间维度来说,它不仅揭示了个体与集体心灵世界的新领域,而且深入挖掘了集体无意识背后所潜藏的人类心灵的相通性。

　　但是,荣格的这种本意并没有在后来的原型批评中深入下去,或者说,原型批评不是沿着对集体无意识与文艺的关系这个向度深入,而是偏重集体性这一向度的展开。在这里,我们如果把弗洛伊德的无意识理论在文艺实践所实际发挥的作用作为一个参照,就可以较为清楚地看出集体无意识理论在文艺批评中实际的情形。

　　荣格的集体无意识理论与弗洛伊德的无意识理论在文艺批评中的各自侧重面有很大不同。弗洛伊德的无意识理论对于文艺创作和批评的影

---

① 荣格:《论分析心理学与诗歌的关系》,见《荣格文集》,冯川译,改革出版社1997年版,第226页。

响是毋庸置疑的。无意识概念为解释文艺现象中的潜意识心理特别是性心理,揭示人物的深层隐秘的内心世界等找到了理论依据。它的侧重在于个体,在于个人情结,在于对个人精神状态和心理活动挖掘的深度。而荣格的集体无意识理论,在文艺批评中的实践,则在向集体心理方面的开拓起了重要的作用。荣格原型理论和集体无意识概念在文艺批评方面最重大的意义已不在对于无意识向深度的开掘,而在于向集体的广度方面的扩展,因此它为文艺批评打开了一个新的天地和维度。虽然,从荣格的本意和集体无意识概念的内涵来说,集体无意识比个人无意识处于更深的层次和具有更广阔的范围,决定着个人无意识即情结,但是,在原型批评实践中,真正被批评家所看重、所展开的是集体这个层面,或者说是集体这个概念的引入。正是在这个方面,原型批评由对文艺现象中的集体心理的充分关注而与结构主义有了某种相通。这种关注体现在两方面:一方面,从文艺发展的历时态中抽象出跨越时间范围的集体的人的无意识心理即原型模式,所谓"每一个原始意象中都有着人类精神和人类命运的一块碎片"。弗莱的神话-原型批评观点以及原型的置换变形的理论就体现着这一视角,文学因此被看作神话的移位。弗莱所看重的是超越时间的集体性中所潜藏的不变结构。另一方面,从文艺发展的共时态中归纳出不同文学作品中相同或相似的现象,将找不到直接的社会和文化承传关系的"共相"视为超越个体甚至种族的集体无意识的瞬间再现,所谓"在这一瞬间,我们不再是个人而是整个种族,全人类的声音一齐在我们心中回响"。而因为集体与无意识的联系,又使得原型批评更容易超越一般时代环境、伦理道德等社会层面而更多地具有抽象人性的意味。从这里可以看出,后来的原型批评没有离开荣格的原型观点,但是却冲破了心理分析的向度而向结构分析靠近。

宏观的视角与封闭的体系

原型批评的开阔的视野,却囿于一个封闭的理论体系之中。它在整体上把文艺现象看作一种深层次的重复或循环。另外,原型理论本身没有很好地解释原型的积淀与突破的关系,只着眼于远古,没有从实践的观点解释它的发展、突破,这样作家的独创、突破就失去了理论的前提。这使得原型批评总脱离不了一种模式,这极大地局限了原型理论可能有的广泛的理论意义。弗莱提出了原型的置换变形的观点,部分地解释了文艺的发展问题,但是不管如何变化,文学都被看作神话的移位。"在原型批评家那里,叙述被当做仪式或对作为整体的人类行为的模仿而加以研究,而不是被看成对某一个别行为的模仿。……对于一部小说,一部戏剧中某一情节的原型分析将按照以下方式展开,即把某一情节当做某种一般的、重复发生的或显示出与仪式相类似的传统的行为。"①

这里的问题在于,它实际反映了原型批评的一种文艺本质观,一种把文艺的发生发展的动因定位于原始精神的变形的观念。以这种观念建立的批评理论是一个封闭的体系,由此造成了原型批评的脱离实际和假设成分,也造成了僵硬的批评模式。原型批评家,特别是弗莱的创造性的具体观点被这个封闭的体系窒息而缺少新的生机,同时也招致了对原型批评的责难。有的学者直截了当地认为:"在当今批评理论中,'原型'一词却囿于某些多余并无法让人接受的内涵。""我们可以指责正宗的原型批评假如不是扼杀的话,至少是搅浑了它所要阐释清楚的文学作品的种种特征。如果一种阅读法旨在通过一首诗的文字、特征和设想去挖掘一个更重要的潜在结构,即原始的、带有普遍意义的、不是出于作者本意的潜意,那么这种阅读法便取消了这首诗的个性,甚至于完全抹杀了它作为一个文学作品所具有的本质。这种阅读法最终导致作品丰富多样趋于单一或者非常有限的几个原型模式,这些模式不仅可以在任何一首诗中找到,也可以在神话、梦幻以及变态幻象这些非艺术现象中发现。""刻意地把所有的,至少是大量的严肃诗作归结为一种永恒主题的变奏,这是与追求文学作品独特

---

① N. 弗莱:《作为原型的象征》,见叶舒宪选编:《神话-原型批评》,陕西师范大学出版社1987年版,第159页。

性的批评家的目的相悖的。"①这种批评是尖锐的、深刻的,它抓住了以往原型批评(或正宗的原型批评)的致命的弱点。

原型批评产生这样的问题,与原型概念本身的特性有深层的关系。原型的本意就有"原始""最初"的发生学的含义和模式、模型的功能的含义。原型概念引入文学艺术的批评中,就肯定包含了为文艺现象寻找原型的意义。而实际上,原型批评的特点之一就是为具体的文学现象找到一个最初的模式,找到一个"根"。

问题的关键也许不在于为文艺现象找到一个什么样的最终的原型(比如神话或者仪式),而在于从什么角度去寻找文艺原型,以及在于寻找这个原型要说明什么。笔者以为,以弗莱为代表的原型批评,正是在这个问题上有着较大的局限。

弗莱尽管注意到文学现象中的原型来源与人类原始意识的联系,如认为"艺术节奏之中重复出现的原则看来是从大自然的循环往复中派生而来的",揭示出自然节律、四季变化在人的心理中引起的感受与原型的深层联系,但是,弗莱理论中一个基本的思路是认为人类后来的文学现象都是这种原型的反复或置换变形。弗莱的深刻在于他注意到了原型与人性的关系,但他的主要兴趣并不在通过原型模式深入挖掘文艺现象中深藏的人性,或者他实际认为人性或人的心理经验凝固在原始文化阶段,这反映着一个潜在的假定,即并不认为文艺原型及其置换变形在心理层面,即人性、人的情感的置换变形,而在叙述、结构等层面的置换变形。弗莱的兴趣在于完成他的神话批评的理论体系,在于他要找到一个最终的文学模式,一个可以把一切文学现象都包容其中的模式。这种对于原型追寻的角度,注定了它的理论体系的封闭性。

弗莱以他的开阔的视野追寻文学原型,并结合具体的文学现象做了令人耳目一新的解释。但是,弗莱的这些解释,对于认识人类文艺发展史到

---

① 阿布拉姆斯:《意象与文学时尚》,见汪耀进编:《意象批评》,四川文艺出版社1989年版,第217、218、220页。

底意味着什么呢？他的初衷是要建立一种全新的批评体系，这种目的可以说是达到了。但他的理论的核心却是试图告诉人们，任何文学作品都可以找到最终的模式，都可以在神话的置换变形中得到解释。如果这样，人类艺术发展史就是一个在表层有所变化而在深层重复的循环现象，文艺的发展变化，以及它所反映的人类精神的发展变化和人性的变化都不存在了。

一个值得商榷的重要问题是，文学原型的批评视角到底指向何处？笔者以为，文学原型批评应该主要探讨文艺现象中所体现出的人性的相通性和人类情感模式的共同性，所谓文艺的规律应该从这一层面去总结。任何具体的文艺原型都是心理原型的一种呈现方式。集体无意识概念在文艺批评中的意义，就是通过这种似乎无意识的集体的精神现象的结构分析，探讨人类精神方面的集体的共同的方面。但是，这只是原型批评的重要的一步，却不是它的全部和终点。原型批评应该进一步辩证地分析以原型方式出现的文学现象中体现的人类情感和精神的"常"与"变"，解释人类在心理上受原型支配的一面与突破原型的努力的一面，这样才能较为合理地从宏观的视角看待人类文学艺术发展过程中的人性追求，看待文学艺术家的集体无意识与个人情结的关系，看待民族的深层心理与作者的个人创造性。所谓"模式"，在这里并不能看作一个固定的模子，而是某种由集体所体现出的、本源性的人性结构。这种人性结构不是固定不变的，而是有时代性的、民族性的，人类心理情感的变化决定了原型的置换变形。原型现象并不是单一的因素构成的现象，它是与人类的生理、心理和文化相关的现象。就心理方面来说，人类的精神发展，既是对原型的反复和置换变形，同时也是对原型的突破。同样，文艺在发展过程中，一方面是对传统的原型的承传和置换变形，另一方面则正是对原型心理的突破。艺术贵在创新，艺术的个人创造性，不仅要一般地突破人人可见的外在的模式，而且要突破心理模式。这种模式可以是人对艺术方式的需求的心理模式、审美定式，也可能是人的一种道德观念、一种思维方式、一种美学情趣。所以，原型的承传与原型的突破，深层地决定着文艺继承和发展，决定着文艺周期性变化。原型批评要突破自己的理论局限，应该对这种现象做出全面的深层的解释,真正从人的主体方面、人类心灵活动方面揭示人类艺术史的发展轨迹,而不能在一个封闭起来的体系中周旋。因此,汲取原型理论视野开阔的优势,又避免它的理论的封闭性,还需要对原型在人类精神发展史中的现象本身做出科学的解释。

与宏观的视角和封闭的体系的矛盾相关,原型批评的再一个矛盾现象是局部的精到与整体的片面性相并存。由于没有充分地解释原型生成、存在、承传、再现的现实历史基础及其与文艺的关系,因而模糊了文艺与现实人生的联系,也无视文艺发展的现实基础和过程。而其极端,则是把文艺创作看作完全是作家无意识的表现,文艺活动纯粹受无意识的支配。这些方面的局限主要还不是它不符合某种理论,而是不符合人类的艺术实践本身。

原型批评也试图以自己的理论体系,对具体的文艺发展、文艺现象做出解释,包括作家的心理类型、作品与读者的关系、文学的功能、文学创作的特点等。由原型理论的跨学科的性质所决定,也由于原型假设实际上是对人的非理性因素的强调,它在探讨文艺现象时,自然地把它们置于人类学的角度,对文艺现象做出新颖的理论阐述。即使它有某些牵强附会之处,也往往给人以某些启发,它所具有的新的研究角度和方法对后来的文艺批评产生了重要的持续的影响。比如在对作家创作的探讨中,原型批评认为,原型在文艺中具有超乎寻常的功能,"因为它唤起一种比我们自己的声音更强的声音。一个用原始意象说话的人,是在同时用千万个人的声音说话。他吸收、压倒并且与此同时提升了他正在寻找表现的观念,使这些观念超出了偶然的暂时的意义,进入永恒的王国。他把我们个人的命运转变为人类的命运,他在我们身上唤醒所有那些仁慈的力量,正是这些力量,保证了人类能够随时摆脱危难,度过漫漫的长夜"。[①] 所以,杰出的作家应该表现全人类的精神和心灵,激活集体无意识,并把它贯彻到具体的创造中。艺术现象与人类的这种潜藏的深层意识之间的联系,作为一种规律性的表现被正面研究,这为宏观地把握人类艺术现象,建立以人类本身

[①] 荣格:《心理学与文学》,冯川、苏克译,生活·读书·新知三联书店 1987 年版,第 122 页。

的需要为本元的文艺史提供了新的思路。原型批评试图揭示文艺中潜在的比较稳定的原始意象的模式及其对创作的制约和影响的努力,使得原型批评具有了一种跨越时空界限的视角,对于从整体上把握人类艺术规律提供了有意义的启示。

由于原型批评这种特别看重文学现象中的心理因素的特点,这种超越个体性和具体时空的观照视角,往往离开文学作品具体的时代背景和社会政治、伦理道德等层面,试图超越其表层而深入人类精神现象的深层,捕捉变化中所体现出的不变原则,挖掘其历时性中的共同性和表面现象后的结构意义。这种本来有着片面性的研究视角,却在客观上把文艺现象的研究和作品的批评推向宏观的考察和把握,而且使其带有鲜明的人类学的意味。比如,原型批评将文艺现象与人类心理经验联系,认为"艺术节奏之中重复出现的原则看来是从大自然的循环往复中派生而来的,后者使我们知觉到时间的流程。围绕着太阳、月亮、季节和人类生活的循环运行,产生了多种多样的仪式。经验中每一种重要的周期,如黎明与黄昏、月亮的圆缺、播种时节与收获时节、春分秋分与夏至冬至、诞生、入社、婚配和死亡都产生了与之相应的仪式。仪式的影响力直接导致了纯粹的循环叙述,如果确实存在这类叙述的话,那会是一种自动的和无意识的重复"①。弗莱所说的这些现象,从一个很重要的角度说明了诗歌创作与自然的关系,这种关系实际上是人对自然的一种特殊感受、体悟,是自然现象被人化后在人的心理形成的模式。弗莱在这里实际上同时表明了,人的心理以及作为这种心理外化的诗歌,只是人的一种被动的对自然的反应,一种心理流程与自然现象的对应。然而,这种从人与自然的总体关系中追寻人类艺术活动的深层心理原型的角度,是有其他批评方法所不具备的特长的。

在揭示文艺原型与神话的关系方面,原型批评显示出它的精到之处,但是,当我们把这种精到的分析与整个人类文学史的实际相联系时,就又

---

① N. 弗莱:《作为原型的象征》,见叶舒宪选编:《神话-原型批评》,陕西师范大学出版社1987年版,第159—160页。

显出它的整体上的片面性。

首先,以荣格为代表的原型理论,提出了一系列有意义的假设,但是却没有圆满地对这些假设做出解释,甚至走向了神秘。尤其是关于生物遗传的观点,不能真正说明集体无意识的问题。荣格为了不使他的观点变成一种流俗的无特点的理论,所以着力强调原型的原始性、不可意识性,反对把原型与经验相联系。虽然他们在一定程度上也注意到了原型与后天的一定联系,并为原型与历史实践关系的解释留下了余地,但是他们却反对从根本上以此为起点对其进行研究。正是由于缺乏历史的唯物的意识和现实的基础,片面突出了其远古的先天的色彩,这样在根本上排斥历史唯物论和实践观点,也就隔断了文艺与人类历史实践的不可分割的联系。

其次,过于局限于把原型看作仅仅是神话范围中的内容。原型批评把批评的对象主要限于神话范围,一切文艺现象都在神话模式中得到解释,它的整体观的优点也变成了一种僵硬的模式,这样在客观上把人类的文艺看成是在某种先在模式内的反复。无论多么复杂的文艺现象,无论多有个性的文艺作品,在原型批评家看来,它都是某种模式内的反复,都是在一种先在框架中的变化。同时,原型批评正由于着眼于神话,而不是从文艺本体与人类的心灵、意识这些更大范畴中去理解问题,没有从艺术本体上突破,所以,其结果只能是得出任何创作都是神话主题的变奏的结论。这正如华莱士·马丁所说:"诺斯罗普·弗莱视主要叙事类型或文学的'神话'为季节圆周上的片断弧线:春天是喜剧,夏天是传奇,秋天是悲剧,冬天是反讽或讽刺。下述观念,即绝大多数叙事都是少数基本的、普遍的情节的变体",这也是弗莱等人共同享有的观念。"试图在世界上所有故事中找到一个具有深层意义的单一情节的做法尽管吸引了不少人,但是却遭到了那些寻求一种严格的叙事结构分析的人的弃绝。从某一神话故事或元神话开始,又缺少任何特定的标准以最终判定其他故事是否'真'是它的翻版,这样人们当然容易发现人们所寻求的相似之处。决定这种方法成功与否的唯一条件是批评家的才气的大小。"他提出疑问:"说喜剧像春天或者一部十九世纪小说像父母与子女,就等于没有回答这一问题:为什么这些东西彼此相似,它们包含着哪些概念关系?"①另外,原型理论本身没有很好地解释原型的积淀与突破的关系,只着眼于远古,没有从实践的观点解释它的发展、突破,这样作家的独创、突破就失去了理论的前提。这使得原型批评总脱离不了一种模式,这极大地局限了原型理论可能有的广泛的理论意义。这种局限是对原型理论所包含的内涵的局限,也是对它的功能的局限,使它难以对文艺整体进行观照。我们仍以其代表人物弗莱的原型神话批评为例做以分析。

弗莱以他的原型批评特有的远观的视角,宏观地把握了西方文学中的原型模式,同时他也注意到了原型的形成与人的欲望的关系。他在《批评的解剖》中所附的词汇表中,对神话的释义为:"一种叙述,其中的某些形象是超人的存在,他们的所作所为'只能发生在故事中',因而(神话)是一种与真实性或'现实主义'不完全相符的传统化或程式化的叙述。"弗莱认为,"就叙述而言,神话乃是对以欲望为限度的行动的模仿,这种模仿是以隐喻的形式出现的。换言之,神的为所欲为的超人性只是人类欲望的隐喻表现。"②他对现实主义所做的解释同样从这一角度出发。他的解释是有道理的,即神话与人类欲望有关,神的超人性是人的欲望的隐喻,这就把神话与人的精神需要联系了起来,但他没有进一步解释何以要进行这种模仿活动,人类的欲望与神话的这种模仿是一种什么样的关系。

弗莱的神话观念与传统意义上的神话已有很大的不同,但是,无论如何,弗莱的概括是基于一个主要观点,即所有文学模式都是神话的置换变形,他的扩大的神话概念,是"由神话故事中所引申出来的纵贯整个文学史的叙述结构原则"③。问题的关键也在于,人类的心理原型包括文学原型,是由作为文学的神话故事引申出来的呢(如弗莱所说文学模仿文学),还是由人在自己的历史实践过程中体现出来的? 也就是说,我们是在神话中追溯文学的原型呢,还是从人类历史的过程、人性的历史生成中去追溯

---

① 华莱士·马丁:《当代叙事学》,伍晓明译,北京大学出版社1990年版,第98、102页。
② 叶舒宪选编:《神话-原型批评》,陕西师范大学出版社1987年版,第19—20页。
③ 叶舒宪选编:《神话-原型批评》,陕西师范大学出版社1987年版,第167页。

文学的原型包括神话原型呢？这是关于文化人类学、艺术人类学所不能避开的要害问题。虽然我们从文学作品，特别是叙事作品中，的确能归纳出主人公诞生、成长、遭难、胜利或死亡的规律，但是，这种规律性表现，能否就认为是神的诞生、发展、遭难、胜利或死亡的移位？原型批评的远观与宏观的优点之所以连带着缺点，根本原因就在于它从神话故事去引申、归纳文学模式，使得文学似乎就是神话的移位，文学在根本上不能脱离既定的模式，这样就把文学的个性、作家的个性、文学的发展及其内驱力从根本上加以否定了。

　　退一步讲，即使文学的模式就是神话的变形，那么是否可以说，后世的人从根本上说对于神话表现出一种不断的需求，一种变形的需求？这种相对永恒的需求又是由什么决定的呢？只有在回答了这些问题之后，文学原型、文学叙述模式的论述才具有深刻的人类学的意义，才可以通过文学窥见人性及其发展。窃以为，文学的原型包括神话原型，其之所以不断反复重现或置换变形，乃有更为深层的人性的原因。原型的反复出现、不断置换变形，其实质首先反映的是一种不断的需要，即人类需要用原型反复的方式表达某种带有永恒性、相通性的精神内容，原型的瞬间再现是人的心理在特定情境下的精神需求的反复再现。就是说，在原型再现的规律背后，潜隐着一种人类普遍的精神需求模式，而这种需求模式的产生，应到人类生存发展的历史实践过程中去追寻。人类无意识之中所体现出的这种深层模式，正是人类实践中反复体现的人性的本质方面。

　　或许原型批评与神话的关系，不是仅止于追寻和证明后来的文艺作品怎样以神话为原型，而应去进一步通过文艺原型显现出的集体无意识，追寻神话怎样以人为原型，神的行为怎样以人类行为为模式，神的行为怎样"模仿"人。因为在笔者看来，所谓的神话，归根结底表现的不是神的历史而是人的历史。也正是从这个意义上说，文艺作品或文化现象中的神话及其模式，与原始意象有同样的意义和功能，神话是显现人类深层心理与现实行为的特殊中介，是沟通原始精神与现实情感之间的桥梁。这样理解也许会为人类的艺术起源和艺术本体的探讨找到一条切实的源头和现实的基点。原型批评的进一步发展,首先有待于突破将原型等于神话的观点,使之面对人类整个心灵世界和精神现象。

关于原型与神话关系的思考

由于原型批评特别看重神话研究,特别是弗莱的《批评的解剖》中对于文艺现象与神话的对应的观点,使得原型批评演变为"神话-原型批评"。这种现象是原型批评理论与实践深入的标志呢,抑或同时表明了原型批评对于初衷的偏离呢?由于这一现象涉及原型批评的整体特点问题,所以有必要对此进行探讨。而要搞清这二者的关系,不能不特别对原型与神话的关系加以分析。原型与神话相关,但是,神话远不能代替原型,原型所涉及的问题和原型真正的内涵要比神话大得多。

西方一些学者关于神话的研究,已经大大超出了神话本身的范围和传统原型概念的范畴,如卡西尔在他的《神话思维》中,把神话作为思维形式,作为直觉形式,作为生命形式等来看待。人们在追寻人类精神历程时,容易把远古神话作为精神和一切意识形态的始祖和本元。文学艺术、宗教信仰、道德观念等的起源都在神话中得到了解释。西方在近世新兴的一些人文科学,如人类文化学、艺术人类学、宗教人类学,以及思维学、发生学等中,实际都不同程度、不同角度地把原始神话作为研究的对象甚至始点、起源。据研究,在西方,不仅关于"神话"的定义有许多种,而且研究神话的角度和方法就有十几种(参见本书第十二章所引《西方神话论文选》中的有关资料)。因此,神话早已经超越了作为故事、作为原始人类与自然搏斗的曲折反映的范围。这是否可以说,现代意义上的神话概念和本来意义上的神话已有很大的不同?神话是一个已经被无限地扩大了范畴的概念。而且,神话被作为人类精神现象的"根",作为一种衍生出许多精神现象的先在的模式,这种研究思路的日益深入和扩展,对西方现代人文科学的发展起到了重要作用。原型研究作为主要探索人类心灵世界的新兴学科,既是这一研究态势中的组成部分,又是在这一背景下出现和发展演变的。原型研究以神话作为对象和起点,而在实际的操作中,神话实际被作为了原型之源。然而尽管如此,原型这一概念有它自身的含义和内在的结构,从神话中可以衍化出有关的理论,却不能将神话完全等同于原型。笔者在这里强调它们的区别,不仅仅只为界定概念,而有实际意义。这是因为,把原型理论局限于神话的范围,把原型批评集中于神话与文学关系的研究,是原型理论影响颇大而又难以跳出神话模式的重要原因,也是原型批评难以真正面对整个人类精神现象和文艺史的重要原因,它在实际上局限了原型批评的意义,限制了它面对整个文艺史的可能。所以,有必要重新解释原型的概念。

笔者认为,原型不等于神话,原型大于神话,原型先于神话。

事物都有它的最初的、原始的起点和发生过程,原型本身也有这种起点和发生过程。

原型的本原与人类的本原相关,人类历史的发端,就是逻辑思维的起点;人类历史如何发展,逻辑思维也就如何推演。人类一切实践活动最基本的目的和起点是延续生命和繁衍族类,进而为了人类的进步和发展。原型最初的逻辑起点,也应从人类的这种基本的实践过程中去寻找,从人类最初的本性去回溯。

第一,荣格的原型理论,本身并不把神话与原型相提并论。荣格说:"原始意象或原型是一种形象,或为妖魔,或为人,或为某种活动,它们在历史过程中不断重现,凡是创造性幻想得以自由表现的地方,就有它们的踪影,因而它们基本上是一种神话的形象。更为深入地考察可以看出,这些原始意象给我们的祖先的无数典型经验赋以形式。可以说,它们是无数同类经验的心理凝结物。……但神话形象本身仍是创造性幻想的产物。"[①]用荣格的另一段话说,就是人生中有多少典型情境就有多少原型。另外,荣格曾经讲过,原型是典型的领悟模式,只要我们跟反复发生和普遍一致的领悟模式相遇,就是在跟原型打交道,而不必看其有无神话的特征

---

① 叶舒宪选编:《神话-原型批评》,陕西师范大学出版社1987年版,第100页。

(参见本书第十章)。

第二,神话虽是人类最早的"可见"的精神的体现之一,凝聚着原始先民对宇宙自然和各种现象的理解和想象,但是,神话本身也有其缘起和发展过程。从人类精神史来说,神话也是一种人类精神活动的结果和特殊载体。换句话说,人在与宇宙自然的相互关系中产生的原型心理在前而神话在后。追问神话的起源已非一日,比如,《楚辞·天问》云:"女娲有体,孰制匠之?"这个追问实际就包含着对神话缘起的追寻。而神话是人创造的,是人创造了神而不是相反,这已是人们公认的事实。弗雷泽说过:"原始人按照自己的形象创造了自己的神。"①那么,人创造神话,应该还有其原因和需求,即使处于蒙昧状态,它也是人的蒙昧,是人的某种不可逾越的难题或不可更改的本性促使人有创造神话的需要和动机。而当人进行神话创作时,他们本身就已经按照某种原型在创造了。神话创作者的心灵是原型,而诗人的心灵在本质上仍然是神话时代的心灵。中外神话几乎都可以说明,神话本身就具有原型的特性和模式的功能,蒙昧的原始人在创造神话时或者按照一定的原型,或者按照一定的观念来创造,带有一定的动机,我们要追问的是这种动机的起源,以及这种原型和观念的起源。这种动机的产生,是在人类的实践中产生和显现的。原型的最初根源不是作为观念形态的神话,而是人类生存发展的实践。爱德华·泰勒在《原始文化》中论述神话时,把神话的产生与人类的实践和经验联系起来考察,他说:"神话的虚构,也像人类思想的一切其他表现一样,是以经验作基础的。"神话为研究人类的想象及其规律提供了依据;神话的可靠性变为社会公论;神话变为象征和历史;神话的本源与原始人类对宇宙物象的认识直接相关,包括最古的自然有灵学说的出现,对太阳、月亮、星辰的人格化,对诸如龙卷风、沙卷风、虹、瀑布、传染病等自然现象的想象性解释。他认为,"日常经验的事实变为神话的最初和主要的原因,是对万物有灵信仰,

---

① 詹·乔·弗雷泽:《金枝》(上册),徐育新、汪培基、张泽石译,中国民间文艺出版社1987年版,第384页。

而这种信仰达到了把自然拟人化的最高点"。① 特别是中国的神话,被文字记载的时间较晚,又历史化,所以离原初真正的神话已经有了距离,对此鲁迅曾有论述:

> 昔者初民,见天地万物,变异不常,其诸现象,又出于人力所能以上,则自造众说以解释之:凡所解释,今谓之神话。神话大抵以一"神格"为中枢,又推演为叙说,而于所叙说之神,之事,又从而信仰敬畏之,于是歌颂其威灵,致美于坛庙,久而愈进,文物遂繁。故神话不特为宗教之萌芽,美术所由起,且实为文章之渊源。惟神话虽生文章,而诗人则为神话之仇敌,盖当歌颂记叙之际,每不免有所粉饰,失其本来,是以神话虽托诗歌以光大,以存留,然亦因之而改易,而销歇也。如天地开辟之说,在中国所遗留者,已设想较高,而初民之本色不可见,即其例矣。②

第三,原始先民的精神遗存,包括类似于原型的心理现象,不仅体现在神话中,而且也反映在不少史前艺术中。产生于石器时代(主要是新石器时代)的人体饰物、陶器特别是彩陶、岩画、洞窟艺术等,并不迟于有文字记载的神话。在这些史前艺术中,就有着体现不同民族、不同时代人类心理相同、相通的现象,有着体现人类精神活动"原始的""最初的"活动的遗存。

比如出现于大约四万年前而在后来不断发展的岩画,被称为原始社会的百科全书,岩画中的一个奇特现象,是同样的绘画图形出现于不同的地域和民族中。如手印岩画,即用颜色印出的手印,就几乎遍布于全球五大洲。它的含义引起了人类学家的关注和各种猜测,一时难以确定。但是,如果我们不是轻率地把它们视为一种无意的行为的结果的话,不否认它们

---

① 爱德华·泰勒:《原始文化》,连声树译,上海文艺出版社1992年版,第298页。
② 鲁迅:《中国小说史略》,东方出版社1996年版,第7页。

可能含有某种特定意蕴的话,那么,这种相异中的共同现象,有极大的可能就是原始人类某种共同的或相似的生存需要和心理需要的自然表现,具有原型的意味。人类迄今为止发现的原始意识的载体并不是神话,至少不限于神话,作为后世原型再现和置换变形的源头也许应该在时间上前推,在范围上扩大。

再比如,彩陶的纹饰中,更为明显地存在着原型反复出现的现象。彩陶作为史前艺术而存在是一个世界性的普遍现象,它的出现和发展主要在新石器时代的中晚期。陶器的出现是人类发展史上的重大进步,它的产生则包含着丰富的人性内容和历史意义。彩陶的纹饰则直接体现着原始先民的心灵世界。

说彩陶的纹饰与原型有联系,是因为彩陶纹饰呈现出一种耐人寻味的现象。一方面,千变万化的彩陶纹饰中还没见两幅完全相同的图案,总是在基本的图案中有着不同的变化,因而形成千姿百态的艺术景观。但是另一方面,数以万计的彩陶纹饰又大致可以归类为像生纹饰(自然纹样)和抽象纹饰(几何纹样)两大类,在这两大类中,大都是动物、植物、人物、自然景物的变形。它们以不同的形态反映着这些纹饰与人类物质及精神生活的紧密联系,这说明原始先民所刻画描绘的是与他们的人生情景最为密切的事物,这种反复发生和接触的事物形成了相对稳定的心理图式。几何纹饰和变形的像生纹饰都表明:一方面,它们带着客观存在物的印迹,如植物的叶、花,动物的轮廓或局部,自然物象的印象等,反映着原始先民与自然宇宙的密切关系;另一方面,则有最明显的抽象、变形。原始人在彩陶上的纹饰不是对于现实的照搬和刻意模仿,而是在不断的反复中形成了一定的心理图式和原型模式。尤其是占绝大多数的几何纹饰更是一种心理图式的瞬间再现。这种一方面似乎千篇一律,另一方面又千姿百态的现象表明,艺术中母题的存在和原型的生成可以追溯到原始艺术时期。如果说,最初的纹饰只是一种无意触发的结果和随心所欲的话,那么它的成熟期那些千变万化而又富于规律的精品就是在某种观念支配下的有意之作,纹饰的实质就是原始人类对于宇宙自然的感悟所形成的心理原型的再现。也就是说,彩陶纹饰中的成熟之作,就已经体现着原型的特性。那些富于规律而又多变的线条的飞驰流动,那些源于自然又抽象变形图案的随意组合,是某种心理原型的激活、反复,而它们特定的含义则正是以具有象征性的联想物作为约定俗成的意蕴的。在彩陶纹饰的抽象性、简化性和变形中,不仅反映出原始人为克服绘画技巧的不成熟所进行的努力,而且体现出他们力图艺术地把握世界的最初的动机。他们对于自然宇宙现象的不理解和恐惧,对自身力量的希冀和把握自身命运的渴望,是萌发艺术地把握世界的直接动因。对于原始人来说,把形象画出来就是把它们掌握到自己手里。彩陶纹饰的图腾崇拜、生殖崇拜和巫术等功能,就是人类祖先这种精神特点的物化的见证。而这可以从另外一个角度说明,人类祖先没有用神话传说一种方式来寄托自己的精神理想,在这之前或在这同时,他们还力图以艺术的方式来掌握和征服世界,原型在这时就已存在。

因此,原始人类的精神遗存不仅仅保留在神话中,神话是研究人类精神本体的对象之一,而不是全部。以神话为原型之源,是一种本末倒置。因此原型不仅不源于神话,而且先于神话。

原型理论从根本上说是关于人的无意识领域的研究,而不是神话的研究,神话在原型研究的范围内如同梦、幻想、艺术品一样,只是原型的一种具体显现、原型内容的载体而不是原型本身。神话是人创造的,神话模式说到底还是人生模式的曲折表现,是远古人的精神的体现。人类的艺术发展史表明,文艺反复表现的不是神话模式,而是人类的精神需求;神话作为人类发展史中某个阶段的特殊的精神现象,它并不代表人类永恒的全部的精神需求;人类的精神需求有其永恒的一面,又有其变异的一面,在不同的历史阶段有其具体表现。人类精神发展史上某种精神现象(如文艺创作)与神话的重合,是人类某种精神特征的再现、反复,而不是人类对远古神话本身的再现和反复。说到底,是神话原型呈现人类的精神世界,而不是人的精神出自神话。西方的神话原型理论正是往往把神话作为人的精神的始点来研究。原型理论的价值意义应该是对神话现象背后人类的这种精神现象的瞬间再现和反复做出解释,而不是去证明人类的文学创作就是神话的变奏。如果说原型就是神话模式的变奏,由此推论一切文学都是神话模式的变异,这无疑是说,现代人(古代以来的人)都在重复古代人的精神和艺术创作。原型批评的最大缺陷恰恰就在于它不能很深刻地说明现代人对于古代人的精神继承和发展的关系,或者说它的结论是突出了继承性而轻视了变异发展。

原型之所以能沟通现代与远古之间的联系,能负载不同时代人的精神与情感体验,要靠其置换变形。置换变形不是简单的故事的变化、累加、改造,同时也是赋予当代人的精神意识。同时,原型的置换变形是有主次之分的,而不是所有原型都同时置换变形,它是有选择性的,并非是随意的。似乎有一些永恒的原型,被反复置换变形并处于中心位置,如荣格曾经列举的诸如母亲原型、上帝原型、生原型、死原型等,这些永恒的原型也许与文艺的永恒主题相关。寻求表现现时代人的精神世界而又每每触及人类意识中的最为根本的东西,这就形成了永恒性与具体性、共性与个性之规律。每一时代文学原型的置换都有其背景,特别是有作者和读者的理解阐述系统的变化,有其对文艺原型创化和激活的心理结构和象征系统作为背景。

以己之见,文学的原型包括神话原型,之所以不断反复重现或置换变形,乃有更为深层的人性的原因。原型的反复出现、不断置换变形,首先是一种不断的需要,是人的心理在特定情境下的精神需求的特殊反映。那么这种需要又是什么决定的呢?文学模式或原型产生于对文学的模仿中,还是产生于人类的历史过程中?文学原型的反复再现,是文学同人的心灵的关系呢,还是只是文学与文学之间的继承嬗变关系,是文学内在结构的变化?这些确实是值得推敲的问题。退一步讲,即使文学的模式是神话的变形,那么是否可以说,后世的人从根本上说还对于远古神话精神表现出一种需求?那么这种相对永恒的需求又是由什么决定的呢?只有在回答了这些问题之后,文学原型、文学叙述模式的论述才具有深刻的人类学的意义,进而由文学窥见人性及其发展。

第九章 原型理论在中国

中国学者对原型批评的介绍、阐述与实践

20世纪80年代,原型-神话批评与西方其他新方法、新观念一起传入中国,并得到了持久的探讨与批评实践。可以说,在新时期传入的诸多外国文艺理论中,原型理论是在批评实践中运用较为普遍并产生重要影响的理论之一。

以笔者所掌握的材料来看,最先在理论文章中运用荣格的原型理论的是李泽厚先生,而集中地介绍原型理论并产生较大影响的是叶舒宪先生。他编选的《神话-原型批评》(1987),第一次较为系统地介绍了原型批评理论,提供了极为难得的资料。叶舒宪在此后用原型理论研究中国文化典籍的一系列著作,也是迄今最为重要的得力之作,主要有《结构主义神话学》(1988)、《符号:语言与艺术》(1988)、《探索非理性的世界——原型批评的理论与方法》(1988)、《神鬼世界与人类思维》(1990)、《英雄与太阳:中国上古史诗原型重构》(1991)、《中国神话哲学》(1992)、《太阳女神的沉

浮——日本文学中的女性原型》(1992)、《〈诗经〉的文化阐释——中国诗歌的发生研究》(1994)、《〈老子〉的文化解读——性与神话学研究》(1994)、《高唐神女与维纳斯》(1997)、《〈庄子〉的文化解析》(1997)、《文学人类学探索》(1997)、《阉割与狂狷》(1999)、《性别诗学》(1999)、《文学与治疗》(1999)、《原型与跨文化阐释》(2002)、《文学与人类学：知识全球化时代的文学研究》(2003)、《圣经比喻》(2003)、《千面女神》(2004)、《人类学关键词》(2004)、《〈山海经〉的文化寻踪："想象地理学"与东西文化碰触》(2004)等。叶舒宪从把原型作为人类神话思维时代的符号形态来考察，追索随着神话思维向艺术思维置换而发生的原型审美化过程；到归纳原型模式的中国变体，尝试重构中国上古神话宇宙观的时空体系；再到运用原型批评对中国文化经典的重新阐释，直到由原型批评理论切入思考文学人类学的建构。他一直是这一领域的领军人物。以笔者所见，他的贡献一是在原型理论的传播及其所引起的持续的反响，在中国形成了原型批评实践与原型理论探讨的热潮，促进了中国文学人类学的发展；二是在他与他的同人身体力行，运用原型理论对中国文化、文学经典的阐释真正做出了实绩，推进了学术发展。

此外，一大批学者在原型批评与原型理论研究中做出了不同的贡献。比如傅道彬《中国文学的文化批评》(2000)、《晚唐钟声：中国文化的精神原型》(1996)，吴光正《中国古代小说的原型与母题》(2002)，李福清《神话与鬼话——台湾原住民族神话故事比较研究》(2001)，孙绍先《英雄之死与美人迟暮》(2000)，彭兆荣《文学与仪式》(2004)，王立《中国文学主题学——母题与心态史丛论》《中国古代文学主题学——江湖侠宗与侠文学》(1995)，胡志毅《神话与仪式：戏剧的原型阐释》(2001)等，都是程度不同地运用原型批评方法研究中国文学和文化取得的重要成果。另外，冯川先生在对荣格著作的翻译介绍和对荣格理论的研究方面做了大量的工作，功不可没，如他参与翻译的《心理学与文学》(1987)、《荣格文集》(1997)等书，对于传播原型理论有重要作用。

原型理论在中国当代的兴起和发展有其现实原因，一是原型批评随着中国文学在20世纪80年代中期"方法"热而得到重视并被迅速传播,随之而来的从文学研究到文化研究则进一步推动了它的深入。二是中国文学本身蕴含着深厚的文化意蕴,它与原型批评的特点在某些方面有着天然的联结,也就是说,原型批评对中国文学有很强的适用性。笔者甚至以为,荣格由于没有更多地与中国文化,特别是与具体的文学艺术结缘,而在一定程度上影响了他对原型理论的深入研究;而弗莱等原型批评者由于只着眼于西方文学,而把东方特别是中国的文艺置之度外,也是原型批评的一个重要遗憾,而这种遗憾将在中国当代的文学批评实践中得到一定的补救。

总体来看,原型理论对中国当代文艺领域的影响主要表现在:第一,原型批评作为重要的批评派别和美学理论被介绍。自20世纪80年代以来,越来越多的文艺学、美学及心理学著作程度不同地介绍和阐述原型批评理论,或专章,或专节,或贯穿其精神。总之,原型问题已成为文艺学不能避开的重要课题。还有的文艺学著作特别是文艺心理学著作,把原型理论的主要观点作为重要的论据。以笔者仅见的涉及或阐述原型的文艺学著作就有十余种。比如吴中杰《文艺学导论》(1988),钱谷融、鲁枢元《文学心理学教程》(1987),杨春时《艺术符号与解释》(1989),朱立元主编《现代西方美学史》(1993),童庆炳主编《艺术与人类心理》(1990)、《现代心理美学》(1993),周宪《走向创造的境界——艺术创造力的心理学探索》(1992),林兴宅《象征论文艺学导论》(1993),等等。这种现象不仅表明原型的重要性,而且表明这个理论所提出的问题在中国文艺理论界的重视程度,这个问题的要害,就是文艺与人性。第二,与上述现象相呼应,在中国文学研究中,原型理论被充分运用成为一个引人注目的现象,在古典文学、现代文学、世界文学与比较文学等领域都有重要收获,尤以中国古代文学研究中最为突出。其中不仅有大量的关于意象的研究涉及原型问题,而且也在探讨古代叙事文学中的原型。例如,关于诗歌中神女原型,关于流水意象,关于登高意象,关于雁意象,关于海意象,关于花间词中的意象,关于森林象征,关于自然及表现模式,关于诸葛亮与夸父原型,等等。当然,当代中国的文化环境,中国现当代所形成的思维方式和知识结构,以及长期形成的学术观点,决定了中国学者在使用原型观点时,自然而然地表现出一个共同的特点,就是从历史文化的角度和实践的观点解释中国文学中的原型及其特点。第三,原型理论对于中国的神话学有较大的推动。一些学者沿着神话-原型批评的思路,试图重建中国的神话体系,在这方面也取得了重要的成果。同时,原型理论也为中国整个神话研究注入了活力,提供了较之文学更为直接的可供吸收的理论观点。关于中国学者对原型理论和原型批评的研究与运用的更详细的状况,以及原型研究所达到的程度和进一步的理论建构,近年来有一系列的综述文章,如叶舒宪《神话原型在中国的传播》、白春超《原型批评与中国现代文学研究》、钟晨音《荣格原型理论与古代文学批评探微》、刘伟《20世纪90年代以来国内神话原型批评述评》等。为避免重复,此不赘述。

中国学者对原型理论建设的努力

如前所述,西方原型批评在20世纪80年代以来的中国文艺理论界和文学史界,乃至在心理学、美学领域都产生了重要的影响。但是,由于原型理论的产生背景、研究对象和概念范畴等都是西方的,缺乏普遍性,所以,中国学者在批评实践和研究的过程中,每每产生从理论上对其重新阐释的冲动,试图在融入东方(中国)文学艺术经验的基础上重新理解原型所具有的意义和作为方法的普适性。在这方面也有值得注意的成果,比如叶舒宪的《文学人类学探索》《文学与人类学——知识全球化时代的文学研究》,以及拙作《原型批判与重释》等。在这些努力中,文化心理结构说、积淀说、文化元典说以及新提出的"马克思主义文学批评的人类学范式"等观点,不同程度地触及原型问题,特别是与本书探讨的原型美学问题关系紧密,故予以归纳介绍。

一、原型与文化-心理结构说和积淀说

美学家李泽厚在他的《美的历程》《美学四讲》《华夏美学》等著作中屡次涉及或提到人的"文化-心理结构"概念,试图从历史文化的角度探讨人类的心理结构问题、人性问题。同时,相应地提出了积淀说,以阐述人类精神的生成和承传。他的观点在中国当代哲学、美学、文艺学界产生了重要的影响,也引起过争议。

李泽厚文化-心理结构说的形成,受到诸如康德哲学等各种观点的影响。就是说文化-心理结构观点,不是单方面受原型观点的影响,这一重大课题的最先提出也许并不是源自原型理论的启发。但是,他的观点和思路以及在此后的深入和发展方向,笔者以为却比较接近原型理论。他本人也曾明确地谈到他受荣格原型和集体无意识理论的影响。李泽厚在一次谈话中,对于有人把他的积淀说概括为是"包括美学在内的、重在系统阐述人性的历史生成的艺术——文化学"表示了认可。而这与原型理论在一些重要方面不谋而合。他说:

> 我为什么同意用"阐述人性的历史生成"来概括"积淀论"的实质?这就涉及"文化-心理结构"的问题了。"结构",我外文翻译成"Forming",它是一种形成过程。"积淀"就是一种过程,一种文化性的心理过程。所以我不同意把"文化-心理结构"改成"心理-文化结构"。"心理-文化结构"是心理的文化结构,是外在的东西变成人的心理的某种框架、规范、理性。……我这里讲的是"文化-心理结构",心理总是个体的……在塑造心理的过程中,即我讲的"结构"中,恰恰保存了个体性,保存了它的独有的感性成分,而并非有一个死的理性框架在里面。审美感受和审美理想就是如此。
>
> ……文化通过心理来积淀。心理是和生理、个性、人格联系在一起的,与人的生物的、生理的存在联系在一起的,而文化则是浸润在那里面的。①

---

① 李泽厚、王德胜:《关于哲学、美学和审美文化研究的对话》,载《文艺研究》1994年第6期。

李泽厚说的"阐述人性的历史生成",其前提应该是承认人的心理结构的存在,承认人性的历史的生成过程。这就是说,积淀说是阐述如何历史地把文化积淀为人的文化-心理结构即人性,并且保持了个体性和感性成分。李泽厚的《华夏美学》具体探讨了中国的理性精神与人的文化-心理结构的关系。

　　笔者认为,正是在承认人性和心理结构的关系这一点上,他的观点与原型理论有深刻的联系。这一命题本身有重大意义:第一,它将更内在地探讨、考察人类精神发展史,有助于对人的主体性进行全面的研究,特别是对人的精神特性、精神本能问题的深入探讨。它循着的不是客观外在的轨迹,而是内在的精神即人性的轨迹。第二,它有助于在根本上打破仅仅以反映论来研究人类精神现象的局面。第三,可以有助于解释许多精神现象,如文艺的母题、象征、文艺的永恒性等。而文化-心理结构说与原型理论之间的区别也是明显的,区别主要在于各自所说的人性的内容和这种内容的形成过程上。

　　1. 两种假设的思路和归宿不同。荣格原型理论假定人类存在着自远古遗传来的古有的集体无意识,它是带有遗传特点和先天性质的;而文化-心理结构说认为,人类的这种精神是历史实践的结果,是积淀而非遗传,就是说,它的理论基础建立在现实的历史实践的基础之上。前者是先验性的,后者是后天经验性的。

　　2. 两个概念的内涵和内部结构不同。荣格原型理论包含了集体—个人(集体无意识与个人情结)、意识与无意识的关系;文化-心理结构说要解释人性的历史生成过程的问题,这涉及个体与群体、心理与生理、文化承传与生理遗传等关系。前者忽略的正是后者所要展开的(《华夏美学》就是这种努力之一种),后者的难点在于如何解释这种积淀过程。

　　3. 两者的研究思路不同。原型理论因为有人类学、神话学、符号学,以及"互渗律""集体表象""原始思维"等概念作为理论基础而显得更有体系性;而弗莱的"反复出现的象征""瞬间再现""置换变形"等概念也促使它向现实靠近了一步,而它的精神遗传的理论仍然不能令人信服。文化-

心理结构说也在吸收人类学、文化学等的新经验,但它的理论基础仍然是人类主体性理论,是实践的观点和存在决定意识等观点。文化-心理结构说是推论人类自远古以来的心理积淀过程,但如何解释"积淀"仍是一个有着缺环的假设,因为它的提出本身带有推论的色彩。

无论如何,原型理论和文化-心理结构理论,对于研究人类精神现象是有现实意义的。荣格原型理论与文化-心理结构都存在许多理论难题未能解决。但是,它们业已显示出的重大意义,对于文艺现象的解释已有重要的促进,对文艺理论也产生了影响。当代新出的理论、文学著作大都不再忽视原型理论,而"文化-心理结构"也成为被较为广泛使用的术语。原型理论、文化-心理结构等都要解释人类的主体性、精神本体问题,从发生论、发展论的角度对它们做出解释。我们不应轻易否定这种假设,课题本身有重要意义,也许,目前的两种思路都不能走通,但它至少启迪人们另寻出路。

二、原型与文化元典说

历史学家冯天瑜提出了文化元典理论,这一观点,笔者以为与原型观点特别是原型的置换变形的观点有相似之处。所谓文化元典,是指春秋战国时期(所谓"轴心时代")定型的《诗》《书》《礼》《易》《春秋》等蕴含着民族原创精神的典籍。冯天瑜说:

> 元典是距今二三千年前的"轴心时代"的创作物,它包藏着民族文化与民族精神的基元。但是,在某一特定历史阶段,这种"全息性文化基元"究竟是哪部分活跃起来,哪些部分仍然"沉睡",则取决于某个特定阶段的文化氛围和社会的观念产物。它包藏着的"基元"能够在后世的某一阶段苏醒过来,运作起来,并且发挥新的社会作用,必须依赖后人的创造性转换。①

---

① 冯天瑜:《从元典的忧患意识到近代救亡思潮》,载《新华文摘》1994年第6期。

冯天瑜的观点是否直接受原型观点的影响不得而知，但他关于"民族原创精神""民族文化与民族精神的基元"的观点，至少与原型理论中原型对于祖先精神的承传的观点在思路上有一致之处，而他关于基元能够在后世特定的阶段苏醒过来、运作起来的观点，与原型在特殊情景下的瞬间再现的观点也是十分近似的。笔者在这里特意提出文化元典说，并无意一定要寻找它与原型理论一一对应的关系，而是认为，原型理论所涉及的问题，在潜移默化地影响着中国文化思想界，影响着当代文化学人的思维方式和研究视角；或者说，原型理论所遇到的课题，也逐渐被中国思想文化界所重视；或可说，人类所面临的共同问题、人类精神的相通性、人类情感的某些共同性在逐步把研究者的视线引向一些最为根本的深层的方面，表面的相似性也许只是研究课题的深刻性与重要性的一种表征而已。

另外，在关于原型理论的探讨中，王轻鸿的《汉语语境中的原型阐释》，笔者认为是较为全面地综述与研究汉语语境中的原型问题，并对原型的一些重要理论问题有自己思考的一本专著。虽然该著对触及与提出的一些问题的探讨的深度还不够，但这些问题却在一定意义上显示了中国原型理论研究者近年思考的向度与程度。该著第二章"汉语原型的审美维度"，第三章"汉语语境中的文体原型阐述"，注意到了一些新的理论问题。比如作者指出，"原型批评的困境来自于理论基础的崩溃"，"原型批评的兴起本是希望为在现代科技理性条件下异化了的人寻找一片精神家园，但是把希望寄托在'基督重临'，想通过集合宗教的碎片来建构精神栖息之所，这种愿望只不过是一种虚幻的想法"。[①] 第五章"当代文学原型重构"则主要结合具体文学作品，研究了文学创作中的原型现象，对于理解这些作品的深度文化精神有重要参考价值。第六章"走向整合的原型理论"，试图建立"马克思主义文学批评的人类学范式"。能提出这些问题，表明了中国学者的学术视点和学术立场的变化，在同一命题上原创意识的自觉，但是，如何深入地解决这些理论问题，还有待于研究者共同努力。

---

① 王轻鸿：《汉语语境中的原型阐释》，中国社会科学出版社2005年版，第10页。

下篇 原型理论重释

第十章　原型与行为模式

在对原型不同的理解中,有一点应该说是基本相同的,这就是它们都强调了原型的模式化的功能特点,以及由不同个体所体现的具有集体性的相似的体验和感受。在揭开原型之谜的时候,它的模式化功能特征和集体性质应该是一个具有普遍意义的切入点,或者说是探究原型内在特质的一个基础。

对于原型的模式化和集体性的解释,纯粹的直接的遗传理论显然难以令人信服,而纯粹的社会性继承理论似乎离荣格的原意太远。也许,实事求是的方法应该是正视原型现象的不同的表现形态和各种生成要素,首先弄清是什么因素决定了人类生存和社会活动中这种模式化和集体性。

生理本能与原型心理的深层联结

虽然原型不能说是生理遗传,但是,原型现象确实程度不同、方式不同地以类似于人的生理本能反应的形态存在和显现,它具有类似行为模式的功能。这是一个不可否认的事实。

对这个问题,荣格进行过广泛的探讨,取得了一些即使在今天看来仍然有说服力的结论,同时也暴露出荣格理论的偏向。其中关于本能的定义——"典型的行为模式"及其与集体无意识的关系的论述,笔者以为是最重要和富于启发性的。因为这在客观上为原型心理的探讨找到了一个现实的可见的参照,也打开了探讨心理原型来源的一个重要的角度——生物学之维。

1919年,荣格在《本能与无意识》一文中,在对本能与无意识的关系进行探讨时,得出了一个重要的结论:他认为,本能是"典型的行为模式",本能不同于无意识强迫冲动和生理的极端反应,它具有普遍一致性与反复发生性。

荣格指出,本能行为的一个特征就是意识不到隐藏在行为后面的心理动机,本能被感觉为一种内在需要。本能活动必须包括在无意识过程中,但是无意识与本能又有区别。本能行为的最大特征就是它具有普遍一致性和可重复发生性。这种特性与无意识强迫冲动不同,因为后者仅仅孤立地发生,并不具有普遍性。他举例说,人遇见一条蛇被吓了一大跳,与某人遇见一只完全无害的公鸡就恐惧得不得了是不同的,因为前者有普遍性,是人人具有的本能,而后者不具有普遍性,它只是一种个别的极端反应。他认为,这些反应都必须从本能过程中区分出来。"只有那些来自遗传的、普遍一致的和反复发生的无意识过程才能称为本能过程。"荣格关注人的本能特性并与原型的探讨结合起来,笔者理解主要是因为,原型与本能有着存在方式上的相似性,又有内涵上的相关性。在方式上,本能与原型都是模式,都有典型的反复发生性和普遍一致性;在内涵上,本能与原型都表现为一种内在需要,都意识不到隐藏在行为后面的心理动机。从荣格的论述里可以推论出:普遍一致性与重复发生性可以说是本能类似于原型的关键。重复发生表明它的世代相承,普遍一致表明它的集体性质。而当本能在世世代代、普遍地在不同个体身上得到重复时,它就与体现心灵世界的原始意象的反复重现具有了同样的功能和特征,因而也有了类似原型模式的特征和功能。所以在为原型下定义之前,搞清与原型相关的本能的特性及其与原型的关联是重要的一环。当然,二者又有区别性,这种区别在于,原型是领悟模式,本能是行为模式。

那么,本能从何而来?荣格认为这种广泛认可的观点具有合理性:本能起源于反复重演的意志行为,这些意志行为先是个别的,以后则成为共同的。为了把人的本能与动物本能(如动物的某些神奇本能)区分开来,荣格借鉴了柏格森的直觉说,认为"直觉类似于本能,其差别仅仅在于:本能是执行某种高度复杂的行动时的合目的冲动;直觉则是对高度复杂的情境的无意识的、合目的的领悟。因此,在某种意义上,直觉乃是本能的另一面"。① 荣格把直觉的概念引入对本能及其和无意识关系的研究中有重要意义,因为它不仅由此区分了动物的本能与人的本能,也为阐述原型的"领悟模式"的观点找到了一个中介。荣格说:"我把无意识定义为所有那些未被意识到的心理现象的总和。这些心理内容可以恰当地称之为'阈下的'——如果我们假定每一种心理内容都必须具有一定的能量值才能被意识到的话。一种意识内容的能量值越是变低,它就越是容易消失在阈下。可见,无意识是所有那些失落的记忆、所有那些仍然微弱得不足以被意识到的心理内容的收容所。"②此外还包括梦,或多或少故意予以压抑的思想感情等。这是个人无意识。在更深的层面,"我们还发现了一些先天固有的'直觉'形式,即知觉和领悟的原型,它们是一切心理过程必须事先具有的决定性因素。正像本能把一个人强行迫入特定的生存模式一样,原型也把人的知觉和领悟方式强行迫入特定的人类范型。本能与原型共同构成了'集体无意识'。我把它称之为'集体的'是因为与个人的无意识不同,它不是由个人的,即或多或少具有独特性的心理内容所构成,而是由普遍的、反复发生的心理内容所构成。本能本质上是一种集体现象,也就是说,是一种普遍的、反复发生的现象,它与个人独特性没有任何关系。原型也和本能有着同样的性质,它也同样是一种集体现象。"③在《集体无意识的概念》中,荣格又说,本能"形成了与原型极其相似的形态,相似得使我

---

① 荣格:《本能与无意识》,见《荣格文集》,冯川译,改革出版社1997年版,第5页。
② 荣格:《本能与无意识》,见《荣格文集》,冯川译,改革出版社1997年版,第5页。
③ 荣格:《本能与无意识》,见《荣格文集》,冯川译,改革出版社1997年版,第6页。

们有充分的理由认为原型实际上就是本能的无意识形象,如果换句话说,也就是'本能行为的模式'"①。基于这种基本的认识,荣格为本能下了一个明确的定义:

> 本能是典型的行为模式,任何时候,当我们面对普遍一致、反复发生的行为和反应模式时,我们就是与本能打交道,而无论它是否与自觉的动机联系在一起。②

本能是典型的行为模式,原型是典型的领悟模式,这两种区分极为重要,说明了本能和原型都有模式的特征和功能,但本能是通过人的行为的普遍一致性和反复发生性体现出来的,而原型则是对于人的心灵深处的集体无意识起一种领悟的作用,亦即激活作用。而这种领悟又是以同样的反复发生性和普遍一致性体现着它的心灵模式的特点。行为模式是生理的功能,联系人的生物性;领悟模式是心理功能,联系人的精神性。二者的共同点还包括它们都不需要"意识"。正因为如此,荣格又说,"在最深的深处,本能和原型是彼此决定的"。

对此,笔者认为,本能与原型作为集体无意识的两个方面和两种表现方式,从理论上可以进行假定性区分,即如荣格所说,一个是典型的行为模式,一个是典型的领悟模式;而从它的相互关联性来说,人的本能行为模式又是心理领悟模式的生物基础,通过直觉的中介而启动领悟模式,激活心理原型。所以,荣格在后来的一系列对于原型和集体无意识的探讨中,都把本能及其与它们的关系作为重要的对象。正是从这个意义上说,荣格把本能问题与原型和集体无意识问题联系起来,虽然产生过把二者混淆的后果和印象,但是他的本意,他从人类行为模式方面去推论人的心理模式仍然是有意义的,从人类最基本的生存起点探讨人的精神来源的思路也是值得重视的。

---

① 荣格:《集体无意识的概念》,见《荣格文集》,冯川译,改革出版社1997年版,第85页。
② 荣格:《本能与无意识》,见《荣格文集》,冯川译,改革出版社1997年版,第8页。

原型心理学所探讨的是人类心灵的共通性、相同性，是体现在原型现象背后的深层心理原因和基本结构。这种深层原因和基本结构既与人类的文化模式相关，也与人类共同的生理本性相关。而人类的不同的文化模式的形成，其最初的起点不在文化本身，而在于人类最基本的生存发展的基础，即人的基本生物本能。我们对于作为人性体现的原型的研究首先要回到人的生物性方面。换句话说，人的生物特性是研究人类原型心理的第一个层次，一个不能忽视的角度。

人的行为、意识等不是先天遗传的，人的本性不是纯粹生物性。许多例证，比如人们熟知的关于狼孩的例证说明后天环境对人性形成的重要性。但是，人们在运用这个例子时，却同时恰恰忽视了对这个问题的反证，即虽然后天的环境、文化的作用是重要的，它可以使一无所知的人变得有具体的人性；然而，同样的文化背景、后天环境和教育，却不能使一只狼仔变成人或有人性的动物。这说明，后天的环境、教育是重要的，但是不论它重要到何种程度，它都必须有一个最基本的起点，这就是它必须是在人的生物性或人的生理本能的基础之上接受后天的教育和学习，而生物性在这种意义上说就是人性生成的前提和基本要素。人的生物本能并不是对后天的行为模式毫无意义的。在这一点上，荣格、皮亚杰关于人在出生时心灵并不是"白板"的观点是有道理和依据的。问题主要在于要弄清，人的生理本能在何种意义上对于原型的生成发生着作用，以及人的生理本能在原型的承传中有着什么样的作用，或者说，原型是通过什么途径在个体身上得到再现的。正是在这里，我们有可能在人的生物性与社会性、生理本能与文化心理的关系中获得解决问题的新启示。

笔者以为，本能在荣格原型心理研究中的重要价值就在于，它在客观上提供了一种新的启示，即原型是一种与人的生物本能相关的心理现象，我们必须充分重视人的生物学之维在人性中的不可代替的地位和意义，从包括人的生物学在内的完全意义上的人性去回溯人的原型心理生成的机制。说得再清楚一些，就是，原型之"原"与"型"都与人的生物遗传相关，与人的生理本能相关。"这并不是因为存在某种支配知觉或梦幻意象的神秘意识流或集体精神，而是由于一个明显的事实：出于同一根源的条件符号趋向于具有某种家族相似性。"①虽然原型不是生物遗传,而是人类一种共通的心理表现和文化现象,它反映着人类历时过程中的相通性,个体之间、民族之间在共时性中的共通性。但这种共通性、相通性不是凭空产生的,不是先在的,而是在一定的物质基础上通过实践过程产生的,是有前提条件的。这个前提条件就是,人作为地球上一种有共同特性的生物,它有着自己独一无二的属于自己类属的生物特性,这种共同的生物属性是人类经过了不知多少万年与自然搏斗而形成的本能反应。这种本能也是人类形成共同心理现象的最为基础的条件,换句话说,人的原型心理现象的最初条件,不是先于这种物质存在基础的独立精神,而只能产生于这种物质存在基础上。原型的溯源,追溯到的最深的基础层次不是纯粹精神,而是与人的共同的生物本能相关的人类的劳作实践。在人类生物基础上,在人的食色的基本需求基础上,在人类面临的生、死、性等不可回避的问题面前,人类开始了自己的历史实践过程。在这里,笔者说的是生物基础,而不是直接原因。在这种共同的生物基础上,人类展开了自己的历史实践,创造了物质财富也创造了精神财富,原型就生成于这个过程中。原型的反复性,与人类共同的基本的生物本能相关,具体来说与人类在自然面前的本能反应相关。

  荣格的假设提醒人们不要忽视一个最清楚却往往被有意或无意略过的基本事实:首先,人是宇宙中的一种生物,生物性是人的一切特性的物质基础;其次,人是动物,人具有动物的特性。当然,人又不同于一般动物,除了生物性、动物性外,人还有属于人类的社会性。所以,人性应该包括社会性与动物性,换句话说,人性是生物性与社会性的总和。研究人类的历史,包括人类精神发生、发展史时,不能忽略人的生物性特征,或者说不能离开人的生物学基础和起点。而以往对于人性的研究则缺乏这种自觉而囿于传统观念。在人类历史上,不管中国还是西方,都有过割裂或脱离人的生物性、非理性因素探讨人性的偏向。在中国,自先秦时期起,在西方,从柏拉图起,在探讨人性时实际上把人分成了灵与肉,即肉体的与精神的两部

---

① 范景中编选:《艺术与人文科学:贡布里希文选》,浙江摄影出版社1989年版,第42页。

分,割裂了人的整体特性。而人性的生成,首先是在生物基础上的生成和发展。人的历史实践是具体的、通过个体的具体活动,离开了具体的、有着生物特性的人而去谈人性是片面的。自然人性是人的本来特性。如果一说人的自然性,马上就说是把人降低到动物,只是讲食色,这种观点从根本上实际否定人是动物,人有动物性的一面,也就是否定人的自然属性,否定人的生物性对于理解人性的意义。实际上,人的自然属性应该恰恰是人不同于动物的属性。这种属性也是人在创造物质世界,同时创造自身及其建立精神世界的过程中逐步形成的。

人的生物本能,一方面保留着其基本的特性和功能,另一方面表现出缓慢的演变。人对于外界事物的反应,既有着人类基本的特性,有与祖先完全相同的方面,又有着逐步进化而出现的新的机能和反应机理。我们现代人与远古祖先的精神联系,是通过两种方式的共同作用达到的:一方面,人类在其漫长的进化过程中,包括了人类生物本能对于外界反应能力和心理机制的进化。从这个角度说,现代人身上就已经存在着荣格所说的那种种族经验,那种含有进化成分和融入了人的主动精神的生理反应本能,并逐步生成一种命之为本能的典型的行为模式。"我们可以假设,这些原始意象或者说原始模型的形成过程持续了几千年之久。在这漫长的岁月里,人的神经和意识从一种动物状态浮升出来。可是它们,即这些原始模型的再现形象仍然具有一种原始性质,并依它们对之显现的时代而有所增减或改变。某些原型,特别是那些对心理协调起重要作用的原型,便出现在一种抽象形式或者几何形式下面,如一个正方形,一个圆,一个球下面,它们单独或者以多少被加工过的方式组合起来,形成一个典型的象征。"[①]另一方面,现代人与祖先的精神联系则主要还是通过后天而获得,通过文化的承传、人的社会化而获得。哲学生物学和人类学都告诉我们,与其他动物相比,人是未特定化和未确定化的动物,人一生下来并不像其他动物一样,就能以确定的生物本能适应特定的生存方式,人要经过很长的幼年和童年期,要学会适应环境并创造环境,在这个过程中,人有一个长长的学习前人

---

① F. 弗尔达姆:《荣格心理学导论》,刘韵涵译,辽宁人民出版社1988年出版,第13页。

的知识的过程。这种过程是对祖先精神遗存的承接过程。而进化着的生物本能与发展着的文化精神相互演进,也就是现代人与包括远古先民在内的前人精神相通的现实方式。

人类有生物性和社会性两种主要特性。社会性易变,生物性相对稳定不变,生物性更多表现出普遍性、相通性、共同性,社会性则更多表现出差异性、对立性、区别性。但是,不仅仅只有人的社会性才决定人的行为,成为原型,人的生物性可能更会影响人的生活方式和处理人与宇宙自然的关系,而且这种影响要比具体的社会意识来得深远。文化现象或行为模式,离不开生理基础和生物本能前提。"我们必须接受我们人类遗产的所有内涵,其中最重要的内涵之一便是小范围内的生物遗传行为和文化传统的继承过程的巨大作用。"①人类的精神性内容的承传,既是社会化的文化承传,同时也要通过个体生命的媒介,通过一代代活生生的生命体。这种无法改变的现实存在,也决定了人在这方面的意识和情感,其中处于原始文化背景下的先民的意识和情感带有鲜明的原始色彩,它是原始意象生成的基础。

原型现象本身所蕴含的人类学意义要求我们必须首先回到人自身。人类生理的共同性是先天的,精神的共同性表现为先天的,而实际是后天的。精神的共同性是通过历时性表层现象中个体显现出来的,而精神的共同性的产生又与人类生物本能的共同性相联系。原型是生理的体验和心理的情感相互作用的产物,是人的生物性与社会性相互依存而产生的特定情感与意象的契合。所以我们必须首先回到作为生物(动物)的人,即重视人性的生物学方面,才能解释作为社会性的人性表现的原型的产生。

在笔者看来,人们的心理原型现象包括荣格所说的集体无意识现象的生成原因之一,就是具有共同生物本能特性的人在不同的情境下的相似的情感反应。不同民族神话的相似性,心理模式的深层相似性,同个体之间心理的相似性并不是生理结构中精神遗传的体现,而是建立在人类生物本能相同性基础上的对于环境的一种类似的心理反应。为什么把这种现象

---

① 鲁思·本尼迪克特:《文化模式》,张燕、傅铿译,浙江人民出版社1987年版,第14页。

假设为一种先天存在,而不能解释为一种与本能相关的后天的心理反映呢?既然人有最为基本的生物本能,就会有最为基本的心理反映。而原型的特性之一恰恰就在于它体现的是类似于生理本能的精神现象,或者是从最基础的现象中人们领会着深层的意蕴。个体之间心理的相同和相通在后天,而不在先天;先天性只在于人与人、民族与民族有大致相同的生物基础,有大致一样的生物本能,即有产生同样的心理反映的共同基础和可能。因此,原型作为文化心理现象不是生理的直接遗传,而与生理本能有关。没有这种共同的生理规定性、基本的本能的相同性,就没有产生类似模式的心理本能的基础和前提,当然,没有后天相同或相似的面临人与环境的关系,没有近似的处理人与环境的思维方式和行为方式,也不会有这种共同性的表现,不会有原型现象的文化之维。

压抑与"集体的人"的创伤性经验

荣格下面的一段话,似乎给我们试图从人类生理本能之维解释集体无意识和原型的来源与生成提供了有益的启示:"如果允许我们将无意识人格化,则可以将它设想为集体的人,既结合了两性的特征,又超越了青年和老年、诞生与死亡,并且掌握了一二百万年的经验,因此几乎是永恒的。……他经历过无数次个人、家庭、氏族和人群的生活,同时对于生长、成熟和衰亡的节律具有生动的感觉。"[①]荣格为了说明集体无意识,假定有"集体的人",亦即有作为集体共相的人。荣格关于"集体的人"的假定,虽然只是一种便于阐述观点的象征的说法,却并不是毫无根据的。"荷马的宗教是希腊人自我实现的一个步骤。……世界在那时被设想成既不是完全没有外部的支配,又不是单单只服从于体现在牛鬼蛇神中的超自然力量的淫威,而是被看成是受一个有组织的团体所管辖的,这个团体是由一些有人格有理性的统治者、贤明而慷慨的长者组成的,它在精神上和形态上

---

① 荣格:《分析心理学的基本假设》,见《荣格文集》,冯川译,改革出版社 1997 年版,第 25—26 页。

都像人一样,只是大得无可比拟罢了。"①这种大得无可比拟的"人"即精神和形态的"人",可以说和荣格所说的"集体的人"是"亲兄弟"。

人类集体所具有的无意识本能,是人类在对付自然环境、抵抗压抑和克服匮乏的实践过程中形成的,也是人类作为"集体的人"面对外界自然宇宙所必然采取的一种措施,是作为"集体的人"的人类,在其"婴幼儿和童年"时期,面对大自然而产生的创伤性经验的积淀,是人类集体受压抑的心理情感以及对付压抑而生成的行为方式,并逐渐转化为一种本能或行为模式。

个人无意识即情结,必然以现实存在的个人为主体来显现,也就是将个人的某种精神现象确认为个人的无意识现象;而集体无意识原型,必然是以群体为主体归属,以集体的精神和心理现象表现为依据。它是集体共有的。

我们提出人类在其早期的心理创伤问题,借用"集体的人"的概念,是因为创伤性经验与无意识相关,集体无意识与集体的人的创伤相关。这里笔者与荣格的理论有着原则的区别,即并不简单地把集体无意识看作一种遗传的先天的心灵存在,而是要从人类现实实践的基点上进一步追究集体无意识的来源。

关于无意识的来源,在目前研究的结论中,笔者以为弗洛伊德的观点要比荣格的理论显得有现实依据,这就是弗洛伊德关于无意识与压抑相关的观点。虽然,弗洛伊德在他的一些论著中(比如《摩西与一神教》中)也谈到无意识与遗传的关系,但是,他有一个明确的特点,就是"从压抑理论中获得了无意识的理论"。因为"没有压抑理论,无意识这一概念便成了玄妙难解的东西;……在整个体系中,压抑是个关键词,这个词是经过挑选来指明一种建立在心理冲突基础上的动力结构的"②。按照弗洛伊德个体无意识的理论,无意识是一种与生理相关、表现为本能反应的心理现象,是人类的儿童和少年时期创伤性经验的积累,与压抑有关。人正是相对于

---

① 恩斯特·卡西尔:《人论》,甘阳译,上海译文出版社1985年版,第117页。
② 诺尔曼·布朗:《生与死的对抗》,冯川、伍厚恺译,贵州人民出版社1994年版,第5页。

无限大的宇宙的空间,感到了自身的渺小和力量的弱小;相对于无限长的时间,感到了人生的短暂和生命的有限,从而产生心理的匮乏感。这是宇宙自然对于人类集体造成的一种永远的心理创伤。

压抑与无意识相联系的观点的意义,在于它为无意识现象的来源找到了一个现实的基点,它不是从纯粹遗传的角度,而是从后天实践的角度探讨无意识产生的根源。由此我们有理由说,无意识是后天性获得而非先天性遗传。作为集体无意识内容的原型与个体无意识一样与压抑有关,它的来源与个体无意识有形式上的相似性。个体受压抑而形成的创伤性经验就是无意识;"集体的人"(即人类群体)受压抑而产生的创伤性经验就是集体无意识,而原型是它的重要方面和呈现方式。

那么,作为"集体的人"的人类在童年受到创伤这一假设是否可以成立呢?回答是肯定的。可以设想,在人类出现以后到神话出现之前这一漫长阶段,人类肯定还有一个把生存的必需、生存环境的创造变为一种精神象征(如神话)的重要过程。人类社会为了自身的生存发展,各个民族都创造了一个超越具体个体的"集体的人"意象,这个集体的人代表着集体的知情意,这个集体的人有自己的诞生、生活经历、情感态度、职责等,他凌驾于个体之上又代表每一个体的意志。每个具体的个人在自己的知情意中都有集体的人的成分,比如,神话形象就很可能是一种精神性的集体的人的具象化。

人类在与自然的搏斗中创造了世界,同时也创造了自身;人类作为一个整体,在其童年时期,无疑遇到过难以想象的来自自然方面的压抑,有着无数的创伤性心理体验及其积淀,神话、原始宗教等为我们提供了这方面的证明。这种压抑和创伤就是生成集体无意识的直接原因。而按照现代哲学人类学家的观点,人类与其他动物相比,一个特点就是它的未特定性,包括生理功能的未特定及其产生的心理匮乏感,这种先天弱点却成了人类创造性、开放性、超越性的内在动力。笔者以为,原型在一定意义上就是人类在克服自身的匮乏感过程中形成的心理或行为模式,而它的内在动力,或曰心理能量值就是人类作为一个整体在与自然的关系中所产生并积淀的创伤性经验,是医治这种创伤的需要。原型就是以特殊的形态对这种集体的创伤心理的疏导方式。比如,具有反复发生性和普遍一致性,因而成为原型重要体现方式的原始神话和宗教仪式,就与人类这种创伤性经验和匮乏感相关。正如马林诺夫斯基所指出的,"超自然地建立起来的仪式是来自于生活,但它绝没有使人的实践努力成为无价值的。在巫术或宗教的仪式中,人试图演出各种奇迹,这不是因为他忽视了他的精神力量的局限性,恰恰相反,而是因为他充分地意识到了这种局限"。① 这种局限性可以理解为人的匮乏感,包括人在自然面前对自身能力的有限感。卡西尔在论述宗教和神话问题时也有同样的看法,认为"在某种意义上,整个神话可以被解释为就是对死亡现象的坚定而顽强的否定","所有的宗教都来源于恐惧","对死亡的恐惧无疑是最普遍最根深蒂固的人类本能之一"。由压抑和创伤性经验而形成集体无意识,又由抵抗压抑和医治创伤的需要而寻找发泄和疏导的方式,人类在反复发生的典型情境中逐步生成行为模式即本能,也生成了心理的领悟模式即原型。随着人类对于世界和自身逐步的认识,人类童年期的创伤性经验的心理淤积得到了疏导,原型成为一种回忆,一种主要表达心理和精神情感的方式。原型的反复和置换变形,一方面说明人类作为整体在自然宇宙面前所受的创伤的深与广,另一方面则说明人类对这种精神创伤本身的体悟的变异和抚慰方式的变化。如果说,原型与人生情境、典型人生经验相联系的话,那么,人类这个"集体的人"在不同的年龄段所形成的原型心理,其功用和特性是不同的。原型在它的形成期和置换变形过程中的意义和功能也是不一样的。置换变形,淡化其具体内容,而保留其形式(模式)。

虽然我们难以确定精神的、心理的内容可以遗传,但是,人的生理本能可以遗传是可以肯定的。原始人类在应付自然宇宙强加于人的压力的过程中形成了面对客体做出相应反应的能力,逐渐形成一种应付外界自然环境的生理本能,这种生理本能反应通过个体得到遗传。换句话说,人的生理本能的反应是在人类的生存发展中抵抗压抑自然形成的一种结果,它在人的后天实践中以心理模式的形态得到显现。莫里斯在《裸猿》中曾讲

---

① 恩斯特·卡西尔:《人论》,甘阳译,上海译文出版社1985年版,第103页。

到,为了研究我们文化上在动物方面的爱与恨究竟是什么,曾对八万名四到十八岁的美国儿童做了调查。调查结果中,儿童最喜欢的十种动物都有拟人特征,而在最不令人喜欢的前十类动物中,有一个共同的特点,就是它们对人类都有危险性,而且还明显缺乏前十类动物具有的拟人特征。特别值得注意的是,"在十类最不令人喜欢的动物中,一个最惊人的特征是,对蛇和蜘蛛的大量反应。单是将它们视为危险的种类,是无法解释清楚的,其他的力量也在起作用。对为什么不喜欢这些动物之理由的分析表明,蛇之所以令人讨厌,是因为它们黏滑而脏,而蜘蛛令人厌恶是因为它们有茸毛且爬行。这肯定意味着或者它们有某种强烈的象征意义,或者我们有一种强有力的内在反应要回避这些动物。"①就是说,这种反感具有先天本能的性质。莫里斯指出,如果我们考察一下从四岁到十四岁之间的孩子对蛇之厌恶的不同层次,那么我们就会发现不受欢迎的最高点是在早期,远在青春期以前。也就是说,这些现象说明,"更可能是我们人类天生的对蛇类的厌恶反应在起作用"。对蛇的厌恶和恐惧是一种与生俱来的本能反应,这种本能反应,是人类作为一个"集体的人"在其童年期的创伤性经验的积淀所形成的生理本能反应。可以假设:集体无意识是集体的创伤性经验和压抑的结果,是人类面临相同的境遇时一种相同的心理表现。集体无意识作为人类集体的一种精神现象,正是人类童年的群体的情结。

人类童年创伤性经验的实质,是意识到生理的匮乏和激发起的欲望因为受生理局限而不能实现的精神痛苦。集体无意识是"集体的人"受人格化的自然的压抑而积淀的心理情感,它经过长期积淀转化为对付外界自然的本能,并作为一种生理反应遗传给了后代,集体的人对于压抑的解除和创伤的医治方式同样也作为生理本能传给了后代。而这种生理反应和本能,则成为后世人们面临同样的境地时产生同样的心理情感的基础,亦即原型产生的生物学之维。作为集体无意识内容的原型包含着人类集体的创伤性经验及其克服压抑的自然本能,原型的具体表现方式和载体就是对这种压抑的无意识的释放的特殊方式。图腾、宗教仪式、原始信仰、原始歌

---

① 苔丝蒙德·莫里斯:《裸猿》,余宁、周骏、周芸译,学林出版社1987年版,第160页。

舞等行为方式,神话、集体表象、互渗律等思维方式就是这种集体创伤性经验的疏导方式或升华。"人类学资料表明,具有某种类型的体质特征的人类群体在有选择地适应某种特殊的自然环境的过程中发展了这些特征,而文化本身对某些特征的发展也起了一定的作用。在撒哈拉以南的非洲,通过对人类化石与石器工具进行的科学研究,现在已经可以比较清晰地描绘出人类体质进化与文化进化相互影响的一条主线,即伴随着体质进化的历程这条主线,形成中的人类在文化上也有一个从使用天然工具到早石器时代到中石器时代再到晚石器时代这样一个由低级向高级发展的演变过程。在这个过程中,身体的直立、脑容量的增大等体质特征的形成对文化的发展产生了深远的影响;而工具的使用、制造和改进,火的使用,营养卫生条件的改善等文化的进化,对体质特征的变化也起了显著的作用。不过,在晚期智人即现代人形成以后,体质特征与文化之间的关系就显得模糊不清了。"① 以文化、心理的功能来弥补生理的局限以及由此而带来的精神痛苦的解脱和梦想的实现,正是原型产生的深层动因。从而原型以其特殊的功用沟通着生理与心理、本能与文化、集体与个体、当下与远古、结构与历史之间的关系。

综上所述,人类在他的童年所形成的原型,与人类整体的创伤性经验有关,人类这种与自然关系中产生的经验,在长期的实践过程中转化为一种生理能力和本能反应,并被遗传。这种生理本能遗传到后代人身上,当他遇到类似的情境时,就会产生与祖先相似的一种心理反应,表现为类似遗传的精神本能现象,并成为集体无意识的生理基础和特殊的显现方式,即"典型的行为模式",而这种模式与原型又有一定的联系。先天遗传的生理本能以没有动机的方式体现着人类行为方式的反复发生性与普遍一致性,为原型作为领悟模式提供生物基础。

---

① 宁骚主编:《非洲黑人文化》,浙江人民出版社1993年版,第7—8页。

生理本能与原型之"型"

人的生理本能是原型生成的前提要素之一。

笔者认为,一个首先应该确定的观点是,一切原型现象实际都是后天的,这不仅是因为其先天性无法证明,而且因为有这样的事实作为反证:即使是互不相识的陌生人之间的共同心理表现,即使是意识不清的神经病人的呓语的相似性,即使是不同民族之间的神话传说和文学作品的深层类似,这一切,不论它表现得怎样的神秘和不可思议,但有一点是确定无疑的:这些都是发生于现实中的具体的人身上的精神现象,或都是存在于现实中的一种文化心理现象。这些后天的心理反应,以类似先天行为模式的方式和集体的性质显现出来,并且也确实以生理遗传的方式存在和承传。荣格把那种人人存在而又无法说明的精神现象归之于精神的遗传,归之于人类祖先精神的遗存,舍此,好像无法解释它的远古色彩、集体性质和不可言说的特性以及它的来源,这使得我们不能轻易地完全否定原型与人的生理的关系。但是,问题在于,原型与人的生理在何种意义和何种程度上有着联系?

按照存在决定意识的观点,原型现象应该是一种特殊情境下的心理反映,而其所体现的共同性与集体性,是由人类某种深层的对于外界客体感知的共同性所决定的,或者说由人类对于外界反应能力和感受性的类似所决定的。这种共同性或类似性可以表现在不同的层次和方面,如共同的或相似的生存处境、文化模式等。但是,在所有的相似或相同中,最为基本的、超越一切具体因素的根本共同性,首先在于人类面对自然宇宙,作为一个有共同特性的生物类属的生理本能。就是说,原型现象的共同性、集体性,集中表现为它的人类性,即人类面对宇宙自然时所产生的相同的情感体验或生理本能反应。原型具有古老特性,但不管多么古老,它都是人类心理对于客观存在的一种曲折反映的表现和结果。即使承认原型和集体无意识是远古先民的精神遗存,实际上也是承认原型是与人的生存、生活、特定情境等是相关的,它具有后天经验的特定意义,它总归是有其源头的,确定这个源头就是确定了它的生成过程。而这个源头就在于人类作为宇宙中的一种特殊动物，首先具有人的自然属性，在这种自然属性的前提和基础上，人类在自己的历史实践中生成人性、精神和文化。原型即是这种文化和精神的特殊表现方式之一，或者说是人性的一种特殊载体。至于不同民族、不同文化背景下的不同具体原型，则既有其特殊性，又有人类共同性，否则就不成其为原型。特别是，原型之"型"的模式性、反复性等特点，与人类生物本能有着发生学的关系意义。

关于人的生理与心理的关系、生命冲动与精神的关系，关于人性的生成，《裸猿》的观点有值得借鉴的价值。莫里斯在他的《裸猿》中从现代生物学的角度对人类行为进行了研究，指出人类作为一种特殊的"裸猿"，他的生理特性和动物本能始终在社会生活和文化现象中有着表现，并在现代生活中得到延续和曲折的反映。莫里斯由对裸猿行为的观察中，看到了习俗的作用，看到了人类的本性作为遗产遗传对于现实生活的影响。比如，莫里斯讲到人在母亲体内的安全感，如何在人出生后通过其他方式得到补充。与其他猿类不同之一是，裸猿即人有一个很长的婴儿期。正是在这个时期，人随着体力的成长，其文化积累也得到了承传。这种研究及其结果在一定意义上对原型研究有着直接的启示，这就是人类的文化心理现象与人类生理本性和习性有着无法摆脱的关系，原型在一定意义上就是原性，即本来的特性。

人类的生理本能还与人的心理活动，甚至人的审美习惯有着重要的关联，也与某些原型现象有着关联。比如，布鲁诺·赛维《建筑空间论》中介绍了象征主义者所理解的建筑几何因素中的情感表现，其中就涉及生理与心理相互关联的问题："水平线，与大地相平行，它在人眼的高度上延伸，不会产生对其长度的幻觉，因而使人体验到一种内在感、一种合理性、一种理智。垂直线，使人中断他的正常观看方向而举目望天，垂直线在空中无限延伸、长度莫测，因此象征崇高的事物和无限性、狂喜、激情。直线与曲线，直线代表果断、坚定、有力；曲线代表踌躇、灵活、装饰效果。螺旋线象征升腾、超然、摆脱尘世俗务。立方体代表完整性、肯定感。圆给人以平衡感、控制力。球体代表完满、结局确定的规律性。各种几何形体的渗透，象征着有力和持续的运动。"①这些现象说明,人类心理原型与人类生理本能有着深层的关系,因此,我们应该注重原型的生理之维。人的生物性是超种族、国界甚至时间的,其中有着更多的人性的共同性和相通性。

原型不是直接的生理反应而与生理反应相关,它是一种文化心理现象。那么,人在这种生理本能基础上如何生成了原型,这才是一个关键的问题。

前述荣格观点的问题在于他把人类的这种本能看作一种自主精神的表现,而不是一种心理反应的生理基础,其要害是要为人的非理性的集体无意识找到根据,而反对存在决定意识的观点。

笔者与荣格原型理论的主要区别在于,反对把这种本能说成是集体无意识的表现,即把本来属于生理性的本能说成是心理性、精神性内容,并将其视为自主精神的基础,从而证明一种脱离人的后天实践的独立精神的先天存在。我们不但不否认人的生物本能对于人的后天行为作用的重要性,而且认为,人的先天的相似的生物本能是后天相似的行为模式的重要基础和形成条件。但是,这还不是所谓的自主独立精神,不是原型本身,而是原型生成的要素和前提。

荣格所说的人的类似原型的本能现象是确实存在的,但是,荣格不能科学地现实地来说明它们,于是把它说成是一种精神遗传。事实上,原型不能直接遗传,如果能够遗传,那么任何人任何时候都可能会有原型的再现。或可说,原型作为心灵现象不能遗传,但是生成原型的要素之一即人的生理本能能够遗传。

原型的世代相传性,表明了它的超个人性、超时空性,这种超越性与人类的某种普遍共性有联系,带有生理遗传的特点和因素。正是在这种人人具有的生理特点的基础之上,也就是在人的生物学维度之上,才有可能产生相同的或类似的心理体验并形成情感模式,只有这种最为基础的或者说"低级"的共同性、相通性,才有产生"高级"的共同的心理体验和行为模式的可能。但是,如上所说,这种遗传不是原型本身的遗传,亦即不是通过生

---

① 朱狄:《当代西方美学》,人民出版社1984年版,第413页。

理自然地遗传了精神,而是对与生成原型心理的因素的遗传,或者说是产生相同的精神情感和心理体验的能力的遗传。具体来说,是遗传了每个人在面对宇宙世界时的那种普遍的生理反应能力和对客体的相同的感受能力。这种相同或相似的感受能力以及由此所产生的心理情感的相同性和相似性,是原型之"型"的最基础的要素,是原型之所以具有超越性和反复性的最初根源。比如,人对蛇的惧怕这种心理情感和体验,对于每一个人来说大致是相似的,由此产生了人类对于蛇或者怀着畏惧,或者感到神秘等心理,进而产生了与蛇相关的文化现象,如将蛇作为图腾标志,或赋予蛇某种约定俗成的象征意蕴。而这一切首先建立在生理基础之上,即人面对蛇所产生的生理反应之上。人对蛇的这种心理情感和态度,是由蛇作为自然物在人心理上引起的本能反应所决定的(当然这种反应也可能已经包含着人类对蛇的某种本性的了解的因素),正是这种生理感受的共同性才决定了蛇作为心理原型或文化象征的共同性。人的心理体验和情感是在对某种事物的这种生理反应或感受能力的基础上产生的,人的这种心理体验,又是一种生理本能的反应或感受,是非理性的,是无意识的。而正是这种特性决定了人凭直觉抓住了事物的本质特性,这种本质特性是事物演化为原型并置换变形的基础。换句话说,是生物本能的先天性与对于反应的规定性构成了最初的心理之"型"。

原型能否再现,是与主体的心理需求和特定情境联系的。小孩登高可能产生恐惧,而文人墨客登高可以怀远。登高可以望远,但望远是生理现象,而怀远是心理现象。登高后的生理现象有产生怀远这种心理现象的可能。在特定情境下,这种登高望远既是物理距离也是心理距离,既是空间距离也是时间距离,可以给人一种类似的心理感受。正是这种基本的生理感受才是它能被赋予特定含义的基础。看来问题出在对于原型现象本身特性的认识上。荣格将原型视为远古先民精神的遗存,看作是一个凝固的、现成的模型,并由遗传而来,这是它避免用生物本能说明精神现象而未能成功的关键所在;而笔者认为,原型是与人的生理遗传、人的本能相关的生理因素在特定情境中生成的精神现象,它是物我关系、意象关系的生成和契合,是一个从生理感触到心理反应、从直觉到感悟的过程,这是笔者承认原型与生物本能相关而又不是生物遗传的关键所在。

原型的反复性与人类生存状态的重复性相关,原型是人类生存发展过程中的心理现象,没有人类基本生存过程的相同性就没有原型的反复性。这里的"基本"是就人类全部历史和全体人类而言的,就是荣格说的"集体的人"。这个"集体的人",在对人生的感悟方面、心理体验方面也是集体的,也就是相同的或相似的。

人类的动物本性不会随社会进步而减少,而是扩大它的功能同时又在促使其升华。虽然人类对于自然的改造是巨大的,人类的发展和进步也已大大改造了人类自身。然而,相对于永恒的宇宙自然,人类的基本的生理本性,人类面对宇宙自然的反应能力和感受能力并没有根本变化,而是被世世代代遗传了下来,比如对蛇的厌恶,对黑暗的恐惧,对光明的向往,等等。这种生理的本能的反应作为人不同于其他生物的能力遗传下来,而当遇到同样的情境时,就会产生相似的心理体验。这种与生理能力相关的心理体验的相似性,是原型的生成的要素或最初层次。如果说荣格所谓的集体无意识通过遗传可以获得的话,也是遗传了与原型相关的生理本能、感受能力和反应向度,而不是原型本身。这种能力是原型生成的要素之一,也是原型之"型"之所以能超越时空界限,沟通远古祖先与现代人类、集体与个体心理的原因之一。

今天,科学技术已经异常发达,人类的许多梦想已经实现,但是,人类在个体的生物学意义上,并没有在生理上、体质上发生根本的变化,人们仍然有着本能的未定特性所造成的不足感和为缩小这种不足而进行的创造意识和欲望。人在面对自然万物时,仍然有着因为生物特性限制所产生的不足,也产生着新的希求。而且,这种希求由生物生理的方面转向社会的方面。就是说,人的这种特性自古遗传到现代。

现代社会似乎有原型意象逐渐"稀少"和"淡化"的趋势,这是随着人类对宇宙和自己理解的深入明确而逐步产生的。现代人的未定特性呈现着这样一种情况:一方面,原始先民们所曾遇到的难以理解的现象被理解,人类已经感到了自己某些特性的极大发挥,于是,神话等神秘的现象在逐渐消失;另一方面,人类的意识的能力又使得人类在继承先辈的基础上,有了更多的不理解，人们面临的不理解比祖先多了而不是少了，人仍然感到自己的特性是未定的，这是人类不断地发展创造的根本基础动力。但是现代人的理性在加强，而非理性似乎也在增强，而且这两种意识不时地发生冲突。这是现代人类精神复杂浮动的原因。寻找精神家园，就是要寻找那种面对自然时的安详，那种生理与心理的平衡感。但，这是可能的吗？

随着科学技术的发展，人类产生了新的精神危机和心理需求。人面对着比原始先民更多的和巨大的事物，人类在对于某些事物越来越自信的同时，对于另一些事物越来越失去把握和心存疑虑，包括对人类自己创造的事物，如核武器、克隆技术。人的大脑是如此的发达，人是如此有创造性的一种生物，可以创造出本不存在的物质，包括生物。但是，对于人自身，最基本的本能和本性却是永远不会失去的，否则，人类将不成为人类。就是说，人又是在既定的生物基础上发展自身的。飞机和宇宙飞船可以载人上天，电话、电视可以无限地延长人的听力和视力等，在这其中，人享受着自己的劳动成果，同时也体验这个过程本身的价值和乐趣。但是，人类在对宇宙重新认识，对星系新的发现和征服的同时，也伴随着对于自身的能力局限的意识及其由此而产生的渺茫感、匮乏感。也正是这种现代科学技术，不但没有减少人对这个世界的疑惑，或者说解决了原始先民们曾经疑惑的一部分，而又发现了新的更大的更使人疑惑的新问题。相对于无限大的宇宙，人类永远会感到自然对人的压力和精神创伤。人类心理上的不足感，人类的未定特性决定了人类心理上的补偿需求不会终止，人的创造性也就不会枯竭，所以建立在人类生存的典型情境基础上的人的原型心理也就会不断重现。

第十一章　原型与领悟模式

原型是典型的领悟模式

荣格原型理论中较为清晰的思路是从功能的角度对原型做了解释,而这种解释有重要的实践意义和可操作性:

> 原型是典型的领悟模式,无论什么时候,只要我们遇见普遍一致和反复发生的领悟模式,我们就是在与原型打交道,而不管它是否具有容易辨认的神话性质和特征。①

荣格这段话,笔者以为可以作为识别原型(心理原型)的标志和界定原型概念的定义。这里有几点值得特别注意。

第一,"原型是典型的领悟模式",这是相对于"本能是典型的行为模

---

① 荣格:《本能与无意识》,见《荣格文集》,冯川译,改革出版社1997年版,第10—11页。

式"而言的,领悟模式与行为模式的区别,也就初步划清了原型与本能的相似性与相异性。因为行为模式(不是一般的行为方式)是由生理本能决定的先天性的行为举动,而领悟模式是属于精神范畴的后天的心理活动。原型再现就是人在特定情境下集体无意识地被某种原始意象(或意象)激活的过程,是特殊的意与象相契合的精神活动过程。这就是原型作为典型的领悟模式的特性。原型类似本能行为却又不同于本能行为,在此有了较为清楚的区别。

第二,这里提到的领悟模式,是从原型的功能角度提出的。何为领悟模式?笔者理解为,原型的领悟功能主要表现为感悟和理解程式功能、象征隐喻功能。感悟和理解程式功能是指通过原始意象(或意象)激活集体无意识,因为原型的生成实际就是一种感悟和理解程式的建立,是人类典型情景的反复发生和普遍一致基础上形成的情感模式。这种已经具有约定性的形式化模式,在特定情景下可以引发人的心灵情感。象征隐喻功能则是指某一原型所具有的象征性意蕴和作用。原型具有领悟模式的功能,就在于它是沟通物象与心灵之间的桥梁,是激活集体无意识的特殊媒介。荣格的原型再现理论暗含着一个假设命题,即现代人与远古祖先凭借原始意象而进行着某种交流。领悟作用和对集体无意识的激活作用,就包含着交流的可能。领悟应具备两方面的条件:一是原型必须具有特定的领悟功能,是特殊的联想物,有特定的象征性和意蕴的约定性。再一个是领悟者有共同的心理基础和需求。他们能够对同一物象或原型有相似的心理反应,有相似的情感的寄托。领悟过程应是受到原始意象的激发而产生相似的心理情感的过程,可理解为它类似于中国文化中的"兴"。

第三,"无论什么时候,只要我们遇见普遍一致和反复发生的领悟模式,我们就是在与原型打交道"。这里的"普遍一致"可以理解为人类个体或不同民族相互之间存在的心灵的相同性,是从横向的、共时的视角就人类集体精神现象而言的;这里的"反复发生"则可以理解为人类世代相承的、不断重复的精神过程中所体现出的相通性,是从纵向的、历时的视角就人类集体的精神现象而言的。原型心理的生成是对精神家园的超越性设定和心理建构,人类把自己的心理需求和情感体验投射于外在物象,然后通过这种具有象征性、约定性的物象在不同情境中的反复而重现人类心灵。它以"人同此心"为基础,又以反复发生性和普遍一致性为特征。"喜爱重复的快乐原则,即辨认相同而不是相异之处的倾向,在许多原始文化的再现定型和装饰定型中得到例证。现实原则,即通过把未知物与已知物同化的原则,也在无数传统规定知觉与再现的例子中得到证实。"①人类的这种普遍特性是产生心理原型的共同基础。"普遍一致和反复发生的领悟模式"这一说法一下使得难以描述和定义的原型概念,似乎变得明了了。还有,这里的普遍一致还包含了它在功能上的普遍适用性的意思。"普遍适用性就是人类符号系统的最大特点之一"②。

  第四,只要是上述领悟模式,"而不管它是否具有容易辨认的神话性质和特征",就可以说是"与原型打交道"。这就说明,是否有神话性质和特征并不是辨认原型的唯一依据,当然,原型也就不等于神话。这种观点,符合荣格关于原型范围的一贯论述,也符合原型现象的实际。联系荣格关于"人生中有多少典型情景就有多少原型"的说法,我们可以认定,原型的根本特征是它作为领悟模式的反复发生和普遍一致,它的表现形态则是多种多样的。这样,原型的再现就不能理解为是作为整幅"图像"被遗传和浮现,而是具体情境下的"意"与相对恒定的联想物"象"的契合;它的反复性不是精神的遗传,而是人与物象(客观存在)关系及其在人的心理上产生的感受的不断反复。原型的瞬间再现是一种契合关系,它类似于记忆但又不是简单的记忆。"我们不能把记忆说成是一个事件的简单再现,说成是以往印象的微弱映象或摹本。它与其说只是在重复,不如说是往事的新生;它包含着一个创造性和构造性的过程。仅仅收集我们以往经验的零碎材料那是不够的;我们必须真正地回忆亦即重新组合它们,必须把它们加以组织和综合,并将它们汇总到思想的一个焦点之中。"③原型通过意象、象征、神话、母题和仪式等的反复再现,由此呈现出人类心灵情感的相似

---

① 贡布里希:《木马沉思录》,北京大学出版社1995年版,第69页。
② 恩斯特·卡西尔:《人论》,甘阳译,上海译文出版社1985年版,第46页。
③ 恩斯特·卡西尔:《人论》,甘阳译,上海译文出版社1985年版,第65页。

性、相通性,体现人性模式和心理结构。换个角度说,人类模式的显现,借助于具体的原型作为载体来实现。从这个意义上说,原型就是"集体的人"的本质力量的对象化的特殊产物,原型的再现就是人的本质力量的对象化过程。

  从上述分析中,笔者认为可以得出这样的结论:从内容上说,原型是人的深层心理情感特别是集体无意识的重要组成部分;从功能上说,原型是典型的领悟模式。"领悟模式"这一概念较为准确地解释了原型的功能特点:心理原型的功能是领悟,而这种领悟又有模式的特性。由此想到,对于原型,我们从功能的角度去理解或许比一定要找到一个确切的定义更有实际意义。

特殊的心灵符号

  卡西尔在著名的《人论》中提出,人是创造符号的动物,人能够利用符号去创造文化,创造理想世界。人类的神话与宗教、语言、艺术、历史、科学等就是人类符号化活动中创造的成果。"人类知识按其本性而言就是符号化的知识。""符号系统的原理,由于其普遍性、有效性和全面适用性,成了打开特殊的人类世界——人类文化世界大门的开门秘诀!""人不再生活在一个单纯的物理宇宙之中,而是生活在一个符号宇宙之中。语言、神话、艺术和宗教则是这个符号宇宙的各部分,它们是织成符号之网的不同丝线,是人类经验的交织之网。人类在思想和经验之中取得的一切进步都使这符号之网更为精巧和牢固。……人是在不断地与自身打交道而不是在应付事物本身。他是如此地使自己被包围在语言的形式、艺术的想象、神话的符号以及宗教的仪式之中,以致除非凭借这些人为媒介物的中介,他就不可能看见或认识任何东西。"[①]而如果对符号再进行分析的话,笔者以为符号有不同的层面和形态:有表示客观事物的符号,有表示抽象本质的符号,还有表示人的心理内容的符号。这其中有可见的符号,也有不可

[①] 恩斯特·卡西尔:《人论》,甘阳译,上海译文出版社1985年版,第72、45、33页。

见的象征符号。从心理学的角度说,有大量的不可见的符号存在着,这种符号就是心理符号或心理原型。它借助于具体的可见的象征物才能为人们所领悟,所以,特定的具有象征、联想功能和约定意义的物象、神话、意象、形象、仪式等都可以说是特殊的原型符号。荣格在《集体无意识原型》一文中讲到,用"原型"这个词,是因为"为了我们的目的,这个词既适宜又有益,因为它向我们指出了这些集体无意识的内容,并关系到古代的或者可以说是从原始时代就存在的形式,即关系到那些亘古就存在的宇宙形象。"他认为列维-布留尔的"集体表象"一词也适用于集体无意识,而集体表象是指原始观念中的形象符号。原始人类在不得不借助于自然物象表达自己难以言说的心灵深处的情感的过程中,自然形成了特殊的符号,其中有一套主要表达心灵的符号,它就是心理原型或原始意象。由于原始意象的生成建立在人类那些反复发生和普遍一致的典型情景下(如最基本的、反复发生的生存问题),因此,它一旦作为原始意象被承传,它也必然地反映人类普遍一致的情感,成为特殊的符号和具有约定性的象征。神话故事、宗教仪式、象征物、反复出现的艺术形象及其置换变形等,都以某种特殊符号不断反复发生,也都带有原型的特征。这样,就有了多种意义上的原型及其象征物。所有心理原型都从不同侧面与心灵相关,都有普遍一致和反复发生的领悟模式的功能,都借助于一定的符号形式。可以说,在人类创造的所有符号中,原型心理符号是最重要的,也是永恒的符号,因为它是普遍一致和反复发生的,是相通的。正是通过这种符号系统,人类保留了那些心灵深处的财富,使得我们与先民的精神相通。

那么,原型的这种特殊的符号系统,这种通过原型现象而体现出的人类心灵的普遍一致性与反复发生性,满足着人类怎样的精神需要呢?它是出于一种什么样的动机呢?

这与原始人类不断克服匮乏感的心理需求,特别是人作为创造和运用符号的人的特性相关。哲学人类学家舍勒认为人在生物学意义上相对于其他动物是"未完成"的生物,是"未特定性"的生物。① 这种未特定性决定了人类心理上的匮乏感。所谓人的未特定性,是说人在体质上不像动物和猿那样特定化。动物的器官适应于某一种特定的生活条件和需要,它比人的生理特定化;而人的器官不趋向某个特定的状况,主要是未特定化。如没有规定人的牙齿能食蔬菜或肉类,人没有特定的繁殖季节,人的感官不指向某一特定对象,人没有特别固定的栖居地,等等。从人的未特定化出发,观察人独特的物理-形态学状态,人是以"匮乏"为其特征的,人天生存在着本能的缺陷,比如,人在婴儿甚至幼儿期需要受到来自父母或社会的照料,而没有一种动物需要受到家长与群体的如此优待。人的未特定化最初被看作生命成长的不利因素,人注定要碰到奋斗求生存的难题,因为人在生物学领域中已是一个先验的结构整体。人预先存在着许许多多不完备的累赘。但是这种否定性的未特定化却与人肯定的更高能力有着内在联系。人的器官不是狭隘地被指定为某种生理功能,它能被多重利用;人不为本能所制约,因而他能从事创造和发明;人没有获得决定今后活动的一切遗传,人能通过教育和自我教育发展自身。正是由于人的未特定化,人才有能力在活动中补偿自己的缺陷,才能超越拥有足够自然装备的动物。舍勒的这些观点同卡西尔关于人是创造符号的动物的思路是一致的。"动物天生就具有的许多技能,一个儿童必须靠学习才能掌握。但是,人的这种缺陷被另一种天赋所补偿,这种天赋是只有人才发展了的并且与有机界中的一切事物没有任何相似之处。人并非直接地,而是靠着一个非常复杂和艰难的思维过程,才获得了抽象空间的观念——正是这种观念,不仅为人开辟了通向一个新的知识领域的道路,而且开辟了人的文化生活的一个全新方向。"②这样人的弱点成了富有生命力的前提。

哲学人类学家的这些观点,可以说是对纯粹生物本能理论的一种校正或补充,对于原型研究的意义在于:

---

① 这里关于哲学人类学的主要观点均引自欧阳光伟:《现代哲学人类学》,辽宁人民出版社1986年版。
② 恩斯特·卡西尔:《人论》,甘阳译,上海译文出版社1985年版,第56页。

首先，人有先天的生物本能，这种本能会影响人的后天的行为。但是，人的后天的行为并不仅仅在被先天确定的范围内进行；恰恰相反，人的先天本能只是一种行为的可能，人在后天的具体行为的展开，是以人的未特定性或不确定性作为驱动力的一种创造性活动。汤因比认为，人类之所以能够创造文明，既不是因为生物天赋，也不是因为地理环境，而是因为面对某种重大困难的挑战成功地"应战"。人在出生以后，根据生存发展的需要进行创造性的生活。而其内在动力来自一种特殊的关系：人因未特定性而具有天生的局限，对局限或匮乏的感知和克服，便是创造的动因。这是在把人视为与其他动物相对而存在的一个生物类属，在两相比较中解释人类的本质特性，是有特点的，有说服力的。这种观点的意义不仅在于它可以用来解释原型生成的后天性质，而且从人的未特定性与匮乏感的产生关系中，揭示人对精神需要的现实原因和人的创造性本质。

其次，人在成为"人"的时候就出现了不同于动物的确定性特点或人的特定性。这就是，人是劳动的、创造的、会思维的动物，人有特定的意识能力，同时，人能创造并运用符号，构成一个符号系统。而正是人能意识，所以人才有不同于动物的欲望，并且永不满足。面对自然宇宙，人永远意识到自己的匮乏，并且设法去克服这种匮乏。原始先民中大量的神话的产生，混沌思维，原始崇拜，正是源于初民未定特性对于环境的不适应和不理解而产生的特殊意识。换句话说，人有未特定性而带来的局限，而且能够体悟和意识到这种局限，人才能产生匮乏感，也才决定了人不仅需要为克服自己生理的限制而努力，而且，特别需要战胜精神方面的痛苦，求得心理的满足。"（与动物的功能圈相比）人的功能圈不仅仅在量上有所扩大，而且经历了一个质的变化。在使自己适应于环境方面，人仿佛已经发现了一种新的方法。除了在一切动物种属中都可看到的感受器系统和效应器系统之外，在人那里还可发现可称之为符号系统的第三环节，它存在于这两个系统之间。这个新的获得物改变了整个的人类生活。与其他动物相比，人不仅生活在更为宽广的实在之中，而且可以说，他还生活在新的实在之维中。"①

人类既有作为人之本性的不同于动物的本能,这就是人的确定性或特定性。这种确定性和特定性决定了人不同于动物的本能,以及由这种本能决定的典型的行为模式。同时,人类还有如上所说的未特定性,这种未特定性作为人类的一种缺欠,能够转化为创造性的动力,关键在于人与其他动物相比,人的未特定性的缺陷迫使人产生了会意识和能创造符号的确定性的特长。人类的会意识、能创造决定了他受本能的制约却不限于本能行为,他还有精神活动和心理行为,有特殊的心灵的领悟模式。人类的未特定性所客观决定的人的创造能力和心理活动,与人类作为动物所具有的那些生理行为,正是区分作为"典型的行为模式"的本能和作为"典型的领悟模式"的原型的关键。虽然二者都有模式的特征,似乎难以区分,但人的本能的行为具有先天性,人的心灵的活动具有后天性。人类在面对反复发生和普遍一致的事物的情景下,形成了反复发生和普遍一致的心理情感,并以特殊的符号——原始意象而使其具象化、固定化。这种具象化的符号,就成为可以反复再现和置换变形的领悟模式,即原型。

总之,人类在自己漫长的历史实践中,自然地表现出了对于建立一套反复再现永恒的心灵情感模式的需要,同时也就自然地形成了代表这种情感模式的特殊符号,心理原型就是这种特殊符号系统。

克服匮乏感的产物

人类从感知生理的不足到弥补心理的匮乏,是原型心理生成过程的相互关联的环节。而创造幻境是它的具体方式,也是一种解决精神问题的措施。

创造环境与创造幻境,都是与人类生存和发展的需要问题直接相关的、有实际功用的实践活动。环境是人类为了生存创造的实体,幻境是人类希冀弥补心理匮乏感所创造的虚境。创造幻境,是原型生成的现实心理

---

① 恩斯特·卡西尔:《人论》,甘阳译,上海译文出版社1985年版,第32—33页。

基础,是一种"集体的人"的精神需要。

匮乏来自人类与自然的关系,来自人对自身的感受所产生的心理,也来自人与他人、与社会的关系。原型生成的内在动力与这样几个重要问题相关:一是人本身的生物性与人对生物性的超越(包括人对自己"阴影"的克服)的关系,一是人与自然的关系,一是人与人(社会)的关系。

第一,人力图超越生物性和生理局限,是克服匮乏感的心理需求的重要动力,也可以说是原型现象产生的重要原因。人的生理上的未特定性和人意识功能的确定性特点,决定了匮乏感的产生将是永无止境的,而克服心理匮乏的努力也是一个没有终点的过程。

"人失去了大自然的庇荫,而以更大的可塑性的长处得到了补偿。……从我们关于前人类和人类社会的智力发展的知识来看,人的这种可塑性是人类得以发端和维持的土壤。在猛犸时代,各种动物代代相传,都不会产生任何的可塑性,反而弄巧成拙,遭致自身的死亡,一些为适应周围环境而产生的生物特性的发展恰恰毁了这些生物。"① 而人类则不同,如前所述,人不同于动物,人能直立行走而视野开阔,人能够思维而有认识世界的能力,包括认识自己局限的能力。人的这些特性决定了人永远不能满足,人有无止境的欲望。人的生理上的局限与欲望的无限,必然产生匮乏感,并被视为一种有待克服的缺陷。正是这种缺陷,这种无法达到的欲望,成为人的不断探索的动力。如果没有"会意识"这种人的确定特性,人就不会有对外界与自身的特殊的理解和理想的设定,也就不会有大痛苦;没有对于与人相关的一切事物的思虑和追寻,也就不会有心理的匮乏感,就没有对这种匮乏克服的努力。从这个意义上说,缺陷是产生理想和创造欲望的内驱力,是人要创造幻境并借助物象寄托自己希冀与情感的直接动力,也是原型心理生成的内在原因。

人的未特定性与能够意识的特定性促使人要不断地面对世界开放,不断地创造适应环境的生存条件(包括文化条件),同时也力图使人与自然保持一种亲情关系,并从自然中汲取力量,不断战胜匮乏感,于是原型作为

---

① 鲁思·本尼迪克特:《文化模式》,张燕、傅铿译,浙江人民出版社1987年版,第13页。

人类创造幻境克服匮乏的结晶而存在。比如，人在登高之后，眼界宽阔了，看到了以往不曾见到的广阔和辽远，同时也体会到自己生理能力的有限。由登高而产生的这种生理反应，同时也引起了精神的反应，引起联想和感慨。登高怀远，就包含了这种心理基础，也是这种反应的艺术表现。在水一方，也是由人的可望而不可即的生理局限而引起的一种特殊心理情感。再比如关于生死问题的感知，在西方的宗教和哲学中，有着与此相关的一系列观念和神话，有着人为克服这种无法抗拒的自然规律而形成的各种原型心理，如再生原型、灵魂升天原型等。在中国，则有"纵有千年铁门槛，终须一个土馒头"的说法，反映着人对死亡的无法抗拒的体认，也反映着人对于自己生理特性的意识或感知。这种匮乏和反匮乏的关系说明，"动物只能感知眼前的痛苦，却不会为迟早必然到来的死亡而忧虑，而人却可以从无数前人、亲友的死感知死亡的痛苦和残酷"。"当死亡即将降临的时候，人便会感到社会、亲朋、财产都无助于我，人只能以自己有限的生命孤独地面对无限陌生、冷酷、黑暗的死亡。……死亡会给人的心灵带来极大的空虚和寂寞，其痛苦甚至超过肉体上的伤病。因此，人虽然在理智上承认死亡不可避免，但在情感上却不能排除对死亡的畏惧和忧虑，并会从与生俱有的生存意志中产生出一种抵抗死亡，逃避死亡，超越死亡的顽强意欲，所以人的世界要比自然界具有更多的色彩，人生哲学也比自然辩证法要复杂得多。"[①]正因为如此，围绕着生死这一问题而产生的原型心理成为人类一个永恒的心理学课题，也构成许多挥之不去的原型意象。这正如荣格所说，"人类的启蒙即起源于恐惧"，"无能为力和软弱是人类永恒的经验和永恒的问题"。人有匮乏感，而人以积极的姿态去克服它，开辟从必然王国到自由王国之路，或者将现实与理想的关系作为人生的一个问题去对待。

　　人的生物意义上的未定特性还决定着人的精神补偿性。比如，人在出生后母亲的抚养过程中，培养了母爱，而这种母爱和对母亲的爱，是具有特定性功能的动物所缺乏的，或者说是不能相比的。这种亲子关系，一直伴

[①] 紫竹编：《中国传统人生哲学纵横谈》，齐鲁出版社1992年版，第111—112页。

随着人的一生。人在离开自己的母亲,甚至自己的出生地之后,就产生一种怀恋之情,也可以说出现一种匮乏感,人对故土的怀恋,诗歌中的游子怀乡的意象原型,对大地母亲的歌颂亦似与此有关。

第二,人克服匮乏感的欲望产生的内在动力,另一个重要来源是人在自然宇宙的巨大神秘面前意识或感知到自己在生理上的有限性和无力感。

人不仅能意识到自己生理的有限,因而产生超越自己有限性的渴望,人同时还特别能意识到自身与环境的关系,产生创造新的环境以适应自己更好地生存发展的渴望。人是在环境中生存的,人与环境构成一个大系统,人与自然形成一种基本关系。面对自然时,人的参照物是自然,人总把自己置于自然之中加以对照,这时,自然的博大永恒,与人的生命短暂和脆弱,与人的生理的有限性形成巨大的反差,使人产生一种匮乏感,这种感情使人陷入对人与宇宙关系的沉思。于是自然物象作为原型总是与人的这种深层的感慨加以联系。这在抒情诗歌中有更多的表现。诗歌中总是渗透着人对于永恒问题的思虑,有着面对自然而产生的情怀。人们表现自然,无不有人的这种面对自然而产生的深刻的反省意识和生命意识。人与自然在这个意义上是平等的,人于是与自然对话。面对自然,人还要把握自然,顺应自然,利用自然,人还能创造第二自然。在自然面前,人性得到舒展和解放,自然物象作为原型意味着人把自然现象看作是按人的意愿规律性地存在。

原始先民在自然面前感到了生理的匮乏,这是一种"集体的人"的心理的创伤。人类面对自然,理解着自然,同时以自然为参照来反观自身。在这里,人的未特定性与人的意识性所形成的巨大反差和心理真空,需要一种精神的充实与补偿,原型以其特有的反复性在此发挥着特殊的作用。原型一方面在重复着人类的人生情境和心理体验,另一方面,原型同时也以特殊的方式体现着人对这种匮乏的克服。原型的生成和原始意象的丰富,也许和原始人与自然的特殊关系有着天然的关联性。有学者认为,如果以人与自然的尺度考察人类文化史,那么人类文化可划分为历时态的三种类型:一是自然中心主义为核心的"原始文化";二是人类中心主义为核心的"人本文化";三是人与自然协调发展思想为核心的"生态文化"。原始文化起于人猿揖别。早期的原始人作用于自然的本质力量极其有限,更多的是服从于生物学规律,这只是一种人的本质力量屈从于自然力量的"准文化"。这时自然界以其恶劣的环境迫使其"幼子"不得不以它为中心形成自己的文化。原始人崇敬自然界威力,对之顶礼膜拜的行为观念充分体现了绝对依附于自然的自然中心主义的文化特征。① 从这个意义上说,原型主要是基于自然中心主义基础上的原始文化条件下的产物,其实质是缓解人与自然之间的冲突,求得更好的生存和发展。原型是人把自己的意识、意志、情感投射到自然界的一种曲折反映,这种投向是有现实目的的,就是创造一种满足自己无限需要的生存发展的心理幻境。人在与自然的关系中、在实践过程中生成了原型心理,原型的特性之一就是人使自己与对象浑然一体,使对象具有约定性、超现实性、想象性和象征性特点。反过来人又在原型中观照自身,原型就因此是一种思维方式或表达方式。原型在这个意义上就是一种后代人认识自己的"工具",一种特殊心灵的参照物。

第三,人克服匮乏感的欲望,同时也源于人对自身弱点的意识,包括战胜自己阴影的需要。荣格说:"人是无力来反对人的,因此就只好让神来示以命运的道路。"人面对人类自身而产生的这种无力感,可以有两层含义:一是人与人之间,个人常常是无力的,二是人对于自身的阴影即本能更是无力的。荣格在这里说的是作为重要原型的阴影,即人格中人的本能,一种"强烈的自然本性"。"阴影比任何其他原型都更多地容纳着人的最基本的动物性。由于阴影在人类进化史中具有极其深远的根基,它很可能是一切原型中最强大最危险的一个。它是人身上所有那些最好和最坏的东西的发源地,而这些东西特别表现在同性间的关系中。"②阴影原型本身无善恶之分,当自我与阴影相互配合、亲密和谐时,人就会感到自己充满了生命的活力。所以一些富于创造性的人总是显得仿佛充满了动物精神,但

---

① 任永堂:《生态文化:现代文化的最佳模式》,载《求是学刊》1995年第2期。
② C. S. 霍尔、V. J. 诺德贝:《荣格心理学入门》,冯川译,生活·读书·新知三联书店1987年版,第56—57页。

阴影常常以非理性的冲动表现出来,对人类自身构成威胁。人除过与自然的关系所构成的匮乏外,还有人与人构成的匮乏感,特别是人对于自己的"阴影"、自然本性的无能为力感。面对自然,以自然为参照,是一种生理性匮乏,人因无奈而产生对人自身强大力量的需求感;面对人,面对社会,人置于社会之中,这是一种情理性冲突而产生的匮乏,人因本能的无法克制和对族类的无法规范而感到对于一种比人自身更为强大的"超人"(神)的需求。于是,人不单将自然物象人格化、神化,而且因为"人是无力来反对人的,因此就只好让神来示以命运的道路",创造人格神来统治人类,包括抑制强烈的自然本性。神话与人的关系自古至今有着一贯性,其中就有用虚拟的情境对匮乏的补偿,它的功能包含着对人欲节制的意义。

原型生成的心理动力来自上述所说的人与自然、人与自身、人与人(社会)几个方面,这就在根本上决定了,原型意象首先以自然物象为载体,其次以社会事象为载体的现象。

在宇宙自然面前,在人对自身的生理有限性意识面前,在人与人的关系面前,人类对生理匮乏的感受变为心理的体验和焦虑,于是有了克服和战胜这种心理匮乏感的需要。这种克服和战胜,一是创造实体的环境,用以改变人类的生存状况和处境,达到运用人特有的创造性去完成自己的完整性的目的;一是人在一时不能实在地改变现实环境时,还要创造幻境,以求得心灵的安宁和精神的寄托。比如,文艺中的原型的反复,就是人类这种心理幻境的再现,对文学作品阅读的过程,就是对幻境体验的过程,因此有人如是说:

> 一旦我用书本的语词来取代我对现实的直接感知,我就像五花大绑地被移交给了无所不能的虚构的上帝。为了假装相信那不存在的东西,我向存在的东西挥手告别。我把自己包围在虚构的存在里;我成了语言的猎物。……
>
> ……虚构的世界,与客观现实世界相比,是无限地灵活的。它有求必应;对心灵的要求没有任何抵抗。……文学最大的有利条件就是我被它说服,就是我摆脱了通常在我的意识和其对象间

的不一致感。①

原型作为一种可以反复再现的精神现象,总是与人类反复克服匮乏感的心理需求相关的。比如,有了人对不能瞬间到达彼岸而产生的距离感,于是有了因这种距离不能缩短和消除而产生的超人的想象;有了别离,才有了思念之情;有了对于高的企慕,才有了以高作譬的意象和登高怀远的心理;有了对于大海的敬畏,才有了以它形容人的博大胸怀的比喻,也才有跨越它的希望,由此生发出超越大海的原型意象和仙话。人对大自然的赞美,原因之一是人在自然面前所产生的敬畏感。登高怀远、在水一方等原型,海意象、雁意象、流水意象等,在中国文学中的反复再现和置换变形,总是表达着人的某种相类似的情感体验和相通的心理需求,同时也映照着理想和某种期望。

从人类发展史包括精神发展史的角度说,原型的内核不是神的移位,而是人类生存发展中永恒主题的反复。原型的反复出现和置换变形,表现着人类对于某种不可绕过的永恒问题的探索过程,也有着人类与自然、与人自身搏斗的身影,体现着人类对于匮乏的克服的心灵历程。原型不管是负载于故事、神话、仪式,还是文艺作品中,它的真正的意义总是与人类永恒的问题相关联,与人类的某种向往相联系。这种向往及其远古性是由它的永恒性所决定的,就是说,不是一种外在的继承,而是源于人类本性的冲动。

另外,人的未特定性的观点,以及由之产生匮乏感的观点,在一定意义上有利于说明集体无意识作为人类集体创伤性经验的观点。人的未特定性与人类童年的创伤性经验有着关联,对创伤性经验的抚慰和匮乏的克服,成为创造的内驱力。原型正是人类在克服这种意识到的匮乏和医治创伤过程中所自然形成的结果。"集体的人"的这种精神创伤,并不是随着科学的发展而减轻。随着人类对于宇宙的进一步的了解和发现,随着人类

---

① 乔治·普莱:《阅读的现象学》,龚见明译,见王振逢、盛宁、李自修编:《最新西方文论选》,漓江出版社1991年版,第5页。

对自然的空前的征服和开发,随着科学技术无止境的发展,人类对于外界事物由不理解到理解,由朦胧的想象到理性的科学的认识。但科学和理性在走向极端后就消弭了感性的体验,人类越发感到生命的可贵,也感到作为个体生命的短暂,感到人在宇宙面前总体上的无奈,感到一种无法克服的生理的匮乏感。或许,人类对世界的理性的认识越进步,人对自己感知得越深切,人的这种对自己匮乏感的体验就越强烈。这正是为什么在物质文明高度发达的国家出现精神危机、宗教狂热的根本原因,它无疑也是一种存在的反映。而后世人们对原型的承传和激活,首先也是出于对匮乏感的克服的心理需要。因为按荣格所说,原型意象通向人类的精神家园。

感觉经验同化为心理事件

荣格说:"原始人对显见事实的客观解释并不那么感兴趣,但他有迫切的需要,或者说他的无意识心理有一股不可抑制的渴望,要把所有外界感觉经验同化为内在的心理事件。对原始人来讲,只见到日出和日落是不够的,这种外界的观察必须同时也是一种心理活动,就是说太阳运行的过程应当代表一位神或英雄的命运,而且归根到底还必须存在于人的灵魂之中。至于所有的神话化了的自然过程,例如冬夏、月亮的圆缺、雨季等都绝不是客观现象的喻言,而是内在的无意识心理的戏剧的象征性表现,通过形象化的方式接近人的意识——即在自然现象中反映出来……"[①]把外界感觉经验同化为内在的心理事件,通过形象化的方式"接近人的意识",是原型的特殊功能。这种同化不是被动地反映,而是能动地创造,是循着满足某种精神需要的指向同化的,是按照人的意愿对外界感觉经验进行同化的,它与互渗律与集体表象等原始思维相得益彰,它的结果就是物我同一、天人合一。

荣格曾经讲到原型与互渗律、集体观念在本质上的相似性。象征、隐

[①] 荣格:《集体无意识的原型》,见《荣格文集》,冯川译,改革出版社1997年版,第41—42页。

喻、符号和互渗律等,是"集体的人"的思维方式。原始思维不仅是原始先民不得已所运用的思维方式,而且可能是当时一种最切合实际需要的观察世界和把握世界的方式。它既有抽象涵盖性,又有张力感,适应心理的需要,满足精神的渴求。理性的思维或科学的思维,不但在当时不可能,同时也不需要,因为它无法解除他们面对自然和人的阴影时而产生的恐惧、疑惑和匮乏感。维柯说:"人们起初只感触而不感觉,接着用一种迷惑而激动的精神去感觉,最后才以一颗清醒的心灵去反思。""这条公理就是诗性语句的原则,诗性语句是凭情欲和恩爱的感触来造成的,至于哲学的语句却不同,是凭思索和推理来造成的,哲学语句愈升向共相,就愈接近真理;而诗性语句却愈掌握住殊相(个别具体事物),就愈确凿可凭。"①当哲学还不发达时,人对真理的把握是通过诗性语言去感触的,并不是由于那时人们没有哲学的意识,而是人们用不同于哲学的方式去把握。因为哲学的最早方式是宗教。人类借助于最初只有感知的思维方式进行精神活动,才满足了当时的需要。原始思维方式对于原型来说,其重要性在于它在特定的人类生存背景下,为建立适合当时人与自然的和谐关系提供了一条切实可行的路径,并把这种思维的结果用特殊的模式固定下来。人类通过实践在生物基础上提升着自己,原型是这一提升过程中的精神产物和工具。列维-布留尔认为互渗律是作为原始人思维的"最高的指导与支配原则",它具有"关心神秘的属性和关系"的思维规律,"互渗律"是支配这些集体"表象和前关联的原则"。在原始人的集体表象中,客体、存在物、现象都具有一种可被感觉到的神秘的力量、能力、性质和作用,并且这种神秘的属性可以通过许许多多各式各样的行动,通过接触、传染、转移、远距离作用、亵渎、占据、感应等想象到的形式,作用于其他客体、存在物、现象,从而使原来那些客体、存在物、现象既是它们自身,又是其他什么东西。事物就是通过原始人想象的"互渗"关系彼此联系起来的。在其反映形式上,某种集体表象与其他的集体表象彼此关联。② 这说明,原型同互渗律、原始表象等一

---

① 维柯:《新科学》(上册),朱光潜译,商务印书馆1989年版,第122页。
② 参见程伟礼:《灰箱:意识的结构与功能》,人民出版社1987年版,第161页。

样,都是人类生存需要和精神需要的自然表现,是观照世界的一种方式。而原型的重要特点则在于它能把外在感觉经验同化为内在心理事件,使规律性的人类经验始终以具体的意象在人类精神历史过程中反复再现。

原始先民的互渗律、集体表象等建立在对于宇宙神秘感悟的基础上。人类在它的童年期,即我们称之为史前时期或神话时代,首先是要建立一种适合自己生存、繁衍的环境(空间),这种环境或是客观的、实在的,或是心理的、想象的。当理想不能变为现实时,他们一方面创造、改造着一个心理的自然,通过人格化改变客观外在的各种与己相关的事物,使之与人达成某种默契,为人所用;另一方面,则是使主体自身的力量借助自然物得到张扬,使之能以相应的力量面对宇宙并与之抗衡。通过这一过程,人对自己的匮乏进行补偿和克服。可以说,这个时期,人的这一精神活动不是现代意义上的精神活动,不是物质得到满足之后的纯精神的需要,而是为了现实的生存的需要。只有这样人才能在当时恶劣的环境中生存下去。在这个意义上,原始仪式、宗教、艺术同出于一源,既为了人类生存,也为了灵魂的安宁,为了实现在现实中不能实现的梦想,为了弥补意识到的心理匮乏感。宗教原型是创造来世一个可以寄托灵魂的幻境,艺术原型是虚拟一个现世可以安慰精神的幻境。人类在特定的情境下所创造的幻境有着实用功能。比如,贡布里希曾指出,"原始猎人在饥寒难眠的冬夜发出吃东西的声响倒不是为了交流,而是代替吃东西——也许还伴随着试图诱发实物幻象的仪式性的合唱"。他把种现象称为"喏馍喏馍"理论。① 即使如荣格作为原型表现方式的梦,也具有这种功用。荣格在讲到梦这种无意识现象时,探讨了意识与无意识之间的关系。他说,不现实的无意识幻想的存在增加着梦幻的次数和强度,当这些幻想被变为意识时,梦便改变了性质,强度减弱,次数减少。由此他得出结论,梦常常包含着那些想要变成意识的幻想。梦的来源往往是被压抑的本能,它们有一种自然趋向要影响有意识的心灵。梦是本能的表现,以无意识的方式表现着某种意识、深层愿望,但梦说到底,其特征是创造一种在现实中不能出现或不存在的情境,一种

---

① E.H.贡布里希:《木马沉思录》,徐一维译,北京大学出版社1991年版,第9页。

"想"存在的情境,一种在现实中不能实现的人生过程。梦是一种对人生的无意识的虚幻的体验,有时是扭曲的、象征的体验。梦与艺术有相同点的一个方面:它不是神秘的遗传,而是一种意识与存在、欲望与现实关系的特殊反应。因此荣格又说原型是"无数同一类型的经验在心理上留下的沉淀物"。也可以说,它是把外在感觉经验同化为心理事件的扭曲的反映。

卡西尔在论述神话与宗教时指出,原始人绝不缺乏把握事物的经验区别的能力,但是在他关于自然与生命的概念中,所有这些区别都被一种更强烈的情感湮没了:他深深地相信,有一种基本的不可磨灭的生命一体化(solidarity of life)沟通了多种多样形形色色的个别生命形式。"对神话和宗教的感情来说,自然成了一个巨大的社会——生命的社会。人在这个社会中并没有被赋予突出的地位。他是这个社会的一部分,但他在任何方面都不比任何其他成员更高。生命在其最低级的形式和最高级的形式中都具有同样的宗教尊严。人与动物,动物与植物全部处在同一层次上。在图腾崇拜的社会中我们发现,植物图腾与动物图腾比肩而立。而且如果我们从空间转到时间,仍然可以发现同样的原则——生命的一体性和不间断的统一性的原则。这个原则不仅适用于同时性秩序,而且也适用于连续性秩序。一代代的人形成了一个独一无二的不间断的链条。上一阶段的生命被新生生命所保存。祖先的灵魂返老还童似的又显现在新生婴儿身上。现在、过去、将来彼此混成一团而没有任何明确的分界线;在各代人之间的界线变得不确定了。"[①]

原始人类只有把对外界的感觉经验同化为内在心理事件,才能创造一种心理的真实,一种可以将自身全身心投入其中的可以感触的具体空间;而后世的人们在进行原型思维时,也有着类似的情境体验。在思维方式上,原始人只有借助于集体表象、互渗律这种思维方式才能够创造出一个为他们所能认可的世界,"无意识反映的并不是我们所了解的这个世界,而是心灵的未知世界。我们知道,心灵未知世界只有一部分是我们这个实

---

① 恩斯特·卡西尔:《人论》,甘阳译,上海译文出版社1985年版,第106—107页。

际世界的镜像,而另一部分则是根据心理臆想对这个实际世界的改头换面。原型并不出于具体事实,而是描述了心理中对具体事实的感受。心灵在这个过程中表现得十分独断,甚至竟然否定活生生的现实或做出不顾现实的陈述。"①"原型首先而且最重要的一点是以比喻表达其内容。……在这些比喻中既不是这件东西,也不是那件东西,而是一种说不清楚的第三件东西……"②把外界感觉经验同化为怎样的心理事件,即形成怎样的原型,则取决于同化心理事件的必要性和原型的功能。比如关于月亮原型,一方面,月亮高悬夜空,可望而不可即,使人感到生理的有限和心理的匮乏感;另一方面,较之其他星星,月亮圆、大、亮,神秘诱人。这种巨大的距离感和神秘感,引发人的无穷的遐想,长久以来,人类渴望了解与征服月亮的希望演化出许多神话传说。再如,月象的阴晴圆缺,盈亏变化,周而复始现象,使人逐渐地感悟到月亮的特性,月亮"最先死去,也最先重生",它又是永恒的。而与火热的、光明同行的太阳相比,月亮是冷清、孤寂的。正是人类有这些关于月亮的最基础的理解,有人类面对月亮时所产生的最初的感受,才以月亮为对象,把人类的情思、心理愿望投射其中,进而产生了关于月亮的诸多含义的象征。傅道彬对中国的月亮及其文化的象征进行研究,得出结论,认为月亮的基本象征意义,一是女性与母亲的化身,一是运动的代表,又是永恒的象征。在基本象征意义的基础上,又有月亮的衍生象征意义:月亮是美的象征;月亮是孤独与失意的象征;月亮象征着和谐静谧的中国智慧和超群拔俗潇洒飘逸的士大夫风范。傅道彬认为月亮原型影响到中国哲学生生不已的生命精神和神秘的智慧品格,而影响最深巨的还是古典审美意象。他进而指出,月亮意象中反映着中国文人的心象构成。月亮意象中反映着古代文人寻找母亲世界,寻找精神家园,恢复世界的和谐统一的心理。月亮反映着古代诗人骚客孤独与寂寞的心态,反映着失意者寻求慰藉与解脱的心理。月亮作为一种永恒与自然的象征,又成为士大夫

---

① 阿兰·邓迪斯编:《西方神话学论文选》,朝戈金、尹伊、金泽等译,上海文艺出版社1994年版,第328页。
② 阿兰·邓迪斯编:《西方神话学论文选》,朝戈金、尹伊、金泽等译,上海文艺出版社1994年版,第331页。

逃避纷纭的现实苦难,超群拔俗,笑傲山林的人格化身。① 这位学者的见解是精到的。而这里,实际上就有一个把外在感觉经验同化为内在心理事件的过程,即先有对月亮最初的生理上的外在感觉经验,有对月亮最基本特性的感性的理解。这种反应、感受和理解,可以有不同的一面,但又是可以跨越具体时空的,对于每一个人来说都是大致相似的,即在不同的民族中有基本的理解。美国艾瑟·哈婷博士的《月亮神话——女性的神话》对此有详细论述。她指出,月亮是象征丰收的施者,月亮是女神的象征(太阳是男人的象征),月亮代表着女人,月亮与月经禁忌有关,月亮有周期的内在含义,等等。这些看法对于月亮的象征意义通过不同民族体现出超个性即集体性质。作为个体的人,对月亮的心理感受与自己心理情感和愿望的契合,也是生成心理事件的过程。个体对月亮的情感是后天的,是一种特殊的精神需求与作为象征的物象(月亮)的关系的构成。而月亮的象征意义和衍生的象征意义,则是通过文化方式体现、通过文化继承的,它在不同时空、不同心态的人中的承传(如文艺作品中反复作为象征出现),则是一种文化现象,或要借助于文化方式。

  从构成的契机来说,原型一方面是人对本原问题和精神家园的追寻,这是"原"的出现;另一方面是对某种象征物的追寻,这种追寻伴随着对某种客体的形象的识别和想象性确定,是主观与客观的契合,同时也包含着生理本能与心理反应之间的特殊联系。"我们可以大胆猜测,这种自动的识别依赖于相似以及生物关联这两个因素,而且在某种程度上这两者可能成反比。一个物体越跟我们有生物关系,我们就越能敏于识别这个物体——因此我们判别它在形式上对应与否的标准就越宽。""就这种生物学意义而言,'物象'不是模仿物体外形,而是模仿某些特有的或有关的方面。……我们的宇宙是有结构的宇宙,它的主要力线仍然由于我们的生物需要和心理需要而弯曲变形,不管它们被文化影响遮盖得多么厉害。……我们能把墙纸的图案看成人脸,盘子里放着三只苹果可能会像凝视着我们

---

① 参见傅道彬:《中国的月亮及其文化的象征》,载《北方论丛》1990年第4期。

的两只眼睛和一个丑鼻子。……我们的自动反应胜过我们的智力意识。"①

综上所述,人不仅要改造自己的现实生存环境,而且需要创造心理的幻境来安顿自己的心灵,需要在自然物的对应中观照自身并获得某种依赖感。以自然物象、神话、原始宗教仪式等作为具体的显现心态的原型,就是这种精神追求的结果。原始人类的心理幻境,在他们看来也是真实的,这种真实性表现在他们认为以自己的意志影响或改变了客观外界的事物,或者说将外界事物人格化,亦即将外在感觉同化为心理事件。从这个意义上说,人类生存发展过程中那些典型情境的反复发生自然地显现为一种模式或原型的反复和再现,原型再现因此既是一种为满足特定心理需要而同化外物的过程和幻境的预设,又是一种特定的思维方式。它必然地首先以与人类共存的自然宇宙环境为被同化的对象,将自然之"序"同化为人之"序",赋予森罗万象的外物以人性,通过天人感应的方式求得天人合一的心理结果。而人类生存发展过程的相似性,人类心理需求的相通性,内在地决定了对某些幻境需要的世代相承性,决定了它作为原型的反复的必然性。

形式感与形式结构的特殊契合

原型再现始终伴随着心灵对于象征物及其对应关系的寻求,伴随着对某种客体形象的想象性确定与心理情结的对应。这种对应和象征必然是模糊朦胧的意象的整体感悟,它与之对应的不是该事物的科学本质,而是渗入主体意识的想象和创造中的形象,包含着主体对它的特殊理解和对其外在特征的整体观照和把握,亦即它是观物取象而不是科学的精细分析。

这里首先包含着人类的形式感与物象形式结构的特殊关系。原型以意象为载体,而"意"作为人的精神内蕴,通过人的形式感这一中介与物象的形式结构沟通,而"象"则是物的形式结构。两者的契合构成特定的象

---

① E.H.贡布里希:《木马沉思录》,徐一维译,北京大学出版社1991年版,第11—12、12页。

征关系,赋予物象以象征意蕴,以表达某种心灵体验。所以原型必然是有象征物的特殊符号。"人脑智慧的无限灵活性决定了隐喻使用的可能性;这种可能性证明人脑具有感知和同化新经验的容量——将新经验感知和同化为对已有经验的补充;在完全不同的现象之间找到对等并用一种现象替代另一种现象。"①原型心理是人在对宇宙自然和人类自身的体验感悟中形成的情感模式。感性体验始终是心理原型的特性,而情感的倾向性决定领悟什么。比如,在特定心境下,从墙上的斑点可以领悟或幻化出某种物象并与特定心灵沟通,但它必须有最基本的前提,"斑点污迹只要存在,就一定有它们的'相',有某种'表现力'性质,只要我们能够深入地挖掘我们那个对事物的声音也起响应的意识层次。"②这就是特殊的心灵符号,原型有符号的功能,而且有普遍一致性。

贡布里希《木马沉思录》中讲到,在艺术领域,能以一根木棍(物象)作为木马来象征和代表一匹真马,有多种因素在共同发挥作用,其中包括物象的具体功能或某种形式,作为替代物能满足行使功能最起码的要求。"'第一匹'木马(用18世纪的话说)可能根本就不是物象,仅是一根棍子罢了。它能够成为一匹马的性质是因为人们可以骑在上面。……即它们共同的因素,是功能而不是形式。或更确切地说,是形式的一个方面,这个方面能够满足为了行使功能所需的最起码的要求。""作为'替代物'它们满足了有机体的某些要求。它们碰巧是能用于打开生物和心理之锁的钥匙,或者说是那种能投入槽缝内使机器运转的假硬币。"③同时,贡布里希又讲到问题的另一个方面,即主体的心理需求和情感倾向问题。"要把棍棒变成我们的木马,这就需要两个条件:第一,它的形状正好可被人骑;第二,可能是决定性的一点,即有必要去'骑'。"④贡布里希在这里的重要启发是,在运用象征的过程中主体的状态具有重要作用。以往人们在说到象征、意象等艺术现象时,有一种先在的假设,认为艺术欣赏或创作,只要对

---

① E. H. 贡布里希:《木马沉思录》,徐一维译,北京大学出版社1991年版,第26页。
② E. H. 贡布里希:《木马沉思录》,徐一维译,北京大学出版社1991年版,第108页。
③ E. H. 贡布里希:《木马沉思录》,徐一维译,北京大学出版社1991年版,第7、8页。
④ E. H. 贡布里希:《木马沉思录》,徐一维译,北京大学出版社1991年版,第13页。

应于象征物就能引发情感,象征物似乎就是一个固定的模式,只要对应或发现就能发挥艺术作用。这实际上否定了主体的意识作用。某一个物体、物象对于某物的象征,从某一物象中发现象征含义,一是物象的功能,一是需要,就是它的主要方面取决于主体的主动性。功能也要人来发现。需要不但可以发现象征物,还可以发现和改造功能。贡布里希在这里讲到人类对于物象的模仿的深层原因,是人根据需要对于被模仿物"特有的和有关的方面"进行想象性自动反应与对应,而不仅是模仿物体外形。这就是说,模仿带有心理活动和选择性,而且对其特征的识别有着生物学上的关系。笔者理解这种生物学上的关系,就是人类习惯于以自身去对应物象,把自身投射到物象上,如把三个苹果看成两个眼睛和一个丑鼻子。这正如维柯所说:"人们在认识不到产生事物的自然原因,而且也不能拿同类事物进行类比来说明这些原因时,人们就把自己的本性移加到那些事物上去,例如俗话说'磁石爱铁'。"①无疑,维柯所说的这种现象也属于原型方面的现象,把自然的特殊功能引向人,如赋予人以超自然力——用鱼象征多产,与把人的意志赋予对象,如把人的繁殖过程与粮食的丰产联系起来。原始人类在对外界事物不理解的时候,在对自然宇宙现象产生疑惑的时候,必然以自身的需要和自身的特性去感悟它,去改造和神话它,使之拟人化,将这些感觉经验同化为心理事件。

人类形式感的普遍一致性,对形式结构的把握能力,与心理的对应,赋予约定俗成的象征意义,在后来的反复发生性和功能上的普遍一致性,这一过程,是从人的形式感与物象的形式结构相互关系的角度对原型生成环节的一种描述。

以上分析并不排斥人类实践在原型生成过程中的意义,关于这一点,即原始意象的生成与人类实践的关系,可以参照李泽厚关于格式塔心理学的理解。他指出,格式塔心理学的同构说认为,自然形式与人的身心发生同构反映,便产生审美感受,其根本原因在于人类有悠久的生产劳动的社会实践活动作为中介。"劳动生产作为运用规律的主体活动,日渐成为普

---

① 维柯:《新科学》,朱光潜译,商务印书馆1989年版,第97页。

通具有合规律性的性能和形式,对各种自然秩序形式规律,人类逐渐熟悉了、掌握、运用了,才使这些东西具有了审美性质。自然事物的性能(生长、运动、发展)和形式(对称、和谐、秩序等)是由于同人类这种物质生产中主体活动的合规律的性能、形式产生同构同形,而不只是生物生理上产生的同形同构,才进入美的领域的。因此,外在自然事物的性能和形式,既不是在人类产生之前就已经是美的存在,就具有审美性质;也不是由于主体感知到它,或把情感外射给它,才成为美;也不只是它们与人的生物生理存在有同构对应关系而成为美,而是由于它们跟人类的客观物质性的社会实践合规律性的性能、形式同构对应才成为美,因而美的根源出自人类主体以使用、制造工具的现实物质活动作为中介的动力系统。"[①]社会实践作为中介,可以说是沟通人的生理与心理、本能与文化之间的逻辑联系的桥梁。

[①] 李泽厚:《美的历程》,安徽文艺出版社1994年版,第465页。

第十二章 原型与再现模式

关于典型的再现模式

原型是典型的领悟模式,同时又是典型的再现模式:无论什么时候,只要我们遇见普遍一致和反复发生的再现模式,我们就是在与原型打交道。

不言而喻,"典型的再现模式"这一概念,是笔者依据荣格关于原型是典型的领悟模式的观点推导出来的。这一推导的依据和必要性在于:第一,领悟模式和再现模式并不矛盾,领悟含有再现的因素。但是,领悟模式这一概念仍然难以理解,甚至仍有神秘色彩。而再现模式作为领悟模式在功能上的补充,便于捕捉和确认原型。它具有进一步打破原型神秘色彩的意义。第二,领悟模式始终是一种心理现象活动,是无形的、不可见的,而再现模式可以同时还是文化现象,可以有"形",是可见的。它是集体无意识原型得以反复发生和具象化的重要环节。第三,在现当代人文科学的理论和研究实践中,原型是典型的再现模式的特征和含义已被普遍接受和认同,以弗莱为代表的原型批评在很大程度上证明着原型的这一特征。

由此可知,笔者在这里提出"典型的再现模式"的概念虽受荣格的直接启示,但不是随意的,不是把荣格的理论换一种说法,而主要是基于对原型的特征和功能的一些自己的理解。如果不是用"再现"一词来概括,那么原型所具有的这些特征和功能,以及原型理论所能够进一步拓展的向度和层次,也需要用另外的概念来概括和表述。换句话说,仅仅用"典型的领悟模式"已不能说明原型。笔者曾试图用"显现模式""呈现模式"等概念,但最终还是以近年来一个使用频率颇高的名词"再现"来命之。因为,一则"再现"本身是一心理学名词,二则"再现"的本来含义与本书所要表述的概念的内涵十分切近。《辞海》对"再现"的解释是:

> (再现)也叫"再生"或"重现"。同"回忆"相近。指已掌握的知识能回想起来、已学会的动作能再实现和已经历的情感能再体验的过程。它是以经验过的事物不在当前而能恢复原有的知识经验为特征的。再现的速度和准确性,决定于所掌握的知识经验和是否概括成体系和是否经常应用。再现发生困难时,须进行追忆。追忆要通过意志努力,利用各种线索,引起必要的联想,进行适当的推理,逐渐恢复遗忘了的知识经验。[1]

上述解释的"再现"的含义及其特征,与荣格对原型、原始意象的特征和功能的解释在许多方面非常相近,特别像"再生""重现"的特征,与"回忆"相近的特点,对已经历的情感能再体验的特点,追忆、联想的特点等,几乎就是原型再现的过程的写照。如果把"再现"的主体由个体换成荣格所说的"集体的人",那么这里"再现"的就是荣格所说的祖先精神的遗存,是集体无意识。据此,"原型是典型的再现模式"的概念是可以成立的。

"再现模式"这一概念中,"现"是一个关键词,它对应于"领悟模式"概念中的"悟",具有可见性和具象性。换句话说,原型经再现而具体可见。而这一过程必须借助于社会文化才能实现,如神话、文学艺术、仪式

---

[1] 《辞海》(缩印本),上海辞书出版社1980年版,第53页。

等。原型的"再现模式"是在文化的创造、发展、演变、承传过程中自然生成的,它的再现性和模式化表现为原型在文化过程中纵向的反复发生性和横向的普遍一致性。

以荣格为代表的现代原型理论本属于心理学范畴,但是荣格在对原型观点的阐发过程中,在后来的原型批评的理论与实践中,已不仅仅把原型作为心理的现象,而是作为文化现象来研究,或者说他要通过文化现象来证明心理现象。这表明了原型与文化现象的不可分离的特性。

在学术界,关于"文化"没有完全一致的定义,但有大致相同的见解,即广义的文化和狭义的文化。"首先,它用来指一个族类共同体对自然环境的适应、利用和改造,也就是自然的人文化。在这层含义上,文化表示一个群体拥有的所有财富,包括工具、器皿、装备、食物、服饰、建筑等物质财富,以及语言、知识、信仰、艺术、道德、教育、法律、思想、风俗习惯等非物质财富。其次,它用来指一个族类共同体所特有并为它的全体成员所共有的、通过社会化过程而后天习得的指导行为的准则,这些行为的准则也就是所谓'文化模式'(patterns of culture)。在同一个社会里,各种文化因素和文化模式被整合于一个彼此相互作用的统一体中,这个统一体就是所谓'文化系统'(cultural system)。"①原型的许多现象都与文化模式相关,或者说只有借助于文化模式才能理解。不同民族的文化模式决定了同一原型在不同文化背景上的差别。

就原型的文化之维来说,原型是心灵体验的外化、模式化和形象化,也就是说,心理原型一经可见,就成为文化现象。它通过文化方式把人的心灵模式复原和再现,或使集体无意识显影。

文化是使原型从心理模式到行为模式的中介,是原型的真正的最终的见证。因为原型是人类实践过程中看不见的共同心理现象,文化是能够看得见的人类实践的共同成果,原型要为人所感知和理解,也必须赋予成果的方式,即借助于文化的某些特殊功能。我们所说的某一具体原型,不管其载体是原始意象、神话,还是象征、母题等,都不是所谓的纯粹"心灵",

---

① 宁骚主编:《非洲黑人文化》,浙江人民出版社1993年版,第38页。

不是不可言说、不能认知的集体无意识本身,而是通过某个载体被固化、物化、模式化了的特定的后天的文化现象,是被体认、感知的精神活动过程。就是说,当人们说到原型时,都是具体的,或是一个意象,或是一个母题,或是一个神话故事,甚或是一个梦境、一个过程。这时的原型就显现出它的文化维度的特征。

个人情结借"文化"再现出原型

荣格的原型理论和集体无意识观点,在实际上需要经过两种还原过程来证明和显现:一是心理的现象必须由文化现象来证实和确认;二是集体无意识必须经由个体无意识(情结)所证实和确认。在这两种还原的基础上,才可能最终确认和证明作为领悟模式和精神本能的原型,最终还原原型的本来面目。这里我们所要探讨的是集体的心理如何在文化模式中得到显现,"集体的人"以何种方式宣泄着自己的潜意识。这同时也是探讨集体无意识、集体的本能欲望如何体现于个体的行为中和现实生活中。这一切过程,都是在一定的文化模式和文化系统中进行的。

首先,关于个体情结与集体无意识原型的关系问题。

按照荣格的观点,个人情结与集体无意识原型是相互联系又不相同的人类心灵现象,或者说是处于两种不同层次结构的心理内容。他曾明确而坚决地说:"不,集体无意识绝不是裸露的个人系统,把它说成其他任何一样东西都要比这更合适些。它是彻头彻尾的客观性,它与世界一样宽广,它向整个世界开放。在那里,我是每一个主体的客体,与我平常的意识站在完全相反的位置上,因为在意识之中我总是作为一个具有客体的主体而存在的。在那完全的客观性中,我与世界完全同一,我在如此之深的程度上变成了这世界的一部分,因而我轻而易举就忘记了我真正是谁。'迷失了自己'这句话正是绝妙地描述这种状态的。"[①]荣格在这里强调的就是,集体无意识与个人无意识或情结的不同,集体无意识的呈现是"迷失了自

---

① 荣格:《集体无意识的原型》,见《荣格文集》,冯川译,改革出版社1997年版,第60页。

己"的状态,与平常的意识站在完全相反的位置上。荣格的本意是根本反对从个人情结中去推演出集体无意识。

然而不管荣格如何假设,当我们试图把集体无意识变为一种可见的,或者可证实的人类精神现象时,我们不能不对荣格的这种立场提出疑问。因为事实是,如果离开对个体情结的确认,或者说如果不把个人情结作为集体无意识现象的一种表征,似乎就无从认识和确认集体无意识的存在,集体无意识就永远只是一种假设。所以,如果要使集体无意识现象或者原型现象的存在有具体的依据,似乎首先必须使集体无意识与个体情结建立某种关系,只有建立起这种关系,方可透过个人情结进一步确认集体无意识的存在,亦即站在个人心灵最深层的基础上再揭示更深更大的集体无意识世界。当实际建立这种关系时,我们只能在把握个人情结及其共性的基础上才可能理解集体无意识现象。而一旦这样做,似乎又与荣格关于集体无意识的性质的假设产生了矛盾,即把集体无意识看作了个人情结的共相的把握。这个矛盾,连荣格自己也无法克服。事实上,荣格自己对集体无意识假设的证实也从个案入手,从一个个具体的个体的精神现象中推论集体无意识现象。而大量的其他文化现象,如文艺作品深层的相似性、意象的反复出现和置换变形等,都是以个体性体现着集体性的。因此,集体无意识的确认还得从个人无意识入手,而且必须借助于文化这种可见的后天的载体作为中介。

个人无意识与集体无意识之间关系的建立,必然需要一个中介环节,这个中介环节不是仍然不可见的心理现象,而应该是可见的文化现象。用心理学家曾用的冰山理论来比喻的话,文化作为可见的具体的现象,犹如一座浮在海面上的冰山,我们要探明海底世界,它无疑是最可靠的标识。只有通过文化的冰山方可找到通向个人无意识"岛屿"和集体无意识"海底"的路径。

集体无意识现象的确认和被证明,只能是以一个个具体的个体的无意识现象为基础,或者说必须是从个人情结中所显现出的集体性为依据。没有对个体现象的归纳,没有对个人无意识(情结)的把握,就谈不到集体无意识。

"集体的人"的心理的展示需要相应的集体的人的行为方式,从对生理的局限的感知到补偿匮乏的心理需要,从外界感觉经验的积累到将它同化为心理事实,再到把这种由一个个具体的个体所感知的共同心理需要展开为集体的情感和行为模式,是一个从集体的困惑到个体的感悟,再还原为集体参与克服匮乏的过程。那么,由什么来显现这种个人情结中的"集体性"呢?也只能是广义的文化。人们也正是从文化现象中,比如神话、宗教、艺术作品、仪式、习俗等文化现象中,揭示出其深层的模式,并把这种抽象出来的模式归结为人类的心理现象的显现。原型的文化之维以特有的模式成为沟通个体无意识与集体无意识之间的桥梁。

文化对于集体无意识的呈现,在不同的时代可能有不同的具体方式。在原始时代,它是以集体的方式直接地表现出来,而在文明时代,在个人意识越来越强化的时代,它从个人无意识现象中曲折地显现出来。

如果这种假设有道理,那么,我们在探究个人无意识与集体无意识的来源时,可以有另外一种推测:个体情结和集体无意识不但有一个在结构上的层次区分,而且它们的产生有一个生成条件即文化背景的区别。集体无意识的生成是在带有原始思维特点的文化背景中的产物,是集体表象的体现;而个人情结是思维具有鲜明的个人性的基础上的产物,是以现代文化作为背景的。荣格曾经说过:"人同此心的想法来源于个人最初那种意识不到自己的心态。在那个遥远的世界中还没有个人意识,只有集体心理。只是在后来,个人意识才渐渐在较高的发展水平上从这种集体心理中脱颖而出。个人意识的存在,一个必不可少的条件是与他人的意识不同。""个人意识意味着分离和反叛;在漫长的历史中,人无数次地体验到这一点。正像对个人来说分裂的时期也就是生病的时期一样,整个世界的情形也是如此。"[①]后世个人情结中所体现的集体无意识,必然是个体对于集体心灵的一种重新体验,一种精神的返祖,它的目的是将自己重新交给大自然,重新投入大自然的怀抱,并从自然中汲取力量;或者由此脱离尘世

---

① 荣格:《心理学的现代意义》,见《荣格文集》,冯川译,改革出版社 1997 年版,第 130、134 页。

的现实环境而进入一种幻境。原型的瞬间再现就是某种幻境的再次生成。顺着这一思路继续推论,似乎可以说,个人情结,即个人无意识是人类进入文明社会以后主要的精神现象。现代人的精神问题的日益严重,一个重要原因可能与文明社会中人的个体意识的增强相关。

文化对集体无意识和原型的呈现,必然呈现无意识的重要来源——压抑,必然呈现人类克服压抑的心理历程和对付心理压抑的方式,而这触及原型意象、原型象征的问题。压抑是无意识的现实来源,也是原型生成的内在动因,克服匮乏感包括对压抑感的克服。"集体的人"是集体无意识的负载者和体现者。在原始时期,压抑主要来自自然宇宙,人类面对的主要是自然,集体的创伤来自自然宇宙,人类关注的重点在自然,人类感悟中心是自然物象,因此,原始时期的原型多以自然物象为对象和载体。文明时代,人面对的主要是人与人构成的环境,人的压抑来自社会,人的精神创伤也来自社会,人的关注重点也在社会,所以社会事象成为它的主要对象和载体。在原始时期,"集体的人"克服创伤的方法是创造"集体的人"(如神话人物),用以战胜自然和人的阴影,而这时克服匮乏的关键是把握自然特点。因此,原始时期,就产生了针对自然现象的、顺应自然规律的神话、仪式、图腾、习俗等。在文明时代,克服匮乏的途径也具有个人性,而克服匮乏的关键是对社会规律的感知,所以文明时代多产生原型母题、原型观念等。从这个意义上说,文化所呈现的心理是人类心理经验的反复和情感的规律性现象。

现代人主要面对的是社会,是人与人构成的现实环境,个体人的精神失常和迷狂是在与集体的人的比较中,是在社会关系中显现出来的。换句话说,人的精神方面的压抑感和心理创伤,已经主要不是自然宇宙的,而是社会的、人为的;精神创伤和压抑的承担者已不是"集体的人",而是个体的人。人对这种压抑的疏导和创伤的医治也具有个体性,甚至寻求解脱的方法也是具有个人性的。更为重要的是,现代人对自己精神问题的解决主要也是从产生这种问题的社会关系中去寻求答案,而不再主要面对自然。当然,人与人构成的社会关系比人与自然构成的关系要复杂得多,人的精神解脱的困难也就大得多。现代人的精神问题,就包括人的孤独感、人的寂寞与不被人理解。人感受压抑的机会和受创伤的机会对于个人来说增多了,人要求发泄的机会也增多了。而在原始时代,人的孤独是"集体的人"的孤独,就是说人类面对自然时感到的是集体的心理匮乏感,而不是个人的。"集体的人"克服匮乏的方式也是集体的,是共同承担的。人的思维越来越个人性,对世界的感知越来越个人化,使得文明社会的集体无意识不可能是原始文化背景下的对集体无意识真正的重现,而是一种回顾、一种幻境的借用。现代社会,往往出现物质文明的高度发展与精神极度空虚的矛盾现象,这里就有人的思维方式的变化引起人的心灵世界变化的关系。随着现代科学基础的发展,人的理性进一步增强并走向极端,使人类的心灵世界的开发如同人类对自然的开发一样,破坏了它的自然形态,一切变得透明亮澈。人失去了对自然的神秘、期待、迷恋,把自己曾经赖以寄托精神的家园扫荡殆尽,人没有了价值预设,也就没有了价值追求。因此,荣格才试图通过集体无意识的探索拯救现代人的精神。

典型心境经"文化"再现为模式

把个体之间类似的、然而无形的典型心理情感和体验,变为一种可以反复再现和承传的领悟模式,也必须借助于文化方式。只有通过文化方式使不同个体类似的心灵内容以反复发生和普遍一致的现象出现,才能称得上模式的出现,才能知觉到原型的存在,也才能谈得上原型的瞬间再现。

现代原型理论中一个重要的观点,就是认为原型是从远古传来的人的情感模式和领悟模式。原型并不是一般事物的模式,而是心理模式;原型具有缘起的含义,但这种缘起是心理现象的缘起而不是具体事物的缘起。集体无意识的内容是原型,集体无意识和原型本身是不可意识、不可感知的,那么,如何证明原型的存在和把握它的特质呢?它必须借助于可见的形态,这种形态不是别的,是具体的文化现象。文化使原型显影和定影,文化使原型最终生成。离开文化的中介,情结永远是个体的,是别人无法了解和理解的;离开文化的中介,集体无意识永远是一个无法让人感知的假设,是永远无法具象的心理现象。

荣格说:"不应把集体无意识设想为一种独立自在的实体,它不过是一种以记忆的意象所特有的形式——也就是附着于大脑的组织结构而从原始时代流传下来的潜能。不存在天生的思想,但存在着天生的思想潜能,它给无边的幻想设定疆界,使我们的幻想活动保持在某些范畴以内:一种前思想(a priori ideas),其存在似乎只能从其效果方面来认识。它们只出现在成型的艺术素材中,作为构成艺术作品的支配原则。这也就是说,只有依据已完成的作品进行推断,我们才能重构原始意象的本来面目。"[1] 荣格在这里实际讲得很明确,原型是一种天生的思想潜能而不是天生的思想本身,它只有借助于后天的活动才能使这种潜能变为现实;证明和确认原型的存在似乎只能从其效果方面来认识,只能依据完成的作品来进行推断,来重构原始意象的本来面目。

原型心理始终是一种感觉得到的心理活动,是外界感觉和内心体验的共同作用。可以说,原型就是人类最初感觉所形成的心境的反复和再现。然而,原型又具有模式的特性,有了模式的功能它才有了"型"的含义。而这种模式化,在一定意义上就是程式、规律、秩序,而心理的这些特点被人们所感知和确认,则又必须借助于文化现象。反过来说,许多重要的文化现象,特别是凝结了人类把握和感知世界的特殊方式的文化,可以说就是人类心理历程和成果的一种凝结、一种外化方式和载体。

原型以其可反复性、约定性和象征性呈现着某种规律。然而,原型不是呈现一般的规律和一般地呈现规律,而有其特殊性。所谓"不是呈现一般的规律",是指原型先是呈现着人对自然宇宙普遍规律和秩序的把握及其情感体验,随之呈现人对社会规律把握及其普遍的情感体验。也就是说,它呈现的是人类的心理经验,是情感反复的规律。所谓"不是一般地呈现",是指原型对人类心理情感规律的反复,始终伴随着感性和意象的情感模式和心理图式的再现,原型以其特定的方式,使特殊情境下的人建立起与宇宙自然直接的对话关系,使人的心理需求在对自然宇宙的感悟中

---

[1] 荣格:《论分析心理学与诗的关系》,见叶舒宪选编:《神话-原型批评》,陕西师范大学出版社1987年版,第99—100页。

得到满足,从而超越具体的现实的纷扰。原型的一个重要功能就是人从自然宇宙中求得克服心理匮乏的力量,以心理幻境来置换现实环境或心境。而原型的生成,就是人类克服由生理的局限而造成的心理匮乏的结晶。所以,原型在相当程度上说,它的生成过程最接近中国的天人合一,它的特质最接近中国的"道",它的存在形态可以阴阳卦象为例证。《易经》卦象中的阴爻和阳爻及其变化组合,就是在对宇宙和社会规律感悟基础上抽象出的特殊符号和推演模式。

原型的模式感是与反复性相联系的,而这种反复性出现于不同时代不同个体的心理中,但它必须以文化现象为具体的载体,所以,心理原型的模式感实际又以文化现象中的模式化为外在的表现形态。

原型批评者从文艺现象中去寻求这种情感模式与文艺作品中某些深层模式的对应。而这里有一个被忽略了的问题,就是这种研究实际上是基于一种假设,一种潜在的假设,这就是假设情感模式可以作为一个完整的心理模式被承传。就是说,它作为一种先在的固定的模子存在于人的大脑中,只要遇到特殊情境就会瞬间再现。说得再清楚些,就是情感模式是先天的模式,而不是后天的心理反映。后天所能做的似乎只是在特定情境去激活脑海中早已存在的原始意象。然而,问题在于,如果按照这种假设推论,那么,作为相同的人类或相同民族中的个体,每一个人在其脑海中遗传的原始意象应该是相同的,但是,为什么在相同的情境中却不一定会激活同样的原型模式,不一定有相同的情感体验呢?相反,同样的情境却可能有不同的情境体验和感受。这就说明情感不会以模式的方式得到遗传。特定情境下起关键作用的不是遗传的原型而是人的具体的情感需求和情感体验,是意与象的融合。那么,这种情感的模式或对同一事物所表现出的行为模式到底是如何形成的呢?它的机制是怎样的?

情感体验是个体性的,但人类确实有相同的、相通的情感体验,有时它表现为一种模式,可以跨越时空界限,比如荣格等人提到的人类对蛇的厌恶。情感不会以模式的方式遗传,但情感可以类似模式的方式出现,而它实际是人在特定情境下的一种类似的心理反映。

人类出生时不是先在地把某种心理模式整体遗传给后代,而是把人的生理本能传给了后代,把那种在特定条件下可能做出特殊反应的能力和引起心理感受的机能传给了后代。由于现代人与祖先在生理的根本方面没有发生变化,因此祖先的那种在自然与自己的对比中产生的匮乏感也同样地在后代人身上产生,后代人在这种情境下就会有同样的情感心理,有对于弥补和克服自己匮乏感的同样的心理需求。这种似乎以模式出现的心理现象,其实不是一种严格意义上的模式,而是一种反映机制,一种与适应和选择相关的心理表现。人的这种心理反映,具有超越时空的相通性和相似性,而这种相通、相似的反复自然造成模式的效果,并具有原型的性质。而对于这种现象,只有通过文化的中介作用才能显现和感知,也只有通过文化的中介才能显现出其普遍性。文化把人类的情感模式以特殊的模式固定下来,原型就有着这种特殊模式的功能。正如威尔莱特所说,原型成了一种跨文化的符号,其意义的相对普遍适应性来源于人类感觉和联想的共同性。文化把人类共同的情感体验变为一种可承传的模式或文化心理结构。

文化精神再现"集体的人"

原型借助于文化来承传和再现共同人性,探讨原型模式的文化之维就是追寻普遍人性的缘起及其外化和模式化。

神话传说人物、被神化的宗教领袖人物、文艺作品中的典型形象、生活习俗和精神领域的"无冕之王"等,都可以说是"集体的人"的化身。人类创造"集体的人"即超人,赋予他以巨大的威慑力和超越生理局限的特性,使他既能抵御来自自然的威胁,又能遏制人自身的阴影,依照集体的人的意志行事。而"集体的人"的诞生,实际是一种文化精神的产生,是人为了生存发展所进行的精神实践的结果,是心理的外化、凝结,使无形之"神灵"成为人人可见之"神灵"。泰勒曾对日常经验与神话的关系作过解释:"日常经验的事实变为神话的最初和主要的原因,是对万物有灵的信仰,而这种信仰达到了把自然拟人化的最高点。"① 这句话可以这样理解：神话的产生不是脱离人类生活凭空而来的，而是与日常经验相关的。反过来说，人对神话的领悟，实际上是把神话又还原为日常经验，这也许就是神话原型所具有的模式作用。从这个意义上说，原型就是这种原始文化背景中的精神现象。

仪式、宗教和庆典等方式，体现着"集体的人"的意志行为，以此来营造心理氛围、缓解紧张情绪，并达到控制自然的目的。原始人用图腾、神话、宗教仪式等，一方面把与他们现实相关的理想的行为规范变为现实的"契约"关系，另一方面把想象中的幻境展开为现实的行为方式。这个过程就是文化生成的过程。原型以其特殊的方式记录着人类在这个过程中的心理历程及其结晶，并且当人类面临着与祖先同样的情境时重复着这些模式。

原型的被确认也是对文化现象中呈现出的"集体的人"及其无意识状态的确认。这种无意识状态，既指文化现象的无意性、天然性，也指超越个体的集体性和世代相承的反复性。越是显得无意、天然，越是接近心灵最深层，越是具有集体性。这种深层的集体性，就是人类性。原型的文化模式意义，是由原型的功能所决定的。原型的反复性表明，它与人类的终极和根本问题相关；原型的模式性表明，它是人类在历史实践过程中形成的处理人与环境关系的相对稳定的精神地把握世界的方式；原型的集体性表明，它始终以不同的方式表现着"集体的人"的情感态度和心理需求。"原"联系的是人生课题的永恒性，"型"联系的是人生方式的重复性，原型体现人类对自我和世界关系的感知。原型是生存情境的精神化和模式化的反复。人类把集体无意识转化为一种由每个个体参与来呈现的集体意愿和行为，也是出于对物我关系的感知及意识到的需要。一方面，人要使创造的幻境变为一种可见的、可为集体所参与的实际精神环境，要有一种表达集体无意识的方式，使自己处于无意识状态，达到物我统一、互渗的情境；另一方面，则要体现人的超越意识、人的意愿。文化现象中的原型，在

---

① 爱德华·泰勒：《原始文化》，连树声译，上海文艺出版社1992年版，第285页。

总体上以疏导"集体的人"的压抑的情绪为特征,以提升现实的个体人的精神为目的。人通过精神活动,能使环境对象化,从而把自在的世界构成一个自为的世界。原始人类为了生存发展而需要把集体的情感愿望变为集体的行为方式,变为一种具有约定性的行为规范,需要外化为可见的存在,需要以仪式具体地展开,需要作为一种模式承传给后代。正是这种与生存发展相关的需求,把人为地创造出的"集体的人"的心理情感变为了现实中具体人的行为方式(如宗教仪式),这个过程自然生成文化模式。"集体的人"的心理需求的补偿过程,或者集体无意识的具体呈现和展开,就是集体心理的表现、欲望的实现过程,它自然构成了文化模式。从集体心理原型到文化模式就是人对自己的提升的一种方式和过程。所以,原型积淀着人性及其历史生成和存在方式。

文化现象中意象的反复性、世代相承性、模式性和跨越时空疆域的特点,是从纵向所看到的"集体的人"的身影。它在精神活动中有广泛的适应性和可塑性。不管何种意象,必然会追溯出一个尽可能原始的意象,作为最先的模型和后世演变的参照。集体无意识是一种从个体无意识现象中归纳出的"共相"。在纵向上,这种共相跨越时间,表现为具体个人或个别精神现象中间的深层联系,如不同作家和作品在某方面的深层联系;在横向上,这种共相跨越空间,表现为不同的个体、群体甚至民族之间精神现象的共通性,如不同神话体系中对创世的兴趣,对永恒主题的理解。仪式、神话、原始文艺等在其深层都潜藏着无意识的形态,都有反复性、象征性,换句话说,有原型的基本特征。它们的抽象归纳就是原型,是以特定方式使"意"与"象"的契合。仪式、神话等都是一种"意",都有与"意"契合的功能。而所有这些契合性、反复性、模式性、相承性等,都要借助文化来体现,借助文化来确认,借助具体的文化来辨识。

原型的置换变形,表明了"集体的人"在自身历史发展中的不断完善和选择。人的生理感觉也罢,心理体验也罢,文化活动也罢,其反复的、重现的总是人人都遇到的,是普遍的、穿越时空的相对恒定的事物,与人类自身最基本的生存发展相关的事物。原型的特性自然地体现为对这些事物的选择和特别关注。舍勒认为,人从根本上说,不单纯依赖于他的本能与环境打交道,而是以他的精神为本质,同时以他的生命为基础与环境世界发生关系的。人通过精神抑制或调节一些欲望和本能,启动一些高尚的动机来接触环境。人通过直观和体验事物本质、价值的能力来面对世界。正是人与周围环境的特殊关系打破了动物与环境的封闭性,才构成了人向世界的开放性。这一开放性是人与环境关系的根本点,动物把自己束缚在特定的环境中,人不以某一环境世界为自己的唯一对象;动物不能把自身与环境相区分,而人把环境视为自身之外的对象。原型以特有的方式,反映着人类对和自己密切相关的、反复的现象的兴趣,不断地重现着和创造着适应自己精神生存的环境,建造着精神的家园。这种自然呈现出的选择性内在地决定着原型的置换变形。

不同的文化背景,折射出"集体的人"的不同的面影。原型也是情感模式,情感是人对于外界事物与自己关系而引起的一种心理倾向和态度,没有抽象的脱离人与物关系的情感,它必然表现为一种人的心理与外在事物、主客体的关系。人的情感是具体的、个体的,共同的情感模式是通过个体的体验和感受体现的。情感模式的共同性首先必然地建立在共同的人与环境的关系之中,就是说有相似或共同的客观外界的存在,才有可能构成相似或相同的主客观关系,也才能有产生情感模式的可能。其次,各个个体之间只有在面临前述的关系中才能激起相同或相似的心理体验,采取相似或相同的情感态度,才能使情感形成模式。文化一方面承载着原型,显现着原型;另一方面,应不同文化背景的人的需要,又在过滤着、分解着原型,同时也在融合着、积淀着原型。文化仿佛是一种含有特定元素的显影剂,使不同文化背景现出"集体的人"的不同面容,构成相同的模式中的不同的内涵。原型的显现,在原始时代,就是人类生活本身的组成部分。它的目的是创造一个可以随心所欲的环境(幻境)。泰勒说:"把个体生命一般地妄加到全部自然身上的这种幼稚、原始的哲学的观点,和语言对人类智力的早期统治,也许是神话发展的最伟大的两个推动者。"神话的本源与最古老的自然有灵学说相关,比如将太阳、月亮、星辰人格化,将龙卷风、虹、瀑布、传染病等变为神话和暗喻的类比。"原始人的幻想可能是幼稚的、狭隘的、令人厌恶的,然而诗人的较为自觉的虚构可能是被赋予了惊人巧妙的美的形式,但是,它们两者在思想之现实性的感觉中却是相同的,而这种感觉,可庆幸或不幸,现代教育试图如此有力地毁灭它。仅在一个词的意义的变化就能作为例证,向我们说明这种从原始思维向现代思维过渡的历史:幻想自始至终都在对人起着作用,但是蒙昧人在幻想中看到了幻想物,文明人则以梦想为享乐。"①泰勒认为,神话的虚构,也像人类思想的一切其他表现一样,是以经验为基础的。神话为研究人类的想象及其规律提供了依据。随着时间的推移,神话的可靠性变为社会公论,变为象征和历史,也就是说变成了文化,发生了由心理幻境向经验积淀的转换。在这个过程中,文化对原型心理现象进行了过滤和分解,使之作为文化现象留给后世而又能被后世所继承利用,并生成可以超越具体个人局限、融入具体内容的模式。荣格说:"我们以前的一切时代都信仰以某种形式出现的神;与年代相悖行的象征体系的衰微才使我们重新发现,神只是一种精神因素,即无意识的原型罢了。""所有的观念最终都是建立在原始的原型模式之上的,这些原型模式的具体性可以上溯到一个意识还没有开始'思考',而只有'知觉'的时代。'思想'是内在知觉的对象,它根本不是主观地被创造出来的,而是被感知的外在的对象——或许可以说是被看见的和被听见的。""象征过程是一种'形象的'经验和一种'在形象中的'经验。"②后代人或现代人对于原型的创化激活,必然具备相应的心灵情境,并由思考而退回感知,这种才能使文化"还原"为原型。

按照这种思路推理,似乎问题可以正好反过来说:不是原型中保留着原始先民的精神遗存,这种精神遗存(遗留物)在艺术中得到瞬间再现,而是文化、文艺(包括神话)作为一种特殊载体,保留了作为原始先民的精神遗存的原型。如果这样,那么,原型就既不是一种类似本能的精神遗传——通过生理遗传的只是人类有可能对环境做出相同反应的那种本能和生理功能,也不是纯粹的心理体验——心理体验是具体个体性的,而不

---

① 爱德华·泰勒:《原始文化》,连树声译,上海文艺出版社1992年版,第314—315页。
② 荣格:《集体无意识的原型》,见《荣格文集》,冯川译,改革出版社1997年版,第73、80页。

会是集体的,也不是纯粹的文化的继承——文化方式所继承的是将心理情感外化为可见的、可继承的精神的凝结物。原型是一种由生理反应、心理需求和文化背景下人的心理的诸种要素契合生成和呈现的现象。

原型与文化的关系,或原型的文化之维,是指:第一,集体无意识或原始意象的存在要被证明,必然要借助于后天的文化现象,文化现象是原始意象的载体。没有一定的文化模式,就没有原型的瞬间再现。第二,集体无意识或原始意象的具体的而不是抽象的本来面目,必然要依赖于文化方式才能显现,并确认它们的具体功能,否则它永远只是一种推测而不可见。第三,"集体的人"的无意识,不能以虚幻的、人为创造的、并不存在的"集体的人"自身来证实,而同样必须通过现实的、具体的、个体的人的文化行为来证实。换句话说,是通过每一个实际生活中的人所体现出的相似的或相同的无意识现象归纳出集体无意识的存在。

所以,尽管文化现象不是原型本身,但是文化现象是呈现原型的载体,是原型存在的证明物,它使得原型这一无可言传的精神现象作为无数同类经验的心理凝结物而存在,因而使原型要素作为精神遗产被继承和置换变形。

第十三章 原型的内涵与外延

原型的内涵与维度

通过前面的考察分析，可以说，原型的基本内涵是相同的，这一概念的逻辑起点是相同的、一元的，即原型是指事物的原始模式，原型并非是"先在"于人的肉体和物质实践活动的先天精神，而是人在历史实践过程中对事物本原的追寻的抽象和心灵情感的模式化。而它的外延则是多维的，表现形态是多样的。它有哲学、神学、心理、文化等不同的维度；而其表现形态，则有接近事物本原的理念，类似本能的行为模式，有作为心理原型的领悟模式，有神学领域的上帝原型等不同的角度。从柏拉图到荣格、弗莱等人没有对此进行区分，而从各自的理论体系的需要出发去界定原型概念。柏拉图把原型等同于理念，是服从于他的先验论的哲学体系。荣格把原型看作集体无意识的主要内容，偏重强调原型的领悟模式的作用，突出的是心理之维，同时他努力寻找从生理本能到心理情感之间的过渡，为此提出了集体无意识来源于人类祖先的精神遗传的观点。弗莱则强调原型的文化之维,即它的文化的社会承传性特点,寻找从心理之维到文化之度的联系,为此,他提出了原型置换变形的观点。而在人文科学领域,如文学批评中,原型这一概念的运用也因具体的批评对象而有各取所需的现象:有时被看作是心理现象,是意象的反复;有时被看作是文化现象;有时被看作某种观念;有时则专指本能、潜意识等人的非理性的表现。这种现实情况表明了一个问题,原型有其基本一致的内涵,也有其多维的外延。

一、原型的哲学之维

从哲学之维来说,原型概念含有"原"和"型"两个方面的意义。

作为原型之"原",一方面表示最初的、原始的和开端的意思,就是说它含有"源"的意味。心理原型标识着具体的精神现象的出现和存在,即最初的、原始的、作为开端的精神体验和心理情感即心源的出现和存在。另一方面,"原"又有原来、原本和本质、本真的含义。

关于"原"的形而上学命意,亚里士多德曾做过如下定义:①[原始]是事物之所发始;②[原始]是事物之所开头;③[原本]是事物内在的基本部分;④[原由]不是内在的部分,而是事物最初的生成以及所从动变的来源;⑤[原意]是事物动变的缘由,动变的事物因他的意旨从而发生动变;⑥[原理]是事物所由明示其初义的。"这样,所谓'原'就是事物的所由成,或所从来,或所由以说明的第一点;这些,有的是内含于事物之中,亦有的在于事物之外;所以'原'是一事物的本性,如此也是一事物之元素,以及思想与意旨,与怎是和极因——因为善与美正是许多事物所由以认识并由以动变的本原。"①关于"原始实是",亚里士多德说:"事物之称为第一〈原始〉者有数义——(一)于定义为始,(二)于认识之序次为始,(三)于时间为始。——本体于此三者皆为始。"②亚里士多德对"原"的这些含义的形而上学解释,应该是与原型之"原"相通的。

作为原型之"型",它则有这样一些主要含义:①模子、式样;②类型;③事物的范式;④事物的深层结构;⑤能被反复用;⑥可以复制(或复现)。

---

① 亚里士多德:《形而上学》,吴寿彭译,商务印书馆1959年版,第84页。
② 亚里士多德:《形而上学》,吴寿彭译,商务印书馆1959年版,第125—126页。

原型包括"原"的发生和"型"的功能两方面的因素。没有"原","型"则无以成"型",它缺了"型"之具体内容依据和动因;没有"型","原"则可能一闪即逝,无以定型并再现。原型的内涵大致包含了:①原型即"事物之所发始"时所生成的式样、模型,即事物的原始形态、初始样式。它具有模式的功能,又具有发生学意义,它与人类的本原和本性相关。②原型即原性、原本,由事物的内在的基本部分和本元因素所决定的事物的特质。③原型即事物最先的模型、范式(图式)。④原型含有"原意"的命意。原意是事物动变的缘由,事物的动变(如文艺作品中的置换变形)不是随意的而是由原来的意旨所决定的。⑤原型"是事物最初的生成以及所从动变的来源",以被确定的原初形态而存在。⑥原型有反复性、发生性、普遍一致性、恒常性、象征性等特性。⑦原型可以置换变形。

从一般意义上说,任何原型都具有在对某一事物共相的感觉经验基础上所形成的范型的特点,任何原型的出现和生成,都意味着对事物普遍特性和共相的心理性的提炼、固化和形式化的完成,也意味着它将作为一种模式的存在。先验论者认为它是事物固有的本质,是理念;经验论者认为这种模式是后天形成的而不是先天的;实践论者认为它是人类在历史实践中积淀的文化-心理结构,是人性的历史生成的结果。

二、原型的生理之维

原型不是生理本能,但与生理本能相关,它类似于作为"典型的行为模式"的本能的反应;原型不是遗传的情感模式,但它涉及人类遗传本能对于外界的相同的反应,因而有情感模式的特征;原型不是与生俱来的意象图式,但借助意象图式再现心灵内容;原型以模式形态反复再现普遍的精神现象,显现人类深层的情感体验。原型以呈现集体无意识的方式,显现着包括集体意识在内的人的心灵世界的深层结构,即在那些具体行为方式中所体现的人类的相通性、共同性,那些相对稳定的心理常量,那些在相似情境中的相似体验。原型的集体无意识性与"集体的人"的童年的创伤性经验相关,是人类集体受压抑并抵抗压抑的本能冲动的历史结晶。

人类的生理本能作为人类共同心理反映的生物基础,是原型生成的前提条件,也是要素之一。原型作为精神范畴不能被遗传,但是人的生理本能可以通过遗传而获得。原型与本能不同,但与本能有着深层的联结。荣格说:"原型与天生的方式意义相同,换句话说,它是一种'行为模式'。"①所谓遗传的原型要素是指个体身上所天生带来的人类集体性本能,这种本能是人类与环境(自然的和社会的环境)关系中长期形成的。它决定了人在出生后,有可能在面对同样情境时产生相同的心理反映和情感,具有一定的模式特点,这是人首先在对自然物象特性的感悟基础上把自己的心理意绪投射其中的原因。而当社会现象构成另一种人与环境的关系时,人的生理本能做出相应的反应,人对社会事象规律的把握成为原型生成的另一现实基础。

原型是人面对环境而产生的特定心理体验与生物本能的确定形式的契合,这是人的生物本能性与社会适应性、先天生物基础与后天心理反映共同作用而形成的一种类似本能的精神现象。它类似本能又不是本能。类似本能是因为它与生物本能相关,带有预定的属于先天的性质,具有集体的特点;它不是本能,因为它是一种在生物本能基础上产生的心理反映,是一种精神现象。从这个意义上说,原型是与人的生物本能相关的对情境反应能力的确定形式。这种本能是人类作为宇宙中的一种生物类属,在与环境的适应中积累的千百万年祖先的经验,这些经验随着人类进化过程而成为一种自然本性,亦即它实际上已经积淀着文化的因子。人在面临相同的情境时会产生基本的相同的体验(如对蛇的恐惧,对于光的向往,等等),并必然地做出本能的反应。而这种本能的反应,才是荣格所谓的世代相传的、人人共有的集体无意识的表现。原型在功能意义上,有确定心理反映向度的作用,人对外界事物的反应带有预定的模式,或者类似于模式的特性。

生理之维是原型能够体现集体心理的生物基础。原型的特性之一是它的再现性。而心理情感的再现离不开人的生理反应,如视觉、听觉、感受、体验等。由此及彼,由生理感觉到心理情感,由感性直观到浮想联翩,

---

① M.艾瑟·哈婷:《月亮神话——女性的神话》,蒙子、龙天、芝子译,上海文艺出版社 1992 年版,"序"第 1 页。

由表层形式的对应到深层意蕴的领悟,都有生理功能发挥作用。而人的基本的生理本能决定了人的心理反映相似性的方面,在遇到相同和相似的情境时,都会产生相关的心理情感,这是原型超个体性、超时空的原因之一。

三、原型的心理之维

原型的心理之维,是人对外界感悟、体验所产生的共同的心理情感,是个体之间的共同的精神现象。人的体验、感悟要依赖于生理感官。共同的情境下的共同的体验和感受产生共同的心理情感。个人(特殊)感受中包含人类共同(普遍)感受的因素,这种共同因素决定了原型心理的集体性。不同的人在相同或相似的情境下,有可能产生相同的心理反映,在个体的特殊感悟中有人类共同的体验,而这种体验越是个人化、越是深邃,越能触及人性的深层,越具有集体无意识性。这里的原型实际是一种由集体性所体现出的心理情感的普遍一致性和永恒性,它的这些特性在特定条件下的反复再现在客观上似乎就是先天性,即原型。

原型所显现出的"原"的原始性和"型"的模式性,不仅仅体现了作为人类共同心理体验载体的那个原型的古老和原始的性质,同时也体现着人类心理需求和情感体验本身的恒定性、相通性和它的古老原始性。原型形态的类似性和含义的相同性,并不表明原型作为精神遗留物的先天性和遗传的可能性,而表明了人类生物本能对于心理反映的制约性、类同性,表明人类作为一个有共同特性的族类面临问题的相同性与心理情感的相通性。在这里,纵向时间的相通使不断显现的原型方式具有了原始古老的意味,而横向空间的相通则使原型有着类似生物本能的普遍性和精神的先天性意味,这就是作为领悟模式的原型的反复发生和普遍一致性。所谓原型的再现,只不过是不同时空中人类相似的精神内容的一种相似的显现形式,这种显现有两种方式:一种是现实中的人面临着与远古祖先相类似的情境,有着相类似的情感需求和体验,形成了与远古祖先或前人相同的心理机制,在客观上表现为原型的激活和重现,而实际是在相同的生理本能基础上对相似的情境的相似心理反映。再一种方式,是在特定情境中对前人已积累的文化心理成果的利用。

因此可以说,心理学意义上的原型,并不是一种固定的模式,也不是一种可以遗传的完整不变的图式或图像，而是一种类似的或相同的心理现象的反复；它带有记忆的特性和一遇特殊情境就再现的功能。换句话说，原型的激活、瞬间再现背后反应的都是人性在特定情境下的显现，原型在这个意义上就是体现人性内容的特殊方式，而不是先天存在于人的大脑中、作为固定模式的原型本身的激活。人们忽视了这种过程中人的主观的需要及其体现的人性内容，而误认为原型可以作为图式或模式再现。

原型是一种关系，作为心理现象的原型再现，其实是意与象的特殊生成。原型是创造性显现或过程呈现，而不是一般的复现或重现。每一次原型的所谓激活实际都有主客关系，都是一次需要和功能的契合、心理与情境的融合。不同民族神话的相似性，艺术模式的深层类似性，不同个体之间心理的相通性，不是生理结构中遗传的精神的共同性，而是建立在人类生物本能相同性基础上的对于环境的一种类似的心理反映。

原型得以形成的内在的驱动力是人类的心理需求，主要是由匮乏感而产生的需求感。这种需求的核心是创造幻境来消除匮乏感，或者达到自我与自然力量的一种沟通、对等，或者人对自然的占有、征服。在这个意义上，心理原型体现着人类的创造意识和某种愿望。原型的再现带有抒发压抑情感的功能。

四、原型的文化之维

原型的生理之维是原型生成的重要前提，原型的心理之维是原型的内核，而原型的最终呈现，原型作为能为人们所知、所见和被后世承传的纯形式，则离不开文化。所以，生理之维的原型，是一种共同的相似的生理感受；心理之维的原型，是个体将外界感觉经验同化为心理事件的自我体验和领悟；文化之维的原型，才是具有真正的集体性质的、可见的、可承传的原型。原型的文化之维，是一种社会性承传的共同的心理。文化意义上的原型是可见的，如文学作品中的母题、意象，它有反复性、象征性、约定性。

原型的最终生成、呈现、承传等是文化现象，原型的载体是文化方式。个体的心理反应只有借助于文化方式才能显现而被他人感知，或者说是将心理事件外化为一种文化方式而得以可见。人们所说的原型现象是对以某种文化方式承传的、相同的、有继承性的精神现象的归纳分析推论出的一种结论,而不是原型本身,只有类似现象的对比才能呈现其相同的深层模式,这是一种广义的原型。狭义的原型是"共相"之根,这个根也是人依据社会文化承传中可见的现象而追溯推演出的。文化之维的原型所具有的反复性、象征性和模式功能等,可以供人在特定情境下与特定的心理情感契合而生成具有新质的原型模式,显现新的精神现象,这种精神现象以重现的方式出现,但是每一次的重现实际都是以主体的需要为动因,以对其"利用"为取舍原则而对既定模式在二次以上的重复,是人的主观需要与客观对应物的契合过程。原型作为文化的特殊载体是解决人的心理匮乏的一种现成的经验积累。它在群体的族类的社会性承传中,是人类共同的心理积淀,是群体精神的结晶,变成客观存在的精神遗留物。原型是根植于一定的文化模式基础上的心理情感模式。原型的文化之维,也决定了原型的民族特性,它在体现人类性的同时,又有着与不同的民族文化紧密联系的民族性。原型的文化之维在集体性行为中得到显现。

原型的生理之维,是人类共同的生物本能,它是人类具有相同的精神需求和情感体验的生理基础;原型的心理之维,是人类在相似和共同的情境下所产生的相同或相似的心理反映,它是意与象、主观体验与客观物象的特殊契合关系;原型的文化之维,是人类相同的或相通的精神体验和心理模式的外化结果与承传,它通过具体的方式(如文学艺术中的原型、母题、象征的反复等)使其可见。所以,原型是一个可以从不同的角度和层面理解的观念,这几个不同的角度和层面的共同性在于原型都以先在的形态存在,都以人人共有的特点显示其集体性。生理之维决定了原型生成建立在共同生物本能的基础之上,也决定了在这一层次上人类的集体性、族类性,决定了通过个体生理遗传而获得的可生成原型的某些要素;尽管这仅是一种可能而已,但这种可能性也就是原型之"型"得以反复的最基础的现实根源。心理需求决定了原型在本质上是一种相似的心理现象,同时决定了这种心理现象的相似性是通过每一个个体呈现出来的,是一种具体的生理与心理的融合、生成关系,而不是直接自然地遗传在每一个人身上的自主精神。人们所说的原型的共通性是对每一个个体身上心理的共相的概括,并为之找到一个最先的"根"。文化之维决定着原型的呈现、存在方式。

通过遗传而获得的人类集体的生理本能,决定了原型的生物基础和跨越时空的特性,在相同的环境下可能有相同或相似的反应;遇到特殊情境而产生的个体的心理体验,决定了原型的后天经验性质和心理现象特点,因为它有前述共同的生理本能,所以它既可以个体的方式反映个体的感情体验,也可以个体的方式反映集体的心理需求,而不必通过遗传来获得这种共同性。文化因素则是原型的载体也是原型的重现方式,它以集体现象的方式而使得心理原型被领悟和解读。

五、原型的宗教之维

荣格将原型心理学的研究与宗教联系起来,并成为他原型理论的重要构成部分。这方面的主要论著有《心理学与宗教》《对〈西藏亡灵书〉的心理学评论》《炼金术中的宗教观念》《序铃木〈禅宗导引〉》《弥撒中的转变象征》《关于蔓荼罗象征》等,限于条件,笔者对荣格这方面的论著不能全部读到,但是仅从上述目录就可以看出,荣格对于宗教与原型的关系有着很大的兴趣。因为荣格认为,宗教无疑是人类心灵中一个最早和最具普遍性的表达方式,属于触及个人心理结构的心理学。在他的一些讲演中,他要"证明无意识中存在着可靠的宗教功能的心理事实",并对无意识心理过程中的宗教象征做出解释。荣格认为,"宗教"这个词指的是已被"圣秘"体验改变了意识的一种特有的态度。"宗教教条是原初宗教体验的法典化了的和教条化了的形式;宗教体验的内容则已经在严格的和往往十分精致的思想结构中圣化和凝固。原初宗教体验的实践和重复已经成为一种仪式和一种不可改变的制度。这并不一定意味着这些仪式和制度已经是僵化的、无生命的东西。恰恰相反,在几千年的时间里,对数以千万的人来说,在没有产生任何生气勃勃的需要来改变它们的情况下,它们很可能仍然是宗教体验的一种有效形式。"[1]荣格对于宗教的这种理解,包括对于宗教的来源与它的功能的解释,以及认为宗教体验被法典化和教条化为一种形式而又仍然具有体验效力的看法,与他对于原型及其特点、功能的理

---

[1] 荣格:《心理学与宗教》,见《荣格文集》,冯川译,改革出版社1997年版,第310页。

解是一致的。也可以说,宗教仪式、教义等就是一种包含了"圣秘"体验的原型再现,或者说是这种体验的领悟模式。

　　就世界三大宗教即基督教、伊斯兰教、佛教等来看,它们几乎都与原型相关。基督教与原型的关系,本书第一章已有所论及。佛教与原型的关系已有专著对其研究,如美国学者拉·莫阿卡宁所著的《荣格心理学与西藏佛学》。在这本书中,作者探讨了荣格集体无意识理论与西藏佛学的关系,认为"荣格心理学和藏传佛教的终极目标是获得精神转化"。布赖恩·莫里斯在《宗教人类学》中阐述宗教与心理学时,就专门介绍过伊利亚德的"宗教原型论"。而伊斯兰文化中,也有许多观念与原型有直接关系。比如"光",它虽在世界各大宗教都被认为是神圣、智慧、吉祥、光明、知识、灵气的象征,但在伊斯兰教中,它还有更多的解释,被认为是一个具有普遍意义的象征原型。据有的学者研究,围绕"光",伊斯兰教中有"照明学派"与"神光思想"之分。照明学派的基本主张是:光分为两类,一类称为"纯粹之光"(或"至上之光""绝对之光""光之光"),另一类是与暗形成鲜明对照的普通可见之光。照明学派认为"纯粹之光"是宇宙万物之本源;光的基本特性在于永恒不断地照明;宇宙万物由不同程度的光与暗结合而构成,宇宙万物根据接近光(或被照明)的程度而决定自身在宇宙中的地位;"纯粹之光"统治着整个宇宙,它在各自领域都有自己的代理和象征物。先知的知识是一切知识的原型,天上的声音是世间一切声音的原型,人的认识过程本身不过是上界对人的心灵的照明过程,而照明只可能是因为人的心灵中已具有了先天的光明,使已经潜在于人的灵魂中的知识的再现。总之,光成为宇宙的基本原则,被认为是宇宙万物之源。

　　而根据神光论的观点,穆罕默德不仅是现世的、以肉身形式体现的"至圣""先知",而更为重要的是,他在前世是以精神的、无形的、神光的形式,或者说是以理念的形式存在;他在后天是使者中的最后者,而在先天却是一切理念中的原始者。在神光论中,新柏拉图学派的流溢说起着基本模式的作用。神光作为安拉的最初产物,是先天和后天、上界和下界、理世和象世、精神世界和物质世界的总根源。安拉的造化借助于神光之余光不断地、分层次地照射或衍化,从而有先天的、上界的种种理性、"本来"(或宇宙万物的理念,或本质);先天的人神鸟兽的"性"或灵魂、天地万物的"理"或本质,是后天的、下界的人神鸟兽、天地万物的"原型"或"摹本"。① 从伊斯兰教对"光"作为原型的观点中可以看出,伊斯兰教认为事物都有其原型。

鉴于宗教的神秘色彩及其涉及内容的广博深邃,笔者不敢贸然对宗教与原型心理做更多的联系和解释。但是,宗教作为伴随人类历史实践过程的一种特殊精神现象,它与原型及集体无意识的深层联结是毫无疑义的,这还是一个有待深入探讨的领域。由此,笔者认为可以肯定地说,宗教是原型的一个重要的维度。

原型的载体与形态

荣格的目的不仅在于进一步揭示人的心灵和意识结构,而且在于他把这种揭示与建立一种自主的精神心理学结合起来,而当他有这种结合的动机之时,也就意味着他的研究实际上将打破"集体无意识的内容是原型"这一概念的范畴。荣格在阐述集体无意识的内容是原型的观点时,实际上已超出了他自己概念的内涵。

集体无意识可以原型的形态得到显现,但是原型显现的并不一定限于无意识或集体无意识,它可能是意识、观念、习俗、文化等。这是因为,荣格既讲过集体无意识的主要内容是原型,又讲过生活中有多少典型情景就有多少原型。这就是说,原型产生于人类生活的过程中及其基础之上,原型将在各种生活情景中得到再现,或以各种不同的载体和表现形态得到显现。弗莱能突破荣格原型理论并把原型批评推向一个高峰,其重要原因就在于它对原型进行了重新定义,扩大了原型概念的范畴。弗莱认为原型是意象的反复出现,是有约定性的联想物、可交际的语言单位、可以置换变形等,这实际上就将原型由心理方面转向了文化现象中。所以原型概念的外

---

① 中国社会科学院世界宗教研究所伊斯兰教研究室:《伊斯兰教文化面面观》,齐鲁出版社1992年版,第125—128页。

延,不管在原型理论的阐述中还是在原型批评的实践中,实际上都已超出了集体无意识的范围,而原型的载体也已不限于意象或原始意象。

荣格说,原型可以是一个故事、一个形象、一个过程等。从广义上说,原型的载体和表达形式是无限的,因为"有多少典型的人生情境,就有多少原型"。而从狭义上说,原型有其特定的含义,也有特定的重现方式。

前面已经说到,荣格识别并列举了众多原型,这些原型本身是属于不同范畴和类型的,有些是具体的意象(物象),有些则是抽象的理念,但无论是何种原型,在其成为具体的可见的原型时,都有某种特殊的载体使其显现。

关于意象与原型的关系,我们在第四章中已有论述,象征、母题、艺术形象作为原型我们将在第十五章"原型与文艺"中论述,这里主要谈谈神话作为原型和仪式作为原型。

神话作为原型

在作为原型的诸多载体中,神话是最为重要和直接的。

关于神话的定义,众说纷纭;关于它的来源、特性、功能等都有不同的理解。比如,仅从美国阿兰·邓迪斯编的《西方神话学论文选》中就有如下一些不同然而各有道理的观点:

"许多人试图通过神话来回答的较大问题是世界和人的起源,可见的天体运动,季节有规律的更迭,植物盛衰,天空落雨,雷鸣电闪的景象,日月蚀和地震,火的发现,实用技艺的发明,社会的出现,以及死亡的神秘。简言之,神话的范围与世界本身一样宽阔,与人类的好奇心和无知一样广大。""……如果这些定义被接受了,我们就可以说神话源于理性,传说来自记忆,而民间故事来自想象;与人类心灵这些幼稚的产物相关而又比它们更成熟的是科学、历史和长篇小说。"[①]

[①] 阿兰·邓迪斯编:《西方神话学论文选》,朝戈金、尹伊、金泽等译,上海文艺出版社1994年版,第34—35页。

"神话是关于世界和人怎样产生并成为今天这个样子的神圣的叙事性解释。"①

"神话是信条的化身,它们通常是神圣的,并总是与神学和宗教仪式相结合。其间的主要角色一般不是人类,却又常具有人类的本性;它们是动物、神祇或高尚的英雄。"②

"神话具有一种阐述性功能。它解释一切起因不明的自然现象,或一些来源于业已遗忘的仪式的功用。"

"神话以一种富于哲理的方式看待事物,起着一种对周围现实或非现实事物的解释作用。"

"神话把不容易描述的信仰内容生动明确地表现出来。"

"神话是构成宗教仪式的根据,或者说,它是以另一种形式与崇拜相联系。"

"神话对于宇宙和自然现象给予认可,也对世俗的和宗教的文化制度给予认可。"③

"神话不是一种与逻辑相对立的先逻辑的心理结构,而是对世界的另一种见解,一种最初使万物有内在联系的手段,一种对逻辑行为起补充作用的看法"。④

还有人编列出学者们在其研究中涉及神话的十二种方法,"这十二类分为四组,它们是历史的、心理学的、社会学的、结构透视的"。十二种方法是:

1. 作为认识范畴来源的神话;
2. 作为象征性表述形式的神话;

---

① 阿兰·邓迪斯编:《西方神话学论文选》,朝戈金、尹伊、金泽等译,上海文艺出版社1994年版,"导言"第1页。
② 阿兰·邓迪斯编:《西方神话学论文选》,朝戈金、尹伊、金泽等译,上海文艺出版社1994版,第11页。
③ 阿兰·邓迪斯编:《西方神话学论文选》,朝戈金、尹伊、金泽等译,上海文艺出版社1994版,第206—207页。
④ 阿兰·邓迪斯编:《西方神话学论文选》,朝戈金、尹伊、金泽等译,上海文艺出版社1994版,第302页。

3. 作为潜意识的投射的神话;

4. 作为人类改编生活的整合因素(integrating factor)的神话:神话作为世界观;

5. 作为行为特许状的神话;

6. 作为社会制度的合法化证明的神话;

7. 作为契合社会的标牌的神话;

8. 作为文化的镜子和社会的结构等的神话;

9. 作为历史状况的结果的神话;

10. 作为传播宗教的神话;

11. 作为宗教形式的神话;

12. 作为结构媒介的神话。①

以上这些对于神话的解释,从不同的方面说明神话的来源和含义,也从不同的方面发挥了神话的功能意义。这种解释的纷繁复杂本身表明,神话无疑已经是一种包容极大的原型,或者说是原型的重要载体。

在众多关于原型的解释中,卡西尔在《人论》中的见解极具概括性,也极有启发性:"神话一开始就是潜在的宗教","神话仿佛具有一副双重面目。一方面它向我们展示一个概念的结构,另一方面则又展示一个感性的结构。它并不只是一大团无组织的混乱观念,而是依赖于一定的感知方式。如果神话不以一种不同的方式感知世界,那它就不可能以其独特的方式对之做出判断或解释。我们必须追溯到这种更深的感知层,以便理解神话思想的特性。在经验思维中引起我们注意的是我们感觉经验的不变特征","神话最初所感知的并不是客观的特征而是观相学的特征"。② 在这里,卡西尔关于神话具有概念的结构和感性的结构的论点是很有见地的。就是说,对于神话,一方面要看到它作为观相学的特征,它的感性的方面,它建立在对于宇宙感知基础上的关于神话的感性的结构,以及在其中所反

---

① 阿兰·邓迪斯编:《西方神话学论文选》,朝金戈、尹伊、金泽等译,上海文艺出版社1994年版,第63—65页。

② 恩斯特·卡西尔:《人论》,甘阳译,上海译文出版社1985年版,第112、97、98页。

映的"我们感觉经验的不变特征"。另一方面,则要注意到神话作为概念的结构的功能。笔者理解概念的结构就是我们从神话中所抽象出的理念,一个神话故事后面总是包含着某种我们认为是与人的本性或宇宙本原相关的道理的原型,如亚当和夏娃与原罪说、西西弗斯与人生意义的虚无,等等。另外,卡西尔所引用的涂尔干的观点也有一定的启示意义:"不是自然,而是社会才是神话的原型。神话的所有基本主旨都是人的社会生活的投影。靠着这种投影,自然成了社会化世界的映象:自然反映了社会的全部基本特征,反映了社会的组织和结构、区域的划分和再划分。"①

这些解释已经与传统意义上的神话有了很大的区别,神话被看作所有精神现象的源头。而荣格的原型理论中,作为原型最重要的载体的就是神话;弗莱在他的《批评的剖析》中则更是认为文学是神话的移位,文学的深层结构是神话模式的置换变形,等等。正是从这个意义上说,神话被视为原型本身,作为原型的代名词。神话因不同的需要被作为某种精神的载体,神话以它的反复性和不断置换变形而活在文化历史过程中。

严格意义上的神话作为原型的载体之一,其表现形式是多样复杂的,或以其故事,或以其形象,或以其母题,或以其意态结构而为后世不断利用发挥。神话被作为原始文化中的精神的"活化石"来分析考察,是因为它较完整地直接地体现着人类童年的精神面貌和心理特征。

仪式作为原型

仪式作为原型,是与仪式的反复性、规范性以及集体活动方式相联系的,它具有原型的原始模式的含义和功能。而仪式的出现又是由远古先民的生存方式和需求本身所决定的。"仪式的目的是以其规范化、戏剧化和直接时间性的方式表现某种情态。无论是必然会发生的实情,还是偶然发生的事件,所要表现的内容和个人的行动都包含在仪式之中。但是神话的目的则是以其观念和超验的方式表现某种情态。它是永恒地同时发散出

---

① 恩斯特·卡西尔:《人论》,甘阳译,上海译文出版社1985年版,第101页。

来(非偶然发生)的,并且包括那些超时间性的存在……""人们普遍认为原始民族在一年结束之际,或共同体生命之循环终结之际有必要再生或新生。……为此目的,就要在公社的主持和赞许下,采取某些功能的步骤或进程。这就是仪式。"①直到今天,仪式仍然是社会生活的一种具有独特功能的活动方式。"因为仪式就在于不断地重复由祖先或神所曾完成过的一种原型行动,所以人类实际上就是在试图利用圣物来赋予人类的甚至是最普遍和最无意义的行动以'生命'。通过不断地重复,这个行动就与原型一致起来,同时这个行动也就成为是永存的了。"②

原始仪式的功能包含人类对于自然的感悟性,掌握自己命运的努力,对生命与环境关系的感悟的形式化、模式化,它的反复和约定俗成就是一种原型。弗雷泽指出,巫术交感的象征活动和仪式是原始人类力图控制自然环境的一种实践。他在《金枝》中提到人与环境的关系的不同,因而形成仪式内容的不同,如温带地区、地中海地区、埃及、西亚的区别。但是,这种关系是一种什么关系?人面对自然的具体性来"设计"具体的对策,神话就是人的这种对策的结果。推而广之,艺术的创造也有其具体的针对性,人的创造总是在营造一个自己所能想象到的虚拟的现实,一个环境,一个过程。

仪式是人的一种有目的的活动,它以无意识的外在的形态反映着人的有意识的行为,以非理性的举动为理性的目的服务。比如中国某些偏远地区至今还存在的求雨仪式,可以说是原始仪式的重现。这种仪式,就是一种原型仪式,每一个象征物、每一个细节和动作都是约定俗成的。有位作者在一篇关于中国陕北民歌的文章中记载了陕西安塞县一个山庄的祈雨场面:

> 他们扎起牌楼,塑起龙王爷、水神娘娘和兼管龙王大帝的偶

---

① 阿兰·邓迪斯编:《西方神话学论文选》,朝戈金、尹伊、金泽等译,上海文艺出版社1994年版,第153页。
② 布赖恩·莫里斯:《宗教人类学》,周国黎译,今日中国出版社1992年版,第249页。

像,烧起高香。为了生存,为了婆姨们、儿娃子们,这些咬钢嚼铁的汉子终于匍匐了下来。请来多路尊神,是因为他们脑子里的神仙世界也和人间一样,勾心斗角、暗中使坏的事时有发生,只敬一个神,怕人家说用着的靠前,用不着的靠后,太不仗义。在这个世界上,农民惹得起谁呢?

献上生猪生羊之后,司雨便向龙王爷请示:"龙王老爷哟,天旱得没办法了!直旱得上山吃的没草了!下山喝的没水了!全庄的人向你祷告,下一场海(大)雨!"如果这时天还没雨,暴怒穷极的山民便将龙王背上山顶,放在日头下暴晒。然后,众汉子吼叫着抬起龙王的牌楼,朝卜卦的方向猛跑,见山翻山,见崖跳崖,粗狂至极。轿子里的龙王像被颠得前仰后栽,不得片刻安生。神话中的旱魃是黄帝之女,秃头青衣状如女鬼——属阴雌之象。因此,祈雨的未婚男性怀抱祈雨瓶,含义在阴阳相感。领头的司雨则背绑刀,刀刃向肉,充满献身的悲壮。最后,他从河里灌起一瓶水,边跑边拿柳条往外撒,象征着普降甘霖。汉子们开始用嘶哑力竭的喉咙唱《祈雨歌》,许下心愿,以改变混蛋龙王不下雨的主意……

农民强压怒火向自然界的暴君低头。而那歌声以爆炸般的力量揭示了他们貌似木讷憨厚,实则充满反叛渴望的精神内涵。①

这里描述的是中国现代的神话仪式,是现成的文化人类学的研究资料。从这个完整的仪式中可以看出,山民们对于龙王的态度,完全以自身的需要为尺度。①他们相信龙王,是在自己无法战胜自然时的一种与生存相关的精神反映,本身有非常现实的利益和功利目的。②他们对神的态度,以神对自己的态度为尺度。为了求助于神,他们可以表面上屈服,而当他们的目的一时不能达到时,他们可以迁怒于神,对之进行报复。③从反

---

① 张林:《情歌情种——为陕北民歌信天游招魂,抑或是挽歌?》,载《十月》1994年第3期。

面说,如果对一切都能自己把握,他们便没有对于神的需要。就是说,神的出现是因为它有用。神对于人,其价值也在于它有用,只是这种有用性是各种各样的。④不仅仪式过程本身以其约定俗成的象征意味体现为原型,而且仪式活动背后还有原型心理在发挥作用。

仪式的一个重要方式是庆典。理查德·道森在一篇题为《庆典中使用的物品》的论文中指出:"庆典这一术语可以包括节日、仪式、集会、游行、宴会、假日、狂欢以及由这类成分构成的种种综合体。"①

原型与庆典关系的构成,基于庆典仪式所具有的行为模式的鲜明特征。"心理学家试图从庆典的个人行为模式中,把握住难以捉摸的'集体无意识',从而叩开人类心智中最底层的意识之门。""群体庆典的社会化功能更为显著,这一功能体现为庆典的两种相反的作用:一是凝聚向心作用,一是宣泄离心作用。它们往往同时并存,相反相成。""庆典在人类最初的社会形态——原始社会便已出现。最初的庆典活动目的明确而直接。成年礼、祈丰仪式、驱邪仪式,这些都是重要的原始庆典。""庆典是人类的一种重要的交际方式,从这一意义而论,它的本质与语言颇为相似,所以它被称为'一种无言的交往形式'。庆典和语言一样,也是一种符号体系。"②

维克多·特纳在他编辑的《庆典》一书的"引言"中,在分析用于庆典的物品的意义时说:"其他文化的圣物,通常是博物馆收藏品中最美丽、最引人瞩目的部分,它们将永远令西方公众入迷。也许,其中原因是,它们正是西方人为了达到用理性征服物质世界时力图从自己内心意识中驱走的东西。正如做梦及想入非非的功能一样,心理学家认为这种功能是健康的心理不可缺少的组成部分,同样,对于健康的社会而言,这种由庆祝热情而产生出来的物品化的梦想与幻想也是完全必需的。……在这些收藏品面前,我们能够比通过内省更加充分地认识个人的内心深处,因为,尽管它们用完全不同的文化外衣装扮自己,但它们是从全人类这一整体意识的高度

---

① 维克多·特纳编:《庆典》,方永德等译,上海文艺出版社1993年版,第20页。
② 维克多·特纳编:《庆典》,方永德等译,上海文艺出版社1993年版,"译者序"第2、6、8、9页。

产生出来的。"①这说明,庆典仪式的各个方面,都体现了集体的、普遍的心理上的某种需求,并且只有用这种方式才能满足这种需求,它与原型的关联性就在于它的集体参与和约定俗成的象征。"象征物的可视特征及性质与其包含的意义之间有一定关联……这种'自然'相似性是由文化选择的。当这种联系获得解释时,我们认为它们是十分合理的,为我们所熟悉的,是人类普遍经验中的一部分事实","此类物品象征着西方神学家可能称作'神秘物'的东西,它们超出人类认知范围之外,它们是万物底层结构的组成部分(就像康德的'范畴'或荣格的'原型'一样),是无法为理性认识所感知的"。②

关于庆典的特征和功能,特纳还指出,通常庆典具有神秘的"情节",其基础则是有关神明干预人世活动的传说。庆典中既包括仪式框架,也包括游戏框架。广义地说,仪式框架是建立在这一前提之上的:"在这一界限之内,我们所说的、所做的、所想的、所感觉的都是由'让我们相信吧'这一前提所支配的,也就是说,我们信仰真理、信仰现实,相信某种超自然,凌驾于人类、社会、国家之上的力量具有善性,并将它们视作各种现象的初始及终极原因。"而游戏框架则正相反,它取决于"让我们假装"或"让我们使人相信"这一前提。③ 在庆典中,我们不能将参加者从其参加的活动中分离出来,也无法将主观从客观中分离出来。参加者都具有一种参与意识,这使他无法将庆典中的事物群体视作身外之物,他无法与之保持一定距离而加以认知,它们浸入了他的身心,改变了认知模式,令他眼花缭乱、头晕目眩。他无法抗拒象征群体铭刻在他心头的寓意。因此,在庆典中,个人空间被社会化、文化化了,而社会空间也相应被个人化了。

仪式,包括庆典仪式在现代文明社会中的存在,也有着心理方面的原因,有着精神生活领域的特殊作用。有位叫巴巴拉·梅厄霍夫的作家,她写了一本名为《我们的日子屈指可数》的书,在书中她指出:"我们在维持

---

① 维克多·特纳编:《庆典》,方永德等译,上海文艺出版社1993年版,第4—6页。
② 维克多·特纳编:《庆典》,方永德等译,上海文艺出版社1993年版,第11、11—12页。
③ 维克多·特纳编:《庆典》,方永德等译,上海文艺出版社1993年版,第28页。

或修补人际关系方面,在将意义赋予那些我们主观上认为仅仅是痛苦与失落的事物方面,都存在着反复出现的问题。假如我们能认识这类问题并使之仪式化,那么这样做本身便具有深刻的'治疗'价值。""我们需要的,仅仅是一个小小的朋友团体或家庭,某些能给我们以启迪的象征或传统源泉,有关变化的程式及其含义——以及勇气。"她指出了如何用庆典仪式克服困难,或在逆境中坚定生活信念。她列举了如下场合:"绝经期、外科手术、'空空的鸟巢'、退休、五十岁生日、妇女丢弃了她丈夫的姓氏。""所有上述场合都是举行过渡仪式的契机,这些仪式能够把受创伤的体验或被迫改变生活方向的插曲变成承认变革的纪念。我们常常独自一人进行某些带有仪式意味的行为——烧毁已变心的情人的信件,把礼物退回我们觉得不再珍视的人,把头发剪短……"她的提议归根结底就是:我们应当将"心理阈之下的东西"变成"心理阈之上的",即将危机与转折控制在自己手中,将它们仪式化,使它们变得有意义,用一种"庆典精神"经历它们,并超越它们,以焕然一新的姿态开始生活中的新阶段,从世界上最古老、最持久的文化中学到一些它们的智慧,它们对于人类状况的理解。① 仪式作为原型的载体和表现形态之一,其作用至今不衰。仪式,不仅是神话、宗教仪式,而且重要的是人的大量日常生活仪式的艺术化。它可以是习俗,或行为方式的仪式化。仪式作为一种特殊的原型,渗透到人类的日常生活中和意识中,也体现于诸如戏剧、舞蹈等艺术形式中。这说明,仪式是以特殊的方法,以具体的行为为原型的载体,呈现着集体无意识。

综上所述,原型的显现可以借助于多种特定的形式,有多种载体。比如:

作为原型的神话,既具感性结构的特征,讲述幻想的故事,塑造人格化的神话人物,使之以原型形象的形态活跃在人类的精神历程中;同时,神话又具概念结构的特点,每个故事背后阐述一个原型观念和普遍的道理,反复叙说人类永恒的话题。

作为原型的象征,是通过某种具有约定性的象征物,以特殊方法突现

---

① 维克多·特纳编:《庆典》,方永德等译,上海文艺出版社1993年版,第24页。

某种观念。象征作为原型的特质,在于它反复地以具有约定性的他物表达难以言说的意蕴,揭示人的潜意识深层心理。

作为原型的母题,是一个故事的反复和置换变形。根据维谢洛夫斯基的看法,母题是基本的叙述单位,即指日常生活或社会现实领域中的典型事件。[①] 母题是最小的故事单位,母题的特质是将故事中包含的哲理和共通性,抽象化为一种故事的模式,因而具有一种交际性。母题具有原型的要素。但是,母题的功能要以它在形式中的关系来确定。

作为原型的意象,是"意"与"象"在特定情境下契合而成的心灵图式。"意象是精神的产物。它不仅是纯客观的比喻,而是把两种不同的实在骤然拼合起来。那两种实存之间原来的距离愈远,它们的拼合愈出乎意料却又愈恰当,则其产生之意象愈有震撼力。"[②] 它可以体现在艺术作品中,可以是在生活习俗中,也可以是在事象或物象中。

作为原型的仪式,是通过一定的程式化的过程的展开和多次重演,使现实的人沉迷于超现实的特殊情景和氛围之中,唤醒集体无意识,并使之变为现实行为的内驱力。

以上关于原型的载体和具体表现形态的分析,说明了原型的外延并不限于原始意象,而原型所负载的并不仅仅是集体无意识。

[①] 参见 D. W. 佛克马、E. 贡内-易布斯:《二十世纪文学理论》,林书武、陈圣生、施燕等译,生活·读书·新知三联书店 1988 年版,第 34 页。
[②] 程抱一:《法国超现实主义运动》,载《外国文学研究》1983 年第 3 期。

第十四章　原型之源蠡测

原型之源在食色

荣格说:"人生中有多少典型情境就有多少原型,这些经验由于不断重复而被深深地镂刻在我们的心理结构之中。这种镂刻不是以充满内容的意象形式,而是最初作为没有内容的形式,它所代表的不过是某种类型的知觉和行为的可能性而已。"[1]

荣格这段话里有两点值得特别注意,一是他把原型与人生中的典型情境联系起来,认为它是不断重复的经验在心理结构中的镂刻。这可以说是荣格自己破除了原型神秘性的一个重要观点,它为把原型与经验,也就是与人类现实的历史实践过程联系起来,为原型找到现实的基点留下了余地。二是他说这是作为一种形式的镂刻,而不是以充满内容的意象形式的直接镂刻。换句话说,原型不是直接地以意象的形式而是以被抽象化了的

---

[1] C. S. 霍尔、V. J. 诺德贝:《荣格心理学入门》,冯川译,生活·读书·新知三联书店1987年版,第44页。

"没有内容的形式"被承传。一般所说的原型,就是代表某种类型的知觉和行为的可能性的形式。原型的被激活或被感知,有一个通过具体的人生典型情境把形式还原为意象的过程。这同时也包含着这样的意味,即原型具有被抽象化的特点。

上述观点对于我们追寻原型之源,亦即为原型找到现实基点提供了两点启迪。第一,原型之源,必然是与人类生存发展即广义的"人生"有着联系,特别是与人生中的典型情境有着深层的联系。所谓典型情境可以理解为人类生活中的反复发生性和普遍一致性。原型是多种多样的,人生中有多少典型情境就有多少原型。如果说,原型之源是指原型中最典型的、根本的原型或总根源的话,那么,人生中最根本的、最重要的、具有源头特质的典型情境就是原型生成的最初的基础。所以,原型溯源首先就是溯人生之源,追寻人生之根本。据此才能既为原型找到现实的基础,又为原型找到真正的源头。第二,原型既然是人生中的典型情境不断重复而形成的心理经验,并被抽象为一种"没有内容的形式"而被承传,那么,必有一种最具概括力的、涵盖着万物本原的形式被世代相承,这个形式产生的基础必须(也应是必然地)与人生的根本相统一,与人生中具有本原性的典型情境相一致。换句话说,这种涵盖一切的、被高度抽象化的形式,必然是对于人类最根本的典型情境和心理经验的一种抽象,是基于对人类的本原性问题感悟基础上的形式化。进而,对这种形式来源的回溯式的追寻,以及其追寻的终点也必然地与人生最根本的典型情境相对应、相一致。

原型之"原",联系着人类最初的原始的本元的方面,它是一种存在的最初的特殊意识。这些被作为"原"的事物,必然是与人类的生存和发展最密切的、最重要的、最先出现和反复遇到的事物。"型"则表明了这些事物在人类生存发展中的永恒性、共通性和重复性,"型"的存在使"原"的不断重现成为可能。心理原型则是这样一种意识形态。

那么,这个人生中的最根本的典型情境,这个涵盖万物的形式之源是什么呢?

笔者认为,与人类的生存和发展最密切、最重要、最先遇到和反复出现的人生的典型情境就是食色(性)。原型之源,始于食色。

何为食色？我国几千年前的先哲们早有说法，当代的学者也有新的论述。

季羡林先生认为食色是人的本能中最基本的最重要的本能，他说：

> 孔子说："食、色，性也。"什么叫性呢？性就是今天我们所说的本能。人的本能很多，但是最重要的就是这两个。古人也称之为"饮食、男女"，是一个意思。……恩格斯所说的两种生产，正与食、色相当，实际上是人类的两个最基本的本能。……我们可以用两条交叉的线来表示其间的关系。一条横线表示食，表示生存；一条竖线表示色，表示生殖，表示子孙繁衍。没有食，则个体不能生存，更谈不到生殖；没有色，则个体只能生存一代，就要断子绝孙。两者相辅相成，构成人和动物、植物的共同生存的花花世界。①

李泽厚先生说：

> 在现代哲学和现代思想中，除维特根斯坦提出语言本性的重大关键外，以马克思、弗洛伊德所提出的问题最为重要。他们两个人实际上提出的是人的食、色两大课题。生——人如何现实地活着，于是有社会存在——生产方式——阶级斗争——共产主义理想诸题目；性：快乐原则与现实原则——生本能与死本能等等，海德格尔(M. Heidegger)则提出死——人如何自觉意识其当下的存在——来作为补充。他们从不同的角度在不同种类和层次上都紧紧抓住了人的感性生存和生命存在。这生存和存在是非理性的，所以人永恒地不会等同于逻辑机器，这正是人文特征所在。②

---

① 赵国华：《生殖文化崇拜论》，中国社会科学出版社1990年版，"序"第8页。
② 李泽厚：《美学四讲》，见《美的历程》，安徽文艺出版社1994年版，第451页。

众所周知,恩格斯在《家庭、私有制和国家的起源》第一版序言中,也将人类的性称为"历史的决定性因素"之一。

从人性的本元说,"食、色,性也";从人的心理根源说,"饮食男女,人之大欲存焉"。食色是人类为了生存和繁衍,为了族类的延续和发展的最为基本的(基础的)实践方式;"民以食为天",围绕"食"而展开的实践活动和围绕"性"而展开的行为,是人生中所有典型情境中最为根本的、超越种族和时代的典型情境,一切具体的典型情境都可以说是源于这一基本的始点。原型之源,可以追溯到"食色"这一基点。

人类生存的实践不仅仅是为了食色,因为动物也有食色的需要,人类有更为崇高的和丰富的人生追求;但是,离开了食色,人就连动物也不是,就无所谓人类。离开食,人的个体将不能生存;离开性,人类作为族类将不复存在。人类不同于动物之处不在于他要摈弃食色,而在于他超越了食色中的纯粹动物性和升华了食色活动。

"人类生命中伟大的基本冲动,就和整个动物界一样,是食和性、饥饿和爱情的冲动。它们是使低等有机体生存机制得以实现的能动力的两个最初源泉;在我们这个物种中,它们构成了最复杂精细的社会上层建筑。"[①]

食色这种人的生命本能生发开来,就有生命本能、生命意识的顽强的表现,有压抑与释放的关系,发泄与规范的冲突,情与理的矛盾,有理性与非理性,有意识与潜意识。而以弗洛伊德的性本能说来看,潜意识中就有大量的原始生命的冲动和本能,潜意识是被压抑的结果。这个压抑来自人类的文明与进步的过程。人类的文明就是建立在对原始生命和本能被压抑基础上的,文明的代价是对生命冲动的克制。这种说法在文学史中可以找到依据,只是在文学中这种由最原始的生理本能即食色转化为可以被不断发展的社会所接受的形态和内容。

食色在人类历史中的重要性几乎是不言而喻的。食色不是人类的一

---

① J.韦克斯:《性,不只是性爱》,齐人译,光明日报出版社1989年版,第86—87页。

切,但是人类得以生存发展的基础,食色的展开和衍化,使人类形成了各种复杂的关系,包括人与自然、人与社会等大千宇宙的各样联系,也造成了人类世界的森罗万象。人在生存发展过程中遇到的那些具体的、同样重要的、反复发生的人生情景,是各种具体原型产生的基础。正是从这个意义上,荣格关于人生中有多少典型情境就有多少原型的说法是对的。原型作为人类精神世界反复出现的心灵图式和情感模式,是在食色这一根本性存在基础上逐步生成和生发开来的。

原型是人类长期实践所积累的人性的反映,是由人对外界感觉经验同化成的心理事件,并以集体无意识的形态得到呈现的精神现象。但是,不是人类所有的历史实践过程和所有方面都被镂刻为心理原型,而是那些为人类反复遇到的、不可回避的方面被镂刻并生成心理结构。"反复"是原型的特征之一。而对人类来说,最先遇到而最多被反复提出的问题,从根本上说就是"食色",它们关系人类的生存、繁衍,关系生与死,由此派生出人类的发展与进步的具体问题。它是人类一切问题的根本,所以,原型的最初的生成本原是以食色为始点。如果上述假设有道理,那么,我们就可以得出第二个结论——原型的特性决定了原型之源只能在人类总体历史实践中去寻找。

食色作为原型之源主要有两层含义:第一,食色作为原型之源,即作为决定人类反复出现的、人生最根本的典型情境中的心理经验的存在,是一切原型生成的总源头。食和性的意识、行为及其生发、升化和扩展,造成了许多具体的人生中的典型情境,也成为原型生成的基础。由之衍化出情、欲、生、死等具体问题,也演化出人类的情欲、权力欲、物欲等。食色作为人类生存发展的直接的原初的起点,体现着人类最基本的、初始的需求和本能。这种需求和本能因为与人类自身生死攸关,所以无可避免地成为人类一代一代反复着的、不断承传着的一种基本的人生内容、过程和模式,也是一种特殊的社会历史实践。这种生理需求和本能作为第一性的存在决定了人类的精神需求并逐渐变为一种精神本能。原型作为人类精神本能的载体,人类行为的心理模式,它的最初的和最深的层次,就是在这种不断重复发生的、永远不能绕开的基本实践过程中的情感、体验的凝聚和定型,是这种情感和心理的符号化。第二，食色本身具有原型的特征，食色作为不可逾越的人生特定情境的反复和再现，自然地体现为人类在基本需求意义上的集体性，它是集体的人的本性，是无可选择的。这两种基本生存方式被模式化、形式化，本身也生成了与之相关的集体无意识，比如，一个无法否认的事实是，人的潜意识和集体无意识，确实与性有着极其微妙的关联。

原型之源的追寻，即以食色为始点，还关系永恒主题的探讨。在哲学、宗教、文艺等人文科学和社会科学领域，有着世代相承而又不断丰富的对于永恒课题的探讨，如哲学中关于宇宙的本原、关于人的存在及其意义、关于物质与精神的关系等涉及本体论、认识论、发生论、宇宙观等形而上永恒课题，如宗教中关于人的生与死、罪与罚、现世与来世、肉体与灵魂等永恒的宗教课题，如文艺中反复描写的生离死别、情爱性爱、人性善恶以及情理冲突、美丑比照等永恒主题，都从不同的方面涉及一些相似的或共同、相通的永恒课题。换句话说，哲学、宗教、文学、艺术等不同领域都不能回避对于人类世代关心的一些永恒主题的探讨。原型则以"没有内容的形式"，从生理本能、心理情感和文化现象诸种维度，联系着这些永恒的课题，并以特殊的方式使其在人类历史发展的过程中被反复地提出和表现。而不管这些问题的反复和变形中出现了多少种不同的观点，不管对这些课题做出何种具体的解释，归根结底，它们仍然离不开人类将自身的感觉经验同化为心理事件这一探讨的过程，离不开人类将自身的感悟投射于外界的方法，也离不开对于人类的生存发展问题的永恒的思考，不能无视生死这一自然规律，不能离开食色这一人类历史实践的始点。

比如关于东西方文化，特别是神话的起源，就与人类的性意识和情欲有着深层的关系。有学者提出，希腊神话的创世系统是情欲创世系统，世界的创造，被描述为一系列性繁殖的漫长过程：

> 据记载：最先出现的是"混沌"（卡俄斯），继而分裂出"大地"（该亚）、"地狱"（塔耳塔洛斯）和"爱"（厄洛斯）；大地又生出"天空"（乌拉诺斯）、"山脉"（俄耳瑞亚）和"海洋"（蓬托斯）。希腊人以母神该亚为第一位大神，让"地狱"和"爱"与之并列，似

乎在无意之间构成了"生育"、"情欲"和"惩罚"的第一种三角形合力,这本身就已经包含了"性"的暗示。……其他的创始活动,依然是一连串的相爱、结合、繁殖。诸神的性爱,诞生了太阳、月亮、星辰甚至各种各样的风。

…………

情欲引起冲突,一个怀有情欲的主体毁灭另一个怀有情欲的主体,这是希腊神话中的一条重要线索。

…………

诸神和古代英雄的情欲,导致了那么多极端的、毁灭性的结局。为了实现自己的情欲,为了维护与情欲共存的意志和尊严,他们可以去争斗、杀戮,甚至去死,全然不顾实际的得失、不作理智的权衡。这或许是希腊情欲创世系统的一种潜在的悲剧。……

…………

情欲,被希腊传统从神界拉回到人间,从崇高的创造降格为凡俗的本能。人们通常认为,这正是西方近代文化的精神根据之一。[①]

围绕性和情欲的冲突,在古希腊神话中得到了正面的展开,而在东方则是将这种冲突消灭在萌芽中。东方的神话对神的性行为和情欲没有像西方神话那样有着成系统的具体展示,但是,东方,特别是中国的文化哲学的源头却与性有着最为密切的关系。"或许是受到了自身生殖现象的启发,史前人类往往相信世界万物也都有它们的父母,也都是由两种性质不同的事物交媾而生的。在埃及、巴比伦以及其他许多地区,人们认为太阳是阳性的,大地是阴性的,世界是它们互相结合的产物。……这种拟人观的宇宙起源论同样存在于远古时代的中国。有人曾考证说,中国古代神话传说中的伏羲和黄帝,都是太阳神,而女娲和嫘母则是月亮神,他们分别是

[①] 杨慧林:《罪恶与救赎:基督教文化精神论》,东方出版社1995年版,第7—11页。

华夏民族的父神和母神。汉语中的'阳'和'阴',其义既分别为太阳和月亮,又分别为男女的生殖器。"①荀子认为:"天地合而万物生,阴阳交而变化起。"可见,食色,特别是性,不仅被视为人之本性,而且被推及万物,作为万物起源和变化的始点。

食色问题关系永恒主题,并以原型的方式得到确认,还因为,它们在人类历史实践中的展布和演化表明了一种带有规律性的现象:一方面,食色的展开和升华不管达到何种程度,总归不能脱离它在深层的制约作用,食色特别是性问题,或隐或显地成为人们永恒关注的对象,并成为一种潜隐形态,渗透在日常生活、社会习俗、语言行为、文学艺术等现象中;另一方面,食色又不只是食色,性不只是性爱,这一点已被人们充分认识到。有学者指出,"我们倾向于把性看成一种变化不定的力量,它依靠肉体的资源,为欲望的无数表现形式提供能量,并且具有种种独特的影响"。但是,"只看性的'自然的'构成,我们就不用指望能理解性。只有通过无意识的过程并以文化形式作媒介,才能够认识这些构成的成分,赋予它们以意义。'性'是个体的体验,也是历史的体验"。② 人类精神世界的发展,可以说伴随着对食色的某种超越和升华,可以说,食色,特别与人类的集体无意识密切相关因而与原型相关的性,它的原型意义在于:一方面是人的生存发展的生理维度之"原",另一方面还是人类精神发展的心灵维度之"原"。有了这种"原"作为基础和内在的动力,才能有此后的超越和升华。

食色的欲求派生出人类的其他生理需求,也衍生出与之相应的精神需求和情感体验。"毫不夸张地说,我们的生命无时无刻不受到性的各种表现形式的影响。人们通过对生活在一个无性的个体社会中的想象就可以理解性的重要作用。"③

它派生出物质欲、情欲、权力欲、占有欲等,进而演化出人的种种具体的精神需求和欲望。"性爱冲动是一个巨大的题目,它所有的分支,总是

---

① 魏光奇:《大智心魂:哲人的旅程》,北京燕山出版社1993年版,第3页。
② J.韦克斯:《性,不只是性爱》,齐人译,光明日报出版社1989年版,第3页。
③ 威廉·丁·费尔汀:《爱与性激情》,单庸、李欣雁等译,太白文艺出版社1994年版,第1页。

诗人、小说家、剧作家和艺术家的重要主题,并且一直为所有时代的哲学家、预言家和形而上学家所研究和分析。它既造就了不朽的美、生命的欢乐和理想,造就了小说、艺术,也同样祸患人类心灵。"比如,"性通过自身进展为别种爱","恋爱也可以转成友情,将性欲所象征的蓬勃的生命力集中转换为知识欲、宗教热情、表现欲、对祖国的爱、出人头地的野心……另一方面则可以说,表现为自杀、情死、爱的病态以及因爱而犯罪这类爱的悲剧"。① 我国的冯梦龙也讲过:"情始于男女",然后"流注于君臣、父子、兄弟、朋友之间","六经皆以情教也"。② "天地若无情,不生一切物,一切物无情,不能环相生。"袁枚则说:"情所最先,莫如男女"③。

追寻原型的本原,并提出以食色为其始源,并不是要退回到弗洛伊德性本能说,而是相反,从中窥见人类在发展过程中,如何将生理的、本能的欲望变为社会规范和情理。这里面有压抑、束缚、变形,也有发泄、释放、升华,还有象征、暗喻和超越。其中经过原型的反复出现和被激活所折射的正是人类的情与理、自然本能与社会规范、意识与无意识之间的深层关系。另外,追求原型的本原,是为原型这一精神现象和文化现象的生成找到现实的基础,并把它纳入人类历史实践过程特别是精神发展史中观照。

食色作为典型情境元点

一、从生理之维来看,食色作为人类本能,是一种无法避免的生存方式中的基本的原型

食色关系生存与繁衍的本能需求,人的未定特性的表现,人由这种未定特性所产生的心理的一切不足,都是以这两种本能的未定特性和不足为基础和前提的,这就是食色作为原型生理之维的逻辑推理。对于个体和人类族类来说都是如此。正是这一内在的原因,这一普遍的人人都存在的生

---

① 今道友信:《关于爱》,徐培、王洪波译,生活·读书·新知三联书店1987年版,第47—48页。
② 冯梦龙:《情史叙》。
③ 袁枚:《答蕺园论诗书》。

物要求,才是现实的人类实践的原初动因。

食色共同关系着人的生(人的"来")和死(人无法避免的"去"),它首先是一种生命冲动,是人类生物性本能。没有这种冲动作为动力,人类的生命就停止了。哲学人类学家指出:"生命冲动在历史发展中起动力作用。人的欲望、本能和激情在历史发展中有巨大的力量,生命冲动在历史上曾引起了经济的、政治和种族的运动。如果没有性欲的冲动,婚姻、家庭和民族的形成及发展是难以想象的;如果没有权力的欲望,国家和政治机构的产生也是不可理解的;如果没有饥饿的需要,经济活动的发展是不能说明的。生命冲动在历史中还具有充当某种选择性的可能,它使人类倾向于一个方向,避免另一个方向,并通过人类历史的实践去完成这个目标。在历史发展的过程中,一个欲望满足了,另一个欲望又会产生,每一种冲动能作为独立的变量在历史中起统治作用。一定的时期总是以某一冲动为主,其他交互作用。……在所有的生命冲动中,性欲是最基本的冲动。"[①] 弗洛伊德用"力比多"来解释历史的发展,用"俄狄浦斯情结"来解释文明的诞生,用"反性论"来解释人的精神活动,有着显而易见的片面性,但是,不能因此否定它的重要性。

存在决定意识,那么,最初的意识只能由生理需求这种最初的存在所决定,食色,就是人类作为一个族类最初需求的存在。

人类的食色不同于动物的摄食和繁衍,在于人类在实践中意识到,必须对食色有所规范,为了更好地满足这种需求必须限制这种需求。

随着社会的发展,繁衍生育在性中的位置发生了变化,性过程不再仅仅是为了生育,而变成了另一种生活内容。从性意识、性动机来说,男女各自把对方作为满足自己人生幸福的对象。于是,性的活动与生育繁衍有了区分。现代社会中出现的一种倾向,是把性过程作为一种同食相似的人生享受。这也是人不同于动物之处。人无发情期,就意味着性活动的未定特性,这为人类充分展开这一活动提供了生物基础。人类所有的本能中最重要的是食色本能,最重要的具有超越个体性的人生典型情境是食色及其派

[①] 参见欧阳光伟:《现代哲学人类学》,辽宁人民出版社1986年版,第68—69页。

生的典型情境,人类将最深层的最隐秘的心理体验转化为一种无师自通的本能的也是食色。① 从这个角度说,食色作为原型之源,有其生物学方面的根据。这与我们在第九章中关于原型的生理之维的论述是一致的。

二、从心理之维来看,食色与人的欲望相关,是欲望的始点和原型

食色是人的基本的生理需求,它是人类得以繁衍生存的基本方式,是经过长期的实践的产物,其中既有生理的因素又有心理的萌芽。

食色作为原型之始,从生理之维与心理之维的关联性来说,也许与食、与色(性)行为过程和生理机制的特点有着某种联系。

食的生理机制和目的是吞进、吸收、消化,即把"物"变为我(自己身体)的一部分,是一种物质、能源的转换,它产生的深层心理机制是将对象化为己有,是将对象转化吸收为自身。把食扩大,就有关于摄食的努力,把一切与之联系,消灭对象而使自己不被"吃"。色(性)有着二重的意义,一是为了释放生理欲望,一是为了繁衍子孙。性的生理机制和目的是征服、占有、合而为一和创造一个新"我",性征服是一种有着复杂微妙含义和心理内容的隐秘行为,它产生的心理机制和情感模式是发泄、占有和满足。人类的生存方式、社会运动的直接动机,永远也离不开这种性质:一是将对象变为自身的一部分;一是把自身投向对象,而使自身得到无限的发展扩张。这就是说,食色的生发联系着人类最初的欲望,自然也联系着人类精神发展。食色这种人类的集体的生理本能,在人类历史实践中转化为一种精神的体验模式即心理原型。

生命和精神需要相互补充,其中作为生命冲动最重要内容的性的冲动自然与人类的精神史有着不可割裂的关系,甚至有着发生学的意义。

人类学家指出:一方面,生命冲动强大而富有活力,然而却盲目趋向有限困境。它需要精神限制和引导。精神协调人的各种欲望和需要,引导生命冲动实现精神和价值的目的。另一方面,精神丰富而绚丽多姿,然而却虚无且缺乏动力。精神作为一种动态的趋向性需要有实在的内容去充实它,精神作为一种虚无需要生命去"加重"它,精神需要从生命冲动中汲取

---

① 参见欧阳光伟:《现代哲学人类学》,辽宁人民出版社1986年版,第68—69页。

原始的力量、激情和欲望。精神只有在生命冲动的推动下才能实现其无限丰富的样式,才能达到自身最终的完美与和谐。生命和精神互相依赖,甚至在一定条件下互相转化。原始的欲望在一定的条件下可以转变为爱情。本能的激情,在一定的条件下可能会成为不朽的文学艺术巨作的开端,权力的野心在特殊的环境中可能是一个军事家的基本前提。①

由食色这种生物本能和生理机制所引起的深层的心理情感,是原型中最为重要的内容,也是一个无法回避的集体无意识内容。因为食色与人类整体发展的空间与时间相联系:在空间上不断地扩大自身的范围,在时间上不断地延续自身的生命。

食色是原型之始,从心理之维来说,还基于这样一个理论逻辑:人类初期、原始先民对于外界事物的感知理解的普遍过程是把人自身投射到对象上,以人自身的生命过程去推断外物的演变过程。而人类将自身所透射的那个内容及其意识,仍然是最基本的问题:食色,这就是食色的展布。

食色,特别是性以及与性相关的现象,在原始先民生活中的重要性和在他们精神中的重要性,在原始艺术中有着突出的表现。比如在原始岩画中,性崇拜、生殖崇拜等是广泛的表现对象。具体是:第一,直接表现男女交媾动作的岩画。这些图画中,有些场面显得自然,有些则夸张,似乎是怀着激情或是神圣的心情绘制出来的,有些则似乎与现在某些乱刻乱画的图像相类似,然而在原始时期,它们可能同样反映着十分严肃的人生课题。第二,与其他情景结合在一起的性崇拜场面,如表现裸体和性交的舞蹈,如夸大性器官的狩猎动作等。这类岩画中最典型的是新疆呼图壁康家石门子岩画,它基本上是以表现性活动和张扬性特征为主要内容,中间又有盛大的舞蹈场面,或者是将性器官和性特征的夸张表现与舞蹈结合在一起。第三,与祭祀等活动结合在一起的生殖崇拜和性崇拜场面。第四,象征性器官和性意识的符号。有的岩画将男女生殖器及其象征符号与其他一些较具体的物象绘于一体,可能是表现与性和生殖崇拜有关的含义。生命的存在和繁衍,是原始人类面临的最重大最现实的问题。当时人类寿命十分

---

① 参见欧阳光伟:《现代哲学人类学》,辽宁人民出版社 1986 年版,第 64—65 页。

短暂,围绕着生命的延续和繁衍,人类竭尽全力去面对世界。

为了更好地生存,原始先民在实践中逐步产生了对于自身与他物(客体对象)之间关系的感悟,有了人与自然、自己与他人的关系的朦胧感知。人们开始注意太阳、月亮与自己的关系,大地、高山、江河与自己的关系,春夏秋冬的变化与自己的关系。进而他们试图以人的意志来把握这些自然现象,使其按人的意志行事。要达到这种目的,首先他们要把这种外界感觉同化为心理事件。那么,他们以什么为原型和图式来同化外界感觉,或者说要把这种外界感觉同化成一种什么样的东西才能使其顺应人的意愿呢?不是别的,是人自身,是男女构成的人的世界。"在野蛮人那里,完全不可抑制的性在他们的无知和害怕中实现了它的对象化的力量。不用说,它的影响支配着他们的宗教法典和仪式。通常,他们乞求他们的众多不同的神的指引——换种说法就是,他们对自己催眠,进入相信自己的下意识的想象和幻觉,不经意地复苏他们的梦幻,并在宗教仪式、象征和禁忌中戏剧性地表现它们。"①弗雷泽在《金枝》中对于原始仪式的目的性的解释中,就指出过仪式与性意识和性活动的关系:"人们常常在同一时间内用同一行动把植物再生的戏剧表演同真实的或戏剧性的两性交媾结合在一起,以便促进农产品的多产,动物和人类的繁衍。对他们来说,生命和繁殖的原则,不论就动物而言还是就植物而言,都只是一个不可分割的原则。活着并引出新的生命,吃饭和生儿育女,这是过去人类的基本需求,只要世界还存在,也将是今后人类的基本需求。在其他方面可以加上人类生活的富裕及美化,但除非上述需求首先得到了满足,不然的话人类也就无法存在了。因此,食物和孩子这两种东西乃是人们用巫术仪式来表演季节运行所追求的最主要的东西。"②

从这个角度说,食色这种基本生活方式、生命过程,是人类最早将主体意识投向客体之始,食色这一人生典型情境是人类最先把外界感觉经验同

---

① 威廉·丁·费尔汀:《爱与性激情》,单庸、李欣雁等译,太白文艺出版社1994年版,第40页。
② 叶舒宪选编:《神话-原型批评》,陕西师范大学出版社1987年版,第50页。

化为心理事件的基础。

三、从文化之维来看,食色与禁忌相关,对于食色的生理本能的规范和引导是文明产生的原型和始点

由人的食色的未定特性的本能所展开的人类社会实践,产生了文化,文化是为了更有效地满足人的食色(广义)的需要,它一方面创造,另一方面遏制本能不向畸形发展。文化的功能不是抑制人的本能的发挥,而是为这种未定特性选择和把握方向。

"食、色,性也",告子的观点受到孟子的批评,是为了防止把人性仅限于食色。我们说食色是原型之源,而不说生死是原型之源,是因为:第一,食色是人类为了生存和发展所必需的生存方式,它是永恒的仪式,是抗拒死和渴望生的方式,换句话说,抗拒死和渴望生是食色本能所引发的人的最直接最根本的情感动力;第二,食色本能又不同于生死观念,它以实实在在的需求与人的无止境的欲望相联系,它是一种由实际目的所决定的能动性。为了生存得更好,为了抗拒死亡,寻求最大的、最好的享受,追求最为完满的、惬意的性的满足,是人的生存活动的重要动力。但是,人类不能为食色目的本身而不计后果,不能任凭本能冲动无限地泛滥。人类社会的禁忌、规范,从根本上说,不是为了泯灭人类的这种欲望和动机,而是为了有节制、有秩序地实现这种目的;反过来说,为了更好地满足人类自身的欲望,人类必须节制。从这个意义上说,无限的任意的人欲横流,将导致人类自身的进步发展的受阻。正如民间所说的,人和动物的区别之一是,动物知足而不知耻,人知耻而不知足。人的知耻之心并不是先天生来的,而是后天教养的,是由"需要"而产生的文化。

食色所具有的文化意味,在现代社会也有曲折的表现。比如在现实生活中,随人们价值观念的变化,某些人逐渐把生存的方式和目的降低为不顾一切的食色的满足。不择手段地挣钱,有了钱以后,便大吃大喝,玩弄异性,这不再是一种简单的生理生存的需要,而是一种成功、富有、有能耐的表现和炫耀,自然生理本能与人性的恶欲暴露无遗。这不是展示人的美好向往本性,而是展示人的自然欲望。有位作家不无激愤地写道:

当吃超出了身体需求,变成一种考究、一种炫耀、一种摆谱、一种身份、一种异化心态、一种奢侈之象时,吃,就不单单是吃的问题了。尤其这吃与流行音乐、电视广告、畅销小说、卡拉OK广连一气,成为大众审美热点和消费取向的"主旋律",成为都市青年赖以生存的日常宗教和信仰,它的负效应便无情地凸显了出来:吃喝代替社交,形象代替自我,画面代替阅读,音响代替思考,眼睛代替大脑……没有心灵的享受,也没有思想的盛餐,就连语言也被标准化和程式化了。……

这种由"耗能文化"支撑身心,靠拥有支配生活的必然后果是,人的精神主体和内在灵魂被抽绎殆尽,成为无空间向度和时间维度的"空心动物"。感官反应愈发敏锐,心智却益发蜕化——人最终将滑向欲望和堕落的深渊。①

笔者所以引这一段话,主要是因为它为我们了解食如何在人类社会生活中的展布提供了例证,使我们看到,每天都离不开的食这一维持生理需要的行为,如何变为一种文化意识,一种深层心理的反映,从而引发我们对于人性的思考。弗洛伊德说:"一般言之,我们的文明可以说是建基在本能的压抑上面的。每个人都要牺牲一部分——他人格中的好胜心、领袖欲、侵略性以及仇恨的倾向,从这些来源积聚起文化的素材、理念的财富,而归诸公众享有。""性本能实在包含着种类不一的冲动,我们或不如更正确地说:人类的多种性本能——已经超越了动物所具有的周期性,而发展得远比大多数的高等动物还要强烈。这种涓涓不绝的性本能,拥有一个明显的特色,便是当它受阻时(阻力总是很大的),能转移其目标而无损其强度,因而为'文化'带来了巨量的能源。这样地脱离原先的目标,凭借着强弱不一的心理联系,攀缘附合于其他事物的能力,便叫做升华作用(sublimation)。"②

---

① 王英琦:《愿环球无恙》,载《当代》1996年第2期。
② 弗洛伊德:《爱情心理学》,林克明译,作家出版社1986年版,第170页。

食色不能绕过,说明它是无可避开的一种"真",而人类为了生存的"好"必须以"善"和"美"为规范、为导引,从而努力达到一种真正的完美。莫里斯《裸猿》中就论述了人类作为"裸猿",学会了掩饰和转移注意力,以保护自身及其目的的达到。尼采在《悲剧的诞生》中指出,人既有作为酒神狄俄尼索斯的一面,又有作为日神阿波罗的一面。酒神和日神代表人存在的两种倾向,两种统一于一身的本质结构。酒神代表人的欲望、激情和冲动,日神则代表人的静观、睿智、完美的精神状态。人类的精神,心灵欲望,不管是理性的思考,或是感性的欲求,都不能脱离人类基本的生存目的无限膨胀,否则就会走向反面。人类的理性与感性,是周期性的反复的,心理的张弛与这种周期有关系。

人类为了更好地满足自身的需求并发展自身,产生了社会的伦理道德、行为规范,对于人的精神欲望和行为进行规范,甚至压抑,久而久之,就有潜意识的存在。这种潜意识在文艺中,一方面是升华,另一方面则是一定程度上的宣泄;其表现形式,一是隐,一是显。一般来说,文学对于由食衍化出的方面表现为显文化,而由色衍化出的方面则多为隐文化,这是与人类对性的禁忌相关的,与人的潜意识相关的。文学中反复表现的母题、模式既与人的意识、理性相关,也与人的潜意识、感性相关。

四、食色的显与隐和集体无意识

为什么追逐食的行为变成赤裸裸的争斗和公开的活动,而色为何变得隐秘和不可告人?

在远古人类的意识中,色甚至是比食更为重要的问题(这在原始艺术如岩画、陶塑等生殖崇拜现象中有着表现)。性自古就是一个说不完的话题。性之所以说不完,一个重要原因也许就在于性是隐文化,而食变为显文化。性先是有了它的神秘性,并与羞耻心结合,然后才有对它的神秘、神往和好奇。性与食同为人的本性,但它何以会造成这种心理?这是值得研究的。

西方学者指出:"自从基督教增加了赌注并注重作为德行根源的性行为以来,与性有关的每一件事物都成了我们文化中的'特殊情况',引起了种种极不一致的态度。"①

也许可以说,性的神秘,性与无意识的关系,最重要的原因就在于它在文化中被作为一个特殊情况来看待。

性的神秘性(原始先民对之的不可理喻)、隐秘性、个人性,以及性与人的欲望(占有欲、征服欲)、羞耻心相联系,它在人类整体生存中的反复性与生(由此而涉及生命意识)的关系,说明性比食显得更为复杂,更多地含有精神和心理方面的因子和情感方面的要素。这是人的性意识和性活动不同于一般动物之处。

性的隐秘性,一是产生于原始先民对它的神秘理解,二是产生于对性的限制,这种限制在最初不是因为精神上的羞耻,而是为了子孙的繁衍,乱伦禁忌是人类第一种禁忌。只有乱伦——而不是许多人所认为的同类自相残杀——才是世界上的第一种禁忌。性的隐秘性与私人性,最充分地反映了人类文化的制约作用,反映了人性的特征。而这种抑制、隐秘性,反过来又刺激了用各种方式对它的追求,以及变化和升华。色(性)的神秘性使之具有加以想象的更大可能性。

性走向隐秘,可能伴随着从基本的生存的需要转向心理的体验。从基本需求到生存体验,从生理到心理,从生物性到文化性,既是一种生理满足的变化,也是心理体验的满足的变化。从生存的需求到人生的体验是一个重要的转变,它衍生出人类生存发展的新天地;体验人生伴随着人的欲望的膨胀。性是一种与欲望结合在一起的需要,为了满足人的欲望,推动着人更多的创造性出现,它成为一种无止境的本能欲望与心理欲望的反复和循环。性一直因为禁忌而在文学中遮遮掩掩,这如同衣服的作用一样,遮掩产生好奇。它不断禁忌而又不断触及本身就说明其是人的本性之一,不可回避。

性的隐秘性在人类历史上肯定产生过重要的作用,这是人在发展中选择的一种自然成果。扼制人性恶,不是说人性中的本能要求本身是恶的,而是这种本性不加限制地放任发展而危及人类整体的生存繁衍。性活动

---

① J. 韦克斯:《性,不只是性爱》,齐人译,光明日报出版社1989年版,第1页。

本身并不恶,但它失去节制即荣格所说的阴影的自由冲动就会产生恶。社会丑恶现象是人的自然本性失去了社会规范而走向畸形。其中生理快感是最容易失去控制的体验。性禁忌的出现,既是人类为了族类生存发展所做的对本能欲望的限制,也是文化的产生,性的本能欲望在文化的制约下,许多方面积淀为一种无意识。

食的公开和色的隐秘的产生形成了文化的隐与显。这在文艺中有着突出的反映。文艺的作用不是照搬人人都看得见的现象,而是要表现虚拟的"现实",表现人的精神向往,满足人的心理需求。相对而言,食较之色,从生理需求上说更为重要、必需和每个个体毫无例外地不能绕开,这就决定了它的普遍性和公开性,缺少神秘和新奇。缺少神秘与新奇,文艺对它的直接表现就没有吸引力,只有它变成一种与其他因素结合而构成的复杂现象,文艺才对人食的心理和过程产生兴趣。相反,对于色,文艺中对它的表现如同现实中一样,多了掩饰和神秘。我们很难对关于性与人的羞耻心的关系的理论做出定评,但是,性与这种心理的关系是显而易见的。吃是一种显文化,它在文艺中的反应是以食为始点的人类生存发展的演化,是在这一基础上所展开的人类社会生活和历史的画面和精神现象。就是说,文艺一般不直接表现吃本身,除非吃是一种文化现象。而色(性)是一种隐文化,它有着较之食更为强烈的人类理性与非理性、禁忌与越轨、社会性与自然性之间的冲突。正是这种禁忌、理性约束和性本身的隐秘特征,造成了一种压抑、一种集体无意识心理,所以它成为文艺的一个潜在永恒的创作领域,成为一个永远的原型。当然这不是可以反过来说的一个简单问题,不是说人类如果没有性的禁忌就没有对于性的神秘,不是主张性解放。然而,我们却不能否认这样的事实,禁锢刺激好奇、变态,但是,无限的解放也会产生由刺激而带来的恶性循环。文艺不应回避性问题,而是要引导人们,给人以健康的性观念。

性的神秘化在一定意义上可以作为集体无意识生成的标本来考察。随着历史的推移,"在现代文明生活中,性可能比饥饿更多地进入了意识"①。

人类的性意识,可以说是一种典型的潜意识,它在社会化过程中被伪装和抑制,但是,却变相地在社会活动中流露出来,或者被升华为超生物性的心理和行为。莫里斯指出,人类社会在性问题上形成了许多"限制与反限制措施",而且其精到和微妙令人感叹。性问题上的这种限制与反限制的矛盾,推及于日常生活和社会活动中,变为一种处理人与人关系的特殊方式。莫里斯说:"看到这一系列两性问题上的限制与反限制措施,你可能不禁感叹,既然如此,还不如返璞归真倒来得干脆些,何必在同一间屋子里又放冷气又烧火炉呢?按前所述,采取限制措施的理由已经够明白了:抑制性放荡,防止对偶关系破裂。可为什么不在公开场合进行全面的限制呢?为什么不把生物的、人为的种种性信号一概限制在配偶之间的私下场合呢?部分答案在于,我们的性机能高度活跃,不时地要流露出来。……但这只是答案的一部分。两性关系还常被用作确定地位的手段。这在其他灵长目动物中屡见不鲜。如果一只母猴想走近一只龇牙咧嘴的公猴,却又丝毫无意与之交配,它会向后者发出性信号,这不表示它想交配,而只是为了在一定程度上煽起后者的欲火,以抑制其欺凌弱小的秉性。这种行为模式被称作转换动机行为。母猴通过性刺激方式改变公猴的初衷,从中赚得便宜。裸猿也有这么一手。很大一部分人为的性信号即属此例。在异性跟前风度翩翩,魅力过人,往往能有效地消除对方的不友好情绪。"②这至少可以部分地说明,性作为一种深隐层次的潜意识心理,确具有原型心理的特性。

阴阳作为符号原型

原型是模式,也是形式,追问原型之源,首先是追问原型作为模式之源,或者说追寻那个最具模式化的原型。如前所述,这个最具模式特性和

---

① J. 韦克斯:《性,不只是性爱》,齐人译,光明日报出版社1989年版,第1页。
② 苔丝蒙德·莫里斯:《裸猿》,余宁、周骏、周芸译,学林出版社1987年版,第54—55页。

概括力的形式,从逻辑上说应该是作为原型之源的特殊符号,而它的缘起也必然是原型的源头。

人类社会生活是由符号和概念图式象征组成的秩序,用符号概念来把握世界可以说是人类在历史实践过程中生成的一种成果和客观的文化现象。而在符号概念中,对事物的对立统一的关系的意识,构成最普遍的概念图式和标识。列维-斯特劳斯用结构分析的方式,从人类文化现象中抽取出联结各个范畴的结构,归纳出一种普遍的概念图式,并把它理解为一种智力性事实。列维-斯特劳斯在对原始社群的社会结构、历史结构、神话结构和思维结构中,发现了具有"最广泛的一般性和最极端的抽象性"的二项对立图式。就是说,在概念图式中,二项对立图式是最典型和普遍的,如高与低、右与左、和平与战争等。结合他的结构主义理论,他认为,二项对立图式是一种心灵的永恒结构,是先于社会、心理活动以至有机体的一种无确定存在方式的初始事实——它充当着人与社会、文化与自然沟通的中介。这种二项对立的概念图式,比较接近于原型模式。其实,在古代西方,毕达哥拉斯学派在提出"数乃万物之源"的理论时,就由数的奇偶推演出事物的对立统一的现象,其中应该说就包含着二项对立图式的因素。亚里士多德在《形而上学》卷一章五中就指出过这种现象:

这些思想家,明显地,认为数就是宇宙万有之物质,其变化其常态皆出于数;而数的要素则为"奇""偶",奇数有限,偶数无限;"元一"衍于奇数(元一可为奇,亦可成偶),而列数出于元一;如前所述,全宇宙为数的一个系列。

这学派中另有些人说原理有十,分成两系列:

有限 奇 一 右 男 静 直 明 善 正
无限 偶 众 左 女 动 曲 暗 恶 斜

阿尔克·迈恩似乎也曾有同样的想法,或是他得之于那些人,或是那些人得之于他;总之他们的学说相似。他说人事辄不单行,世道时见双致,例如白与黑,甘与苦,善与恶,大与小。①

在不同文化的各种概念图式中,最具有原型性质的概念图式,我以为是中国《易经》中阴阳符号,它可以说是符号原型。

《易经》中的阴阳符号,即《易经》卦象中的—(阳爻)和--(阴爻),可以说就是最具概括力的概念图式符号,是建立在二项对立思维基础上的可以涵盖万物规律的原始意象,是一个典型的领悟模式。阴阳卦象为一种可以推演开来、表示万物的特定符号,是一切原型之源的象征符号。阴阳符号具有在把世界万物对应为对立模式中把握它的特质的功能。郑玄在《易赞》及《易论》中说:"《易》一名而含三义,易简,一也;变易,二也;不易,三也。"②这就是说,《周易》是探究宇宙人生中的必变、所变、不变的道理,讨论人类知变、应变、适变的法则,以作为人类行为的规范之书。有学者解释说,"易"有变易(穷究事物变化)、简易(执简驭繁)、不易(永恒不变)这三重意思。③ 而作为"易"的基本符号的"阴""阳",则无疑包含着上述意蕴。"《易》道广大,无所不包。"(纪昀《四库全书总目提要》)《易经》的功能之一是对普遍一致性和重复发生性的高度抽象,阴阳爻就是用最简单的形式表现最复杂的内容,用以解释万物之本质及其相互关系。其中的二元对立思维既是中国特有的方式,又是人类共同的认识方式,它在希腊哲学中就有反映。

《易经》中阴阳观念的形成应该有大量具体的二项对立的事实作为感知基础,就是说,这一概念是对许多具体二项对立的一种最抽象的概括,它的出现可以推知比较晚,至少经过了一个长时间的感知、体验过程。那么阴阳这一可以涵盖一切的抽象模式,它的最先的起源又是从哪里来的呢?

---

① 亚里士多德:《形而上学》,吴寿彭译,商务印书馆1959年版,第13—14页。
② 欧阳维诚:《周易新解》,岳麓书社1990年版,第2页。
③ 参见刘达临编著:《中国古代性文化》,宁夏人民出版社1993年版,第196页。

《易》曰：宓牺氏仰观象于天，俯观法于地，观鸟兽之文与地之宜，近取诸身，远取诸物，于是始作八卦，以通神明之德，以类万物之情。

阴阳符号在对立关系中把握世界，或者说在观物取象，对外界感觉的基础上，以男女自身为依据将其同化为心理事件，进而从两性中化生出的具有二项对立的象征符号。许多现象说明，人自身的二项对立即男女现象，可能是一个最先为人类所感知的关系。人自身的存在，在二项对立概念的生成中起到了"第一个"模式的作用，男女的"区别"和"合一"是人类产生二项对立的概念模式的"第一种"感悟。

关于阴阳卦象符号与男女两性的关系，《易经》本身已有说明："乾道成男，坤道成女"，"一阴一阳之谓道"，"子曰：乾坤，其《易》之门耶？乾，阳物也；坤，阴物也。阴阳合德，而刚柔有体"，等等。《易经》的"上经"以天地乾坤开头，"下经"以男女开头（咸卦），昭示着男女两性关系的普遍象征意义。中国有"天公地母""雷公电婆"之说，也是这种观念的表现，《易经》中的阴阳可为反向回溯原型之源的标本。而它的产生，也与前面笔者所说的原型之源的男女两性有着最为深层的关系。换句话说，阴阳符号，作为涵盖世间万物之象的符号，它的源头与原型的源头是同一的。

现代中国学者对此又找到了许多证据并进一步做了论述。据记载，1923年5月钱玄同在《答顾颉刚先生书》中，首先提出易卦与生殖器的关系，他说："我以为原始的易卦，是生殖器崇拜时代的东西；'乾''坤'二卦即是两性底生殖器的记号。"[①]1927年9月，历史学家周予同撰文专论"孝"与"生殖器崇拜"。他在文章中也表明了相同的见解："《易》的--是最明显的生殖器崇拜时代的符号。—表示男性的性器官……--表示女性的性器官。"[②]周予同先生还说："在儒家的意见，以为万物的化生，人群的繁衍，完全在于生殖；倘若生殖一旦停止，则一切毁灭，那时，无所谓社会，也无所谓

---

① 顾颉刚编著：《古史辨》第一册，上海古籍出版社1982年版，第77页。
② 朱维铮编：《周予同经学史论著选集》，上海人民出版社1983年版，第86页。

宇宙,更无所谓讨论宇宙原理或人类法则的哲学了。所以'生殖'或者露骨些说'性交',在儒家是认为最伟大最神圣的工作。"①1928年,郭沫若进一步发挥说:"八卦的根柢我们很鲜明地可以看出是古代生殖器崇拜的孑遗。画一像男根,分而为二以像女阴,所以由此而演出男女、父母、阴阳、刚柔、天地的观念。"②

当代有学者则更为明确地指出了阴阳符号与男女两性的关系。如赵国华在他的《生殖崇拜文化论》中,考证了在原始彩陶纹饰图案中的性符号与八卦的关系。杨义则认为,圆形轨迹是中国人宇宙论和生命论的动态原型,圆形结构的运转和破毁实际上是由阴阳两极提供内在的驱动力。"两极性的构想,最初是与男女两性关系相联系的,或者说是男女两性关系在天地万象中的泛化。人按自身的性质构成去解释天地,却又颠倒了这种学理发生学的过程,用天地的性质构成来解释人自身,从而以颠倒所增加的神秘感而形成信仰。"③有学者明确提出,太极图起源于性交合崇拜:"太极图中白色和黑色的文化内蕴分别与男、女生殖崇拜有关","太极图同性交合崇拜一样渗透于中华传统文化各领域","太极图之源《周易参同契》的理论基点是性交合崇拜"。④

有研究者进一步提出,"《易经》、八卦中的阴阳符号是男女生殖器的形象和意会象征的综合符号"。"《易经》通过对性交的描写,以赞美宇宙生成万物的伟大,把两性的交媾推及到天地交合的广阔领域,并把对人的生殖行为的赞颂普及到对社会、政治、道德的产生与运动的赞颂。《周易·系辞上》云:'生生谓之易'。这就是说,生生不易的生殖运动构成了《易经》的根本思想,这一重视生命延续的思想对后来的中国文化的影响是极为深远的。"《易经》"是一本具有很深哲理的著作,它把男女两性视为自然的一部分,以男女两性的相交来联系自然,重点阐述自然与人变化(易者,变也)的原理。它将自然界被动的力量称为'阴',将主动的力量称为'阳',

---

① 朱维铮编:《周予同经学史论著选集》,上海人民出版社1983年版,第78页。
② 赵国华:《生殖崇拜文化论》,中国社会科学出版社1990年版,第1页。
③ 杨义:《中国叙事学:逻辑起点和操作程式》,载《中国社会科学》1994年第1期。
④ 普学旺:《论太极图起源于性交合崇拜》,载《寻根》1996年第3期。

并描述阴阳如何交互作用而推动'气'沿着至高无上的自然法则来进行。一阴和一阳之间的交互作用叫着'道',作用所产生的生生不息过程叫着'易'(变化)"。①

还有学者认为,道家的根本思想同样发生于生殖崇拜。《老子》说,"玄牝之门,是谓天地之根","大邦者下流,天下之牝,天下之交也。牝常以静胜牡,以静为天下"②。老聃显然是从女阴的生育功能引申出天地的起源,又从男女交合引申出人生思想上的无为守柔、致虚守静。这也说明,《易经》中的阴阳二元论和太极一元论,其实都源于生殖崇拜,因为既然生殖行为源于男女双方交合,那么在被拟人化的无生命世界也一定存在着双方既对立又统一的相互作用的原因,于是由此演绎出天地、刚柔、父母等一系列的对立统一观念,而阴阳正是这一系列观念的归纳和概括。"这样由《易经》中的生殖崇拜所引发的生殖文化就出现了两方面的特征,首先是对祖先神灵敬畏,儒家不信鬼神,却对祖先格外敬重,原因就在于此。其次,由生殖行为的男女相交导致了思维上的二元思维,从而把生殖文化推向了更为深刻的阴阳文化,一(阳)与--(阴)虽然具有代表性器官的原始意义,但是当上升到生殖文化阶段,它已经抛弃了具体的物象而进入抽象的哲学思辨的深度。"③

荣格对此也有十分相似而明确的论述:"原始人最早作出的区分正是男性与女性。他们以这种方式区别事物,正像我们现在偶尔还这样做一样。比如,有的钥匙当中有孔,有的没有。人们常称阴钥匙和阳钥匙。你们也知道意大利式瓦房顶。凸面瓦在上,凹面瓦在下;作盖瓦的凸瓦叫作和尚,被盖的凹瓦叫作尼姑。这并不是在和意大利人开低级玩笑,而是说明区分的奇特性。""当无意识把阴阳男女搅在一起时,事物变得完全不可分辨……这是事物的原始状态,同时也是最理想的状态,因为它是永恒对立元素的统一。……在中国古代哲学里,我们可以看到同样的思想。理想

---

① 刘达临编著:《中国古代性文化》,宁夏人民出版社1993年版,第206页。
② 《老子·六十一章》。
③ 刘达临编著:《中国古代性文化》,宁夏人民出版社1993年版,第202页。

的状态被称作道,它就是天地之间的完美和谐。……阴和阳两极对立统一的原则,正是一种原型意象。这种原始的意象至今存在。"①

作为原型模式符号的源头,由男女两性推演的二元对立的阴阳模式是人从自身所体验和感悟出的"天之序",是在对立统一中所体现出的特性的把握,并推及外物。"男女精构,万物化生。"这里的一个不言自明的理由是,性问题在先民中有绝对重要的意义。许多现象都以性现象来做对应的解释,性在这里无形中起到一种原型的功能。

正是源于男女而生成的阴阳符号,成为推演形而上的哲学文化课题的基本符号,并被后世人们不断发挥和解释。"阴阳变化,一上一下,合而成章。混混沌沌,离则复合,合则复离,是谓天常。天地车轮,终则复始,极则复反,莫不咸当。"②

阴阳符号作为一种典型的原型符号形式,演化为涵盖万物的二项对立概念图式,如我与物、大与小、高与低、上与下、里与外、男与女、天与地、刚与柔、新与旧、高尚与卑鄙、正义与邪恶等。只有有了这种二项对立的概念图式,人类才能比较清楚地区分事物的特性;只有在较为清楚地区分事物特性的基础上,才能找到某类事物的共通性和相似性,才有原型模式生成的基础。从这个意义上说,人类心理原型的生成,实际上是运用着这种抽象概念图式的方法。

---

① 荣格:《分析心理学的理论与实践》,成穷、王作虹译,生活·读书·新知三联书店1991年版,第129页。
② 《吕氏春秋》。

第十五章 原型与文艺

原型与文艺本体

在原型研究中,特别是原型批评中,一个需要首先回答的问题是:原型研究的目的是什么?或者说,揭示原型现象,最终为了说明什么?如果仅仅为了说明文化现象和心理现象的某种相似性,说明原型是先天遗传的远祖精神的遗存,那么,原型研究最终的结论只能是——所有的文学都是对于某种模式比如神话母题的重复,或者说创作是集体无意识对于作家的一种驱使。

以往的原型批评,常常难以与带有文化意味的纵向比较研究相区别,亦即着重去归纳不同文学对象中潜在的相似性和继承性,同时总要为某种相似现象找到一个"根",即一个最先的模式。这种研究自有它的独特意义,确实能揭示一些较深刻的内容。它的优点在于注意到了文艺现象中对于神话置换变形的现象,具备了"远视"宏阔的眼光。然而这种研究总是在深刻的结论中有着片面性,无论如何解释也只是说明神话作为原型是文艺现象的源头,文学是在一个既定的模式中变形移位。它不利于从更为广泛的联系中去进一步挖掘这种相似性、共同性背后的集体无意识心理,解释原型现象丰富的历史文化因素、心理因素和人性内容,因而无法真正说明文学艺术这一人类复杂精神活动的主要特点,难以解释作家创造冲动的现实基础和个人特性。这种研究结论,实际只能证明,人类的文学艺术活动,基于固定不变的人性,或者说是一种原始人性,后来的文艺现象虽有置换变形,但在根本上却不能脱离早已定型的模式。它的成果限于说明"这些现象属于这一原型"这一层次,或者是回答"这一原型决定了这些现象的出现"。而笔者以为,原型研究不仅应该说明"这一原型决定了这些现象的出现",而且要回答"是什么因素共同决定了这一原型的生成?又是什么原因决定了人类要把它通过艺术的方式反复再现出来?"还应探讨文艺创作"是怎样一面受到原型心理的制约,一面又在突破原型心理中发展?"这样,通过"原型批评"这一过程,既看到人类心灵的共同性、相通性、人性因素的某些永恒性、普遍性,又看到人类心灵的拓展和升华过程,看到人类精神需要的发展和变化。进而从更深的层面真正理解文学的创作和欣赏过程中,包含着普遍人性与个体特性、意识与无意识、承传与创新等的辩证关系。

我们应该正视的是,人类心理活动一方面千变万化,另一方面又万变不离其宗,人类的情感多样而又相通。人类的共同性、共通性和民族性,是在人类的历史实践过程中自然体现和生成的,它的根源在诸种因素的综合作用中,在人类为生存发展的奋斗过程中。文学原型再现的实质不应该只理解为既定的文学内容在模式框架中的重复,而应该看作人类心理情感相通性和共同性的"反复"的表现和变化。

人是能进行创造的动物,人创造自己的历史,也创造了原型。原型是人类历史实践过程中的精神现象,原型研究是研究者概括出的一种深层结构。从这个意义上说,原型是人创造的,而不是与生俱来的。原型的内涵是共同人性,原型生成的基础在人类的历史实践过程中。文艺原型联系文艺本体诸方面,而不仅仅为作品提供模式。

本体论是围绕"是"建立起来的范畴体系,文艺的本体所要解决的就是文艺是什么这个根本问题,而原型理论在这一点上有其独特的切入角度。

原型理论切入文艺本体的第一个角度及其逻辑关系是,原型在文艺史中的模式化、反复性和不断置换变形表明,文艺原型作为一种特殊的超越时空范围的独特载体,使人类文艺活动的取向和追求得到规律性表现,从而使人性的相通性普遍性得到突现,使人性的历史生成、发展变化和承传通过感性方式得到反复显现。

文艺的发展史呈现着恒定与变异的周期性反复。换句话说,文艺发展中总有一些永恒不变的因素内在地制约着其基本方向,它们作为基因、本原,决定着文艺之所以为文艺的特性。文艺历史发展过程有时表现为否定、扬弃以至反传统,有时呈现为一种周期性的反复。但不管怎样变化,文艺总是有它自己的界限,总是围绕着人类某种心灵轨迹在旋转。这种相对稳定的不变的因素是人对文艺的特殊需求的本性反映,是在文艺这种特殊精神活动中所呈现的普遍的情感。它以模式和本能的方式来体现,所以文艺原型的背后有心理原型的深层作用。文艺以特有的方式镂刻了人类精神原型,追寻原型亦即追寻人性、人类精神财富和它的本质,并使远古精神与当下心境相互贯通。

如果说,原型从历史的角度讲,表现为社会运动过程的重演和模式化的规律性反复;从哲学的角度讲,表现为人类认识世界的过程中对宇宙万物的本原的揭示;从宗教的角度讲,是把个体精神的寄托变为集体无意识行为;那么,从文艺的角度讲,原型就是人类艺术地感悟和把握世界的规律性反复及其置换变形。历史原型呈现社会运动模式,哲学原型揭示事物规律,宗教原型皈依精神家园,而文学艺术原型则是人性的综合"感性显现"的特殊方式。

文艺是一个以独特的方式体现人类精神活动的体系,它不是任何事物的附属物或副产品,它由人类的本性所决定,是为满足人类的某些特殊要求而出现的。文艺的发生,文艺的本体意义,体现着人类对于文艺这种精神价值的追求。这种追求中,就包括了人类对于原型心理体验的具象化负载、储存、表达、交流等。由于文艺及其原型在人类精神现象中所发挥的强大功能和广泛覆盖面,以至于人们对于文艺可以做多方面的解释,比如原型意象,向上可以进行哲学的理念的分析和抽象,向下可以与人们的心理体验乃至于日常生活情景做对应的分析。文艺对于人类心理模式的反复呈现,对于人类心理情感的不断触发,对于集体无意识的激活和瞬间再现,是任何其他精神领域都不能代替的,这大概就包含着文艺的本体性、文艺的本质。

原型切入文艺本体的第二个角度及其逻辑关系是,原型现象反复证明着文学艺术是人类的本能的内在需求。

文艺不是简单的物质实践过程的附属物,不是劳动、巫术、游戏、宗教的一种客观结果或辅助方式,而是人类在实践过程中形成的一种本性、一种与生俱在的欲求。人类为了生存、发展,需要劳动、游戏、宗教、巫术等,同样也需要艺术。西方学者在研究神话与美学的关系时,通过对大洋洲原始人类生活的考察,"为我们提供了一个很有特色的、无疑是独一无二的社会范例":神话在成为文学体裁或成为神祇的故事、英雄壮举和下地狱故事很久以前,就有了造型表达方式。"在那里,艺术绝不是一种辅助性活动,也不是为装饰生活而设,而是处在生活中最重要的位置上。在那里,美学并不像在我们生活中一样,只是生活中的一个有限部分,是基本需求以外的奢侈物。在那里,它本身就是世界将自己呈现给人类的一个方面,而人的面孔只是世界赋予神话的一种形体。"[①]研究者在对大洋洲土著人的身体和建筑装饰、生活举止仪态等现象分析后,认为:"作为神话表达方式的美学,也是人们对抗环境压力从而保护自己的一种手段。在原始世界的混乱迷茫中,它第一次使事物表现出秩序。……世界的秩序,在人们的心目中,最早体现于美学的内在联系,这是人对事物的最早寻求。美学使人和事物之间树起了一道保护人的屏障;在熔化铸造技术和锻冶成型技术确定万物秩序之前,这种美学掩蔽了在深处潜藏的东西,掩蔽了因果神话讲得颇多的初始混沌。'原始人'就是在这种保护性安排的庇护之下,组

[①] 阿兰·邓迪斯编:《西方神话学论文选》,朝戈金、尹伊、金泽等译,上海文艺出版社1994年版,第312页。

织他们的生活和社会;声音、颜色和各种形体,以及那些'根深蒂固的观念'使他们受到限制,但也总使他们感到安全,因为这使他们不断地感到他们赖以生存的东西确实存在着。"研究者还进一步指出原始人类的艺术方式的变异及其特点:"在那些既无文学可言,又无哲学可讲的民族之中,歌舞、头饰和耳环,就是形象化的词汇,对他们来说,这样的词汇就是思想和智慧。""这种象征物参加它所代表的内容,并使无形与有形相联系的象征性活动,随着逻辑的进步,朝着更为有意识的象征主义发展。……当神话失去力量时,这种象征就会萎缩,成为寓言或形式主义。寓言于是侵占了古典神话的地盘。神话意象,在其地位削弱而仅剩有形式价值意义后,就成了世俗化活动的题目和俗谚。"①人类的艺术活动是一种与生理的需要相联系的精神实践,它的缘起有人类解除生理痛苦的因素,它是随着人类历史的进程而不断丰富其含义和功能的。人对艺术的需求,是一种与生俱来的本能需求,是建立在生物性与心理性相互关系之中的。文艺发生学的目的不是证明艺术的副产品位置,而是要说明文艺与人性的本体联系。人对艺术的欣赏,在一定意义上说,是通过一种特殊方式观照人自身,是把自己经历的和不能经历而可能经历的生活重演。以前的各种艺术起源说潜在的一个危险是把艺术看作一种附属物,或是一种综合人类各种欲望的大杂烩,而其方法上的失误也许就在于用已经"现代化"的文学现象去推论艺术的发生和本质,用异化后的文艺功能推论艺术的起源。

艺术是人生的一种需要,是人生的一个部分。人与人之间对不同艺术形式只有相对的需要的区分,而没有对艺术的绝对需要或不需要之别。人为了生活得更好而需要艺术,创造艺术作品。创造性是艺术的特性之一。

原型切入文艺本体的第三个角度及其逻辑关系是,原型体现着人类对于文艺需求的某些共同性和相通性,而它的深层则是人类共同的心理情感模式。

原型不是一般的知识积累和某种知识结构,而是人类由对自身与宇宙

---

① 阿兰·邓迪斯编:《西方神话学论文选》,朝戈金、尹伊、金泽等译,上海文艺出版社1994年版,第313—314页。

关系的理解所产生的心理体验模式,一种情感的积淀定型和反复触发。原型是人类有共同心理情感和基本的普遍的人性的呈现,许多事实和现象证明了人类的这种相通性和共同性。否则,人类就不可能有共同的心理基础,也就无所谓人类共同的精神财富和共同的价值目标。辩证地说,人类既有其具体的人性的差异和区别,又有其相通的共同的普遍人性。文艺原型是在长期实践的基础上逐渐形成的审美意识和心理情感的积淀。它以一定模式的方式出现,带着千百年以来人类对美的感悟的精神遗存,似乎具有先天性质和本能的特性。文艺原型是一种心理体验的模式,也是一种关于美的心理模式。美不同于真和善,文艺不脱离而又不同于一般社会科学知识和道德律令,就在于它能在情感的层次上由此及彼、超越事物具体的意义而引发心灵深处的情结。原型是可以被反复引发的情感和心理模式,文艺原型的价值就在于它以其特殊的方式体现和满足世代相承的人类的普遍精神需要,反复地再现、激活和丰富充实人的心理体验和情感追求。原型理论、原型批评就是研究人类的这种共同性,揭示种种区别后面不变的相对稳定的方面。这是原型批评独特的功能之一。它和比较文学研究对于人类文化文学相异方面的重视或许正好是相对的。

人的深层的共同需求与共同情感反映决定了对于文艺的相似的和共同的需求,这种需求的本质上的相似性决定了艺术创造中的模式的形成。一句话,不是先天的精神作为图式的遗传,而是与先天性相关的人的本性及其在类似情境下的心理需求与创造的情境的契合形成了原型意象。模式不是固定不变的图式,而是相近的境遇、相似的心理需求与共同的虚拟情境几者的契合,它不是静止的图画,而是动演的过程。

原型切入文艺本体的第四个角度及其逻辑关系是,原型现象证明着文艺起源有人的生物学之维的要素。

艺术的起源,是人的社会性的需求与生物性需求相互作用的产物,应该从人的生物学与社会性结合的角度寻找艺术的起源。

文学艺术有协调压抑与释放、禁忌与宣泄关系的功能,满足怀旧与好奇心理的功能等,这些功能的发挥就是一种精神价值的实现,但是这种精神价值的实现并不是与人的生理方面截然分离的。人的社会行为本身就有生物性作为基础。人是社会关系的总和,但人的社会实践无论如何离不开生理基础。人的社会性和人的生物性,共同构成人的本性。人对文艺的需求,人对某种文艺功能的特殊需要,与人的生理需要也非截然割裂。通过文艺活动,或者寻求心理的解脱,或者寻求精神的升华,或者寻找刺激,或者得到灵魂的净化等,也不能说与缓解某种生理的紧张无关。所以,要在人的社会性与人的生物性的相互关系中去观照艺术的起源和本质。以往的游戏说、宗教说、劳动说、巫术说等,都是从人的社会性一个维度去说明艺术的起源的。

原型与文艺关系的历史唯物主义的解释,不是否定原型所具有的先天的性质,而是对这种先天性的产生基础和原型在后代人的艺术活动中的表现做出有现实依据的解释。这有两方面的文艺实践的现实根据:一方面,如本书第九章所述,原型的反复出现,原型的超越个体世代相传,有着生物维度的因素,它与人的感性密切相关,与人的生理本能作为基础相关。另一方面,大量的文艺现象表明,虽然理论家力图要区分艺术欣赏中的美感与快感、审美性与功利性的界限,但是实际上,这种努力或许只是一种理论上的结论,或者是程度上的区分。纯粹的离开生理需要或功利目的的精神价值的实现是否就是一种至上的目标,是否就是艺术价值实现的普遍规律?也许并不是不值得怀疑,这个问题上的"常识性"知识,限制着人们对它的实事求是的观照。

原型与作家创作

原型是创作中的无形之形。

荣格在《论分析心理学与原型的关系》中,对于集体无意识原型与创作的关系做过这样的论述:"创作过程,在我们所能追踪的范围内,就在于从无意识中激活原型意象,并对它加工造型精心制作,使之成为一部完整的作品。通过这种造型,艺术家把它翻译成了我们今天的语言,并因而使我们有可能找到一条道路以返回生命的最深的源泉。艺术的社会意义正在于此:它不停地致力于陶冶时代的灵魂,凭借魔力召唤出这个时代最缺乏的形式。艺术家得不到满足的渴望,一直追溯到无意识的原始意象,这些原始意象最好地补偿了我们今天的片面和匮乏。艺术家捕捉到这一意象,他在从无意识深处提取它的同时,使它与我们意识中的种种价值发生关系。在那儿他对它进行改造,直到它能够被同时代人所接受。"荣格认为,文学创作与无意识领域有极为密切的关系,文学价值在于对集体无意识领域的揭示;作品分别通向原型、观念、模式等层次;文学创作中确实出现原型的反复显现,它的规律说明这不仅仅是同一题材的借用和延续;模式的形成有心理原因,即集体无意识的继承;作家是族类的代言人,创作是对原型的激活。

把集体无意识概念明确地引入文艺领域有其特殊意义,它可以进一步解释许多文艺现象。集体无意识理论对于文艺活动来说,实际上在两种意义上产生影响。一是就无意识来说,它主要指作家创作中的潜意识的表现,作家自己的无意识心理的流露;读者在阅读和接受过程中对于自己无意识的触动。二是就集体无意识来说,指作家创作对于集体无意识的表现和揭示,将人类的无意识心理进行揭示。按照荣格的理解,因为艺术创作是对原型的激活,而原型又具有全人类的、族类的性质,所以创作在根本上是集体无意识的表现。艺术家愈是杰出,他对于集体无意识挖掘得愈深,他的作品就愈具有全人类性。作家受集体无意识的驱使,代表千百万人在说话。总之,荣格认为创作的源泉和创作的对象以及作品的意义都根植于集体无意识。

荣格关于原型与艺术创作关系的观点有片面的深刻性。

第一,荣格认为,艺术家的创作主要是对原型的激活,原型在心理深层中孕育并带有人类祖先的精神遗存。这有一定的依据,我们可以从两个不同的角度来理解集体无意识与文艺关系的重要性:1.文艺表现的无意识是集体的,就是说它代表的是族类的、普遍的心理和情感,而文艺作品的重要功能之一就是对于集体无意识的发现和揭示,以使文艺作为民族的精神象征。比如,有人以中国民间剪纸艺术的创作过程来说明无意识在创作中的作用:"以办学习班的名义把那些个小脚老婆婆招呼到一搭,发些彩纸,由着她们去剪,观察她们在无意识的状态下的作品及其寓意。在现实生活中,这些婆姨至今仍处于附属的地位,只有在个人的艺术王国里,她们的心灵才胆怯地试着翅膀扑棱起来,作为人的情感才显现和升华起来。她们的创造,看似简单稚拙,实际上是民族群体历史积衍,是祖先与我们交流的特殊方式。祖先把人类童年时期浑沌思维方式让民间艺人一辈辈传承下来,使我们不得不叹服原始艺术的永久魅力和强烈的震动波。"①较少理性支配的民间艺人是这样,专门的艺术家的创作也证明这种现象的存在,古今中外许多作家艺术家的创作都有着无意识在创作过程中发挥特殊作用的事例,兹不赘述。2.文艺表现的是集体的无意识,是人们能感觉得到并沉浸其中但不能意识的情感体验和心理原型,或者说是受到压抑的潜意识,而不仅仅是外现的、人人都理解的意识,文艺作品的独特性和价值意义之一则正在于此。当然,文艺除了表现无意识外,还表现意识,表现那些人们有所知觉而不是人人都能表达的内容。知、情、意都是意识结构中的部分,文艺对于这些部分并不排斥。所以不能把文艺说成就是对无意识的激活。但是,无意识领域的表现,无疑是文艺最重要的功能之一。

第二,荣格把艺术作品分为心理模式和幻觉模式。他说:"我想把艺术创作的一种模式叫作'心理的',而把另一种模式称为'幻觉的'。心理的模式加工的素材来自人的意识领域,例如人生的教训、情感的震惊、激情的体验,以及人类普遍命运的危机,这一切便构成了人的意识生活,尤其是人的情感生活。诗人在心理上同化了这一素材,把它从普通地位提高到诗意体验的水平并使它获得表现。"心理模式作品包括许多爱情小说、家庭小说、犯罪小说、社会小说和说教诗,包括大部分抒情诗和戏剧(悲剧与喜剧)文学作品。"心理艺术作品的题材总是来自人类意识经验这一广阔领域,来自生动的生活前景","它在自身的活动中始终未能超越心理学能够理解的范围,它所包含的一切经验及其艺术表现形式,都是能够为人们理解的。即使基本经验本身,虽然是非理性的,也并没有什么奇特之处"。笔者理解,荣格在这里讲的心理模式及文学的取材、表现方式、特质等,都是人能够意识到的方面,属于意识层而非无意识层,或者说,心理模式作家

---

① 张林:《情歌情种——为陕北民歌信天游招魂,抑或挽歌?》,载《十月》1994年第3期。

的创作只是表现那些人人都能理解的社会生活和日常经验,它们为人们所共知,而幻觉模式的内容则属于集体无意识领域。荣格以具体作品为例来说明二者的区别:"《浮士德》第一部与第二部之间的深刻区别,标志出艺术创作的心理模式和幻觉模式之间的区别。后者的情形与前者的情形恰恰相反,这里为艺术表现提供素材的经验已不再为人们所熟悉。这是来自人类心灵深处的某种陌生的东西,它仿佛来自人类史前时代的深渊,又仿佛来自光明与黑暗对照的超人世界。这是一种超越了人类理解力的原始经验,对于它,人类由于自己本身的软弱可以轻而易举地缴械投降。这种经验的价值和力量来自它的无限强大,它从永恒的深渊中崛起,显得陌生、阴冷、多面、超凡、怪异。……怪异无谓的事件所产生的骚动的幻象,在各方面都超越了人的情感和理解所能掌握的范围,它对艺术家的能力提出了各种各样的要求,唯独不需要来自日常生活的经验。"[①]在心理模式与幻觉模式中,荣格更推崇幻觉模式。因为心理模式与后天经验相关,而幻觉模式与集体无意识和原型相关。荣格以毕加索、但丁、歌德、尼采等人的创造为例来说明它们的区别。

把文艺作品截然分为心理模式和幻觉模式有些绝对,但是,如果把它们看作文艺作品中两种意蕴不同、艺术倾向侧重不同的现象还是有现实依据的。文艺创作,既有来自日常经验到的意识的内容并受其制约,又在一定程度上有集体无意识的内容并受其制约。荣格的这种区分的意义,在于试图从创作"素材"的来源(这种素材不是表面的材料而应理解为作者所要表达的复合的内蕴)的区分入手,分析两种文学模式各自的意蕴内涵和特质,说明意识与无意识在文学艺术创作中的地位、作用和价值。它至少为我们分析不同文艺特点和精神内蕴的作品提供了一种较为深刻的探讨思路。

这种思路也同时决定了荣格观点的缺陷,这就是他把心理模式和幻觉模式截然对立起来,把这种素材来源的区别看作整个文艺创作的根本区

[①] 荣格:《心理学与文学》,冯川、苏克译,生活·读书·新知三联书店1987年版,第128—129页。

别,否定了这两种文艺模式的基本的和共同的方面。实践上,任何文学创作,都不可能是绝对的无意识的激活,也不可能是完全明确的意识的支配。艺术精神不可能仅仅来源于原型经验,也不可能完全来源于现实的或后天的情感体验。即使创作受原型内在的支配,其创作的冲动以及产生这种冲动的基础却是现实,或者说激活集体无意识的动力来自现实和后天实践。原型模式制约作家内在的创作意识和作品的深层意蕴,但作为"集体的人"的意识或无意识的来源却是与现实相通的。因此,在艺术源泉的问题上,我们跟荣格的观点不同。但同时,我们也不否认区分心理模式与幻觉模式不同艺术倾向所具有的启发意义。

第三,荣格以作家是集体无意识的代言人的观点推论,认为作家只有忠实地表现了集体无意识、超越自我,才是成功的艺术家。个人色彩愈浓,愈会降低对集体无意识的揭示。于是,他提出了作为个人的艺术家和作为艺术家的个人的概念。作为个人的艺术家,首先是个人,然后才是艺术家,即带有个人色彩的艺术家;而作为艺术家的个人,首先是一位艺术家,艺术家是集体无意识的代言人,其次是作为个人。荣格更推崇的是作为艺术家的个人,"是更高意义上的人即'集体的人',是一个负荷并造就人类无意识精神生活的人。为了行使这一艰难的使命,他有时必须牺牲个人幸福,牺牲普通人认为使生活值得一过的一切事物。""事实上,作品中个人的东西越多,也就越不成其为艺术。艺术作品的本质在于它超越了个人生活领域而以艺术家的心灵向全人类的心灵说话。个人色彩在艺术中是一种局限甚至是一种罪孽。"①

荣格提出的作为个人的艺术家和作为艺术家的个人概念本身是有意义的,在人类艺术史上,确实可以分类出这种现象。首先,作为个人的艺术家,应该说有普通个体对现实人生、世界的感受,他因之不脱离时代;而作为艺术家,他应有高于一般人之处,有其独特性,这就包括了他能为群体代言,为"集体的人"立言。其次,艺术创作,应该容许艺术家的幻觉的表现,

---

① 荣格:《心理学与文学》,冯川、苏克译,生活·读书·新知三联书店1987年版,第141、140页。

他可能通过创作确实揭示人类某些为理性所泯灭、所掩盖的人类本性和人的潜意识。

荣格的这些观点,在其深刻性中有着偏执之嫌。其一,荣格注意到集体无意识的作用是有意义的,它可以引导人们关注创作过程与民族心理深层的关系。但把它推向极端,认为创作完全受无意识支配,无主体性可言却是片面的。文艺表现的是经过时间的过滤和心理的积淀后的生活,是心灵化了的现实。创作无论如何不能隔断与现实的联系,创作冲动和来源不会仅在无意识层面。把创作看作只是对集体无意识的激活是片面的。其二,荣格忽视了作家的创作既是对集体无意识的激活,同时也是对它的再发现和突破。作家创作的独特性正在于它产生于集体无意识但又超越于它;当作家的创作只有通过个体的情结来突现集体无意识的时候,这种情结无疑具有个人色彩,亦即有个人的观点和倾向性。只有形成一定的情结,才有可能在创作中超越现实,进行包括想象在内的艺术创造。到了这时,作家反映的不是生活本身,不是照搬现实,他表现的是一种个性化了的心理情景,一种情感体验和态度。作家所表现的是已经经过心理的积淀而被无意间分类、评判过的生活情景和人物类型,即使它是有具体的生活原型的形象。作家的创作不仅是自己的体验和情感,还要按照自己假设的读者的心理需要进行创作。一般来说,作者都要尽量地设想作品中所表现的情景符合一般人的心理原型和情境。作者的这种处理过程实际上以鲜明的个人观点而使集体无意识带上了个人色彩,其实质是对集体无意识的突破或超越。其三,创作不仅要受集体无意识支配,而且受意识支配,集体无意识与集体意识、个人情结与个人意识都在发挥作用,这就有了个人与群体、主体与客体的关系。其四,原型作为纯形式可以超越具体时空,但是创作却是具体时空范围内的活动,创作要有对现时代的感受,文学创作不仅受原型支配,而且更重要的是还受时代精神的影响,当代与古代的联系必然构成一种需要处理的关系。荣格只注意到了原型、远古经验,没有注意到艺术家的历史联系,艺术家的个人不可能排斥当代的影响,而只是去表现远古、集体无意识。这些方面,又表现出荣格关于无意识与创作关系理解上的偏执。

原型与艺术接受

原型的反复再现,在一定意义上表明了文艺的某些永恒性特性。以往,对这些永恒性主要从作品(成果)上去找,而不注意从读者需要的角度去找。实际上,不同时代、不同民族的读者在总体上体现出的对某种文化价值的共同欣赏,正体现着对某些永恒性需要的追求,证实人类对文学有着某些永恒的普遍要求。文学中原型现象比其他方式更深刻充分地体现着这种要求。一些基本的、超越具体时空的精神现象作为原型的反复,其中渗透着人类对真善美的历史选择,充满着人类精神需要本身的历史性变化。而这种反复性,在相当程度上依赖于读者和观众,体现于欣赏者的原型心理中。

原型在读者对文艺作品接受过程中的作用,或者说艺术价值实现中的意义,借助于结构主义诗学理论,可以看得比较清楚。

把原型与结构主义诗学理论相联系,是为了更清楚地阐述原型的模式结构,说明原型作为心理图式和情感模式在文艺活动中所发生的作用,特别是与读者对艺术作品的接受心理的关系。因为原型是"灵魂深处的一个现成的、给定的一个框架、一个结构或者说一个内形式"。

原型是一种由文化模式所制约并与特定民族的精神历程和情感体验相关的先在的潜在结构。我们在前面的有关章节中已指出,一般所说的文学原型,实际是从原型的文化维度来说的,即它是一种可"见"的形态。结构主义诗学的重要意义正在于它对此做出了富于启发性的解释。原型本身是有内部结构层次的。具体的原型,就包含了对感性的接纳、感受、记忆、领悟。原型的所谓激活,是将现实的感悟和生理的体验转换为心理的综合感受和情感,并使之进入某种原型心理的模式中。经过这一过程,感性体验与原型意象融合对应,并具有了赋予原型观点的可能性。同时原型的纯形式才有了具体内容。因此,原型心理体验是产生和重组意象图景的基础。结构主义诗学的所谓结构是一种社会文化结构,它的假设是建立在现实基础之上的。它认定作者和读者都有一定的心理模式在起作用。"结构主义首先是建立在这样一种认识基础之上:即如果人的行为或产物具有某种意义,那么其中必有一套使这一意义成为可能的区别特征和程式系统。……任何行为或事物的意义均由一整套基本规则系统决定:这些规则与其说调节行为,不如说创造行为的具体形式的可能性。"[①]

原型理论与结构主义的相通性在于,二者都是对于人类精神现象的带有假设性质的研究,认为人的行为背后或深层有一套程式系统和基本规则,认为人的心灵世界有其特殊的结构层次。因此,对文学原型进行结构主义的研究,其目的是揭示文学行为背后潜藏的文化心理结构、深层的程式系统和规则。

弗洛姆在探讨文化系统与心理反应的关系时说过:"凡是与个体或群体生存有关的感觉都容易被觉察。但是,当涉及更微妙的或更复杂的体验时,例如在清晨看到一朵含苞欲放的玫瑰花,上面有一颗露珠,当时空气还有一丝儿寒意,而太阳正在冉冉升起,一只鸟儿在尽情地欢唱——这样一种体验,在有些文化中是很容易被觉察到的(例如在日本)。但在现代西方文化中,同样的体验通常却没有被觉察,因为它还没有'重要'或'重大'到足以引起注意。微妙的情感体验是否被觉察,要依这种体验在一定的文化中被培养的程度而定。有许多情感体验,在某种语言中没有任何语词可以表达,而在另一种语言中则可能有非常丰富的词汇来表达这种感情。""每一个社会都排斥某些思想和感情,使之不被思考、感觉和表达。有些事物不但'不做',而且甚至'不想'。"[②]这说明了不同的文化体系,不同民族的文化心理结构作为一种既定的模式,对于创作和欣赏所起的制约作用,以及原型与人的心理和精神活动的多维联系。

从读者接受的角度说,文学原型的功能之一是将人的具体的文学行为置于一个程式系统中去,让读者进入一定的文化和心理模式中去解读。结构主义诗学认为:"符号学家对于索引符号本身以及索引符号与其意义之间的'实际'因果关系都不感兴趣,他所感兴趣的只是如何将索引符号置

[①] 乔纳森·卡勒:《结构主义诗学》,盛宁译,中国社会科学出版社1991年版,第25—26页。
[②] 铃木大拙、E.弗洛姆、R.德马蒂诺:《禅宗与精神分析》,洪修平译,辽宁教育出版社1988年版,第118—119、122页。

于一个程式系统中去读解,无论它是科学系统,民俗文化系统,还是文学系统,仅此而已。"①而这种程式系统,又是以特定的符号系统作为具体载体的。换句话说,这种程式系统能为读者所解读,必须有一套为读者所认识和领悟的符号系统,并按一定的原型模式构成秩序。

文学借助于原型这种无形之形生成价值、意蕴。文艺创作是在一定的模式中创造一种与人的心灵对应的艺术情景和心理情境,一种人的心理深处的图式。艺术技巧的变化,一方面要推陈出新,以打破寻常的欣赏心理和思维定式;另一方面又要不过于超出人的理解范围,要有一定的联想物和象征物,一些约定俗成的联想群和程式。这种程式是一种心理图式。当然,同时应指出,这种程式和结构,并不等于说欣赏过程是一个没有主体的被动过程。"虽然结构主义总要寻找事件背后的系统和具体行为背后的程式结构,它却无论如何也离不开具体的主体。主体可能不再是意义的起源,但是,意义却必须通过他。结构和关系并不是外在客体的客观属性;它们只出现于构筑结构的过程之中。……他把它的规律作为他的文化的一部分而加以吸收同化。"②

读者的心理准备,是一种心理模式的酝酿;不同层次的读者,心中有不同的原型,有不同的接受程式。比如,在欣赏题材相同的山水画时,只有那些对这类画作的技法和象征物熟谙的人才能体悟出它的差别,而对于不熟悉这些原型的人来说,他们对它们的印象可能是"差不多"。文本只对懂得如何阅读它们的人才有意义,这些人在与文学的接触过程中吸收同化了约定俗成的程式,这些程式是文学作为一种文化习俗、一种交流手段的组成部分。比如,中国诗词中不同的诗情意绪和情感体验,在激活不同的原型心理时其瞬间再现的程度和作用可能是很不同的。"春眠不觉晓"的心理体验和艺术感受是较为普遍的,所以会有更多的读者直接对它产生共鸣;"枯藤,老树,昏鸦",需要特殊的经历和特定的心情,它只能为特定的人所感受,或需要设身处地想象,制造一个心理原型;"问君能有几多愁,

---

① 乔纳森·卡勒:《结构主义诗学》,盛宁译,中国社会科学出版社1991年版,第42页。
② 乔纳森·卡勒:《结构主义诗学》,盛宁译,中国社会科学出版社1991年版,第60页。

恰似一江春水向东流"，一般人的感受同李后主一定不同，但是一般人可以对于这种心情进行联想共鸣以补充这种体验的不足，同时人们在特定情境下也会有类似李煜式的感受和心理，所以它曲折地为常人所理会；"天苍苍，野茫茫，风吹草低见牛羊"，不仅给远离草原的人一种视觉的想象的美感，而且也是对内心深处的向往辽阔深远景致的满足；"抽刀断水水更流，借酒浇愁愁更愁"，把哲理与心理感受结合起来，通过这一特殊的原型意象获得表层和深层的意蕴的贯通。它或许证明着这样的道理："只要我们构想出合适的程式，任何作品都会变得可以理解"；相反，"文学惯例一旦发生了变化，那就会出现不计其数的稀奇古怪的阅读程式，它们或许都能起作用，因此我们说，某些作品难以阐释恰恰说明了阅读程式实际上受到某种文化背景的制约。此外，如果一部不堪卒读的作品后来变得可以理解了，那是因为为了满足系统性的基本要求——要求理解，新的阅读方法产生了。新旧读义的比较能使我们看出整个文学惯例的变迁。"① 可以说，原型与读者的关系，主要表现为读者的心理需要、所处的文化背景与作品意蕴的契合对应。换句话说，它的表现形态主要是原型的文化之维。

文学原型的置换变形，既是文本的变化，也是读者理解和阐述系统的变化。应特别看到，不同时代的读者变换着阅读背后的系统，而作者同样在变换着，并先于读者。这背后的系统的解释是一个重要的问题。"原型的作用，担任读者入门向导的半抽象模式的作用。"②

另外，需要特别指出，读者对文学作品的欣赏理解，不只是一种与现实的对应，主要还是与心理情境的对应，是情感体验的被重新激活。

萨特在论述心理戏剧时讲到：心理戏剧，宣告了悲剧形式的没落。"性格之间的冲突不管有多少跌宕变化，永远只是几种力量的组合，而组合的效果是可以预见的：一切都已事先决定好了。一个被各种情况凑在一起必定引向毁灭的人打动不了别人。只有当他由于自己的过错而沉沦时，他的殒落才有伟大之处。如果说心理学不宜于戏剧，这倒不是因为心理学

---

① 乔纳森·卡勒：《结构主义诗学》，盛宁译，中国社会科学出版社1991年版，第180页。
② 乔纳森·卡勒：《结构主义诗学》，盛宁译，中国社会科学出版社1991年版，第220页。

讲得太多,而是讲得不够。""所以,一个剧本的中心养料不是人们用巧妙的'戏词儿'来表现的性格,……而应该是处境。……处境是一种召唤;它包围我们;它向我们提出一些解决方式,由我们去决定。为了使这个决定深刻地符合人性,为了使它能牵动人的总体,每一次都应该把极限处境搬上舞台,就是说处境提供抉择,而死亡是其中的一种。""我们想用一种处境剧来代替性格剧,我们的目的在于探索人类经验中一切共同的情境,在大部分人的一生中至少出现过一次的情境。"①萨特在这里所说的是一种心理情境,类似于原型心理。他这种观点的意义不仅在于对戏剧本身的一种理论,而是透露出了一种理论信息:人类对于文艺发展方向的要求,趋向于对于心理原型、情境的重视,而不再限于故事、矛盾、情节等方面。萨特在这里讲的心理戏剧中关于处境的看法实际适用于一切艺术,尤其是现代主义艺术。这里的处境,也就是特定条件下"人类经验中一切共同的情境",以及这种情境下人的心理反映。而原型之所以能反复地激活人类共同的心理体验,触及集体无意识,就在于原型首先提供了这种特定的情境,特殊的心理模式。

原型的突破与文艺的发展

笔者对原型模式在文艺发展史上的意义的理解,与以往人们的理解有一个很大的区别,就是认为,原型的承传与突破是文艺发展中相反相成的规律性现象。一方面,应该承认,原型确有模式作用,它以其特殊方式保留了人类几千年所积累的精神中的精华(在这里也经过了精神领域类似"适者生存"的淘汰),同时也体现着人类按照自身的精神需求对文艺的价值取向进行的历史性创造和选择。原型现象表明了文艺的发展循着人类普遍的心理需求在演变,原型的反复性昭示着人们对于某些永恒主题、某些终极问题的关注,由此可以找出文艺的内在轨迹。另一方面,还应该看到,

---

① 萨特:《提倡一种处境剧》,见《萨特文论选》,施康强选译,人民文学出版社1991年版,第434、438页。

人类的文艺又是在不断地试图超越原型模式,以满足人的不断变化的精神需求。这种超越既表现在题材、主题等方面,也表现在体裁和方法等方面。所谓艺术创新,应该说就包括了对于传统原型心理的突破。人除了眷恋、追忆过去以满足精神需要外,还有好奇心,有对于未来展望的需求,有突破禁忌、释放压抑心理的需求。所以突破原型的束缚又是一种必然的需要。人类的文艺就是在这种背反中发展的。

文艺是在不断地试图突破原型而又终归要受制于原型中演化的。文艺的进程如同人类在物质生理方面要突破自己的局限而又不能不依赖其生理本能一样,人类的文艺活动在以其特有的方式试图突破自己在精神上、心理上的局限而又不能完全突破。这一矛盾的、对立统一的演进方式是合规律的、必然的。原型被用于对文学的分析会有两种不同的结论。一种是去说明作家艺术家如何在重复和变异着原型,它的结论是文艺是对原型的反复,是对于古老的神话模式的图解;另一种是探讨作家艺术家如何在利用原型原理进行艺术活动中又企图突破原型的束缚,说明文艺活动所体现的人类精神历程。

荣格等将原型理论运用于文艺研究,得出文学创作只是作家对集体无意识的激活的结论,是与他为现代人寻找精神家园的目的相关的。荣格的理论出发点实际潜藏着一个关于原型的价值预设,认为远古的、积累了几百万年的人类的原型经验正是拯救现代人类灵魂的良药,原型因此被看作是蕴藏了人类精神财富的记忆库,作家的任务就是开启这个深藏人类心灵深处的仓库的大门。他说:"人类文化开创以来,智者、救星和救世主的原型意象就埋藏和蛰伏在人们的无意识中,一旦时代发生动乱,人类社会陷入严重的谬误,它就被重新唤起。"[①]

他认为这种亘古不变的原型精神可以使某些时代失去平衡的心理重新得到平衡,精神可以得到补偿。这种假设有一定的道理,因为人类总是不断进步的,人类历史发展中积累的优秀遗产总是在后代起到作用,人类在其漫长的历史发展中,积累了超越时空、反映人类普遍意义的精神(即

---

① 荣格:《心理学与文学》,冯川、苏克译,生活·读书·新知三联书店1987年版,第143页。

原型)。而这种精神,随着某种时代、某种空间领域的变化会被践踏和失去,但它仍然可以通过激活和重新发现而起到补偿作用。然而,在这里荣格显然是用一种凝固的观点,假设原型保持和积累了人类的积极精神,只要不断地去发掘激活它就可以起到拯救人类灵魂的作用,通过原型而达到人性的复归。荣格对文艺功能、文艺本质的看法也建立在这一基点上,他认为艺术的本质也在于激活原型以拯救灵魂。这就是他为什么强调作家的创作、艺术作品、艺术家的评价都以是否深刻地激活集体无意识为暗含的标准了。

然而,把原型概念用于文学领域,并不是为了去证明人类的文艺现象只是对于祖先心理模式的一种反复,也不是把整个文学历史看成是对于神话模式的重复和变形,而是要探讨文艺作为人类的一种任何其他东西都不能代替的特殊领域,它怎样在触及着人类的心灵深处的同时,又在不断地变异发展并丰富着人类的精神世界。比如,万物有灵的宇宙观在文艺的创作中有着重要的影响,但是,这在不同的历史阶段和社会背景下有不同的表现形态。在早期乃至古代文学中,万物有灵论表现为神话等方式,反映人类的一种宇宙观,表明自己的一种理解和态度;到了现代,万物有灵的观念经过长期的演变主要成为一种象征、隐喻,一种约定俗成的联想物和符号,并具有了现实的社会性含义。大地、太阳、月亮、春、秋、黎明等不再以"有灵"而被特别地重视,引起重视的是它的外观形态和象征功能。大地的承载能力和哺育功能,太阳的光和热,四季变化给人的变迁心理的启示和希望等,都是万物有灵宇宙观的演变的表现。万物有灵观念对于形成远古人类的原型心理有很大的作用,而在现代这种原型的作用是在突破中得到承传和发展的。

文艺创作不是重复祖先,不是重复原型,恰恰相反,它是受原型心理的制约又要突破原型。作家的创作贵在创新,这种创新就是要超越传统的思维定式,超越那种由原型心理制约的深层模式的束缚。它要发现人性的新内容,人生的新情境,所谓置换变形,应该看作是突破原型所做的努力。由于传统的习惯力量,由于原型的作用,作家的困难在于容易重蹈先辈作家的思维覆辙,所以一个成功的作家的创造,都是对原有的约定俗成的原型进行创造性突破。他的杰出,不仅表现在他与传统原型的联系上,不仅在于他怎样深层地触及了集体无意识,而且应该看他在受原型的制约中又如何合理地突破原型。他的贡献不是为证明文学是移位的神话,而要证明人类的精神的向往和人性的发展。

从文艺的发展与突破原型的角度说,不但原型置换比原型反复更为重要,而且对于原型置换变形本身也应有新的理解。原型的置换变形不是在原有的框架中的变形,而是在对原先的心理模式的突破中的变形。

原型理论与文艺断想

一、心理原型与文学分类

众所周知,文学的分类有不同的角度,如欧洲传统的"三分法",依据艺术形象塑造的不同方式,把文学分为叙事、抒情、戏剧三大类;我国的"四分法"则根据体裁结构、语言运用和表现方法等特点,把文学作品分为诗歌、小说、戏剧和散文四大类。这些分类主要是从文学创作的媒介、对象和方式方面来确定文学之间的类别和种差的,它们从不同的角度反映了文学史的实际状况。

然而,文学类别的形成,似乎不仅仅是以上的因素决定的,特别是当不同民族、不同国家的文学由体裁的侧重不同而构成迥异的整体文学风貌之时,就可能包含了更重要的原因。以诗歌和散文为正宗的中国古典文学,与以史诗、戏剧、小说为主体的欧洲文学的比照,中国文学由重诗歌散文向重小说戏剧变动的比照,显然也不只是文学体裁本身的比照。在这些现象背后的复杂因素中,一个重要的因素,就是文学体裁与原型心理的关系。弗莱说过:"整个文学史从原始向高级阶段发展,在这里我们看到这样一种可能性,即我们能够把文学视为对一组相对限定的、简单的、可以在原始文化里进行研究的公式加以复杂化以后的产物。倘若如此,那么寻求原型的努力就类似一种文学中的人类学,它涉及文学形成前的种种艺术类别,诸如仪式、神话和民间故事等等如何影响文学形式的形成。于是我们认识到,这些艺术类别与文学之间的关系决不是纯粹的遗传关系。……于是我们开始思考,难道我们就不能把文学不仅看成是在时间顺序上使自己逐步复杂化的一种产物,而且在思维空间也是从某个无形的中心逐步向外扩展的结果。"①如果说弗莱的假设是有道理的话,那么,不同文学形式在不同民族的不同阶段的变化,就是在思维空间上沿着不同的向度"从某个无形的中心逐步向外扩展",就与这个民族"文学形成前的种种艺术类别"有着深刻联系。

在笔者看来,某类文学样式特别发达,可能与这个民族在某些阶段心理原型的倾向性相关,文学的原型体裁与原型心理结构有对应关系。文艺以满足人的不同需求的机制形成了两大系统:抒情与叙事。不同的文学类型、体裁,是为满足人类不同的艺术需求和情感应运而生的,是与人类心理情感模式相契合的。从这个意义上说,文学的分类应该有不同层次的划分。第一层次,可以分为叙事与抒情两大类(戏剧实际既有抒情又有叙事),这种划分把文学的类属与文学的特质和艺术精神结合起来,与人类心理的不同需求联系起来。在这个层次基础上可以从不同的角度再划分。叙事与抒情两大系统在某个民族文学中的发展状况,以及与此相应的不同文学体裁的发展状况,与这个民族的性格特点、情感模式和思维方式等特点相联系。而从整个人类文学艺术发展史来说,有两种不同的原型系统,这就是叙事原型系统与抒情原型系统,它们分别适应着人类不同情境下的精神需求,对应着不同的心理原型。

抒情与叙事两种文艺模式,分别以自然物象与社会事象为原型载体。它们分别表现人类的沉思与激情两种心理内容。自然物象作为原型,以人对自然宇宙感悟为心理基础,反映了人面对自然宇宙的情怀,是一种永恒的沉思;社会事象作为原型,是对于人与人、人与社会关系的规律性感受,是一种现实的激情。或许进而可以这样假设:抒情与叙事的材料来源各不相同,这有些类似于荣格关于心理模式与幻觉模式之关系的观点。也就是说,叙事文学一般反映的是心理模式,即素材多来源于由人类社会生活而

---

① 戴维·洛奇编:《二十世纪文学评论》(下),葛林等译,上海文艺出版社1993年版,第107—108页。

产生的现实心理情感,抒情文学则多来源于人性的本质需要,来源于无法言说的集体无意识领域。

二、文艺中的性心理原型现象

不管人们承认与否,也不管人们以何种标准评价这一现象,一个不可否认的事实是性在文艺中有着特殊的地位。这种特殊地位表现在:

1. 性是一个屡禁不止的广阔题材领域。性在文艺现象中的隐与显,由此生发的丰富内容,形成了文艺史上一道最引人注目的风景线。如果从广义上理解,把那些与人类性问题相关的现象包括在内,其涉及面可以说非常广泛。在西方,绘画、建筑、雕塑、舞蹈、影视等艺术门类,以含有性的人体,特别是女性人体作为直接表现对象,构成了西方文艺的一个重要特点。在东方,特别是中国,性构成了最为重要的隐文化系统。从神话中的创世、人的诞生,到岩画、彩陶等史前绘画和艺术符号中的性符号;从《易经》中的阴爻、阳爻,《诗经》中对于性爱情爱的隐喻,到明清小说对于性的赤裸裸的描写;从民间歌谣到春宫画,乃至从性医学到畸形的房中术,在中国文化艺术中,开拓出性的一个极大的空间。中外大量禁毁书中,涉及性问题的占有最重要的地位。性在文艺中的表现,一是它们本身被直接描写,二是它们作为原型在文艺活动中时隐时现,在深层对创作和欣赏的制约,性转化为特殊符号和特殊的隐喻。

2. 性是一个含义无穷的主题领域。它联系着情与理的矛盾、压抑与禁忌的冲突,自然人性与伦理道德的关系。它十分顽强地生长在文艺园地里。它是一个禁区,又是一个引发好奇心的源泉。如果说性在中国文化中作为阴阳符号反映了某种哲理意味的话,那么文艺中的性问题则更多地联系着心理和生理因素。这是一种不可否认的永恒原型。性被作为考验人性善恶和人性深度的重要标尺,性的隐与显、禁忌与越轨,折射着丰富的人性内容。禁欲主义把性看作人类的本源之罪,"万恶淫为首"应是一种准原罪意识。这种意识的形成,源于把性看作人类难以克制的本性这一前提。

3. 性是一个历久不衰的描写领域。性,属于最能激发作家独特创造性和流露出潜意识的表现对象。文艺作品中对性的描写的程度和作家把握的尺度,与社会普遍心理和文化规范的程度有着直接关系。大部分作家以若即若离的方式,撩拨着读者的心。少数作者以在描写上的闯禁区而表现出对于传统道德规范的冲击。

4.性是一个最具诱惑力的接受领域。文化艺术中大量的或明或暗的性现象,无疑是因为有大量的消费市场做动力。无可讳言,对于性的好奇始终是人类一种普遍潜在的心理。禁毁小说在中外都有,而在性方面的越轨,是被禁毁的最重要原因之一。它本身的诱惑力和社会规范的冲突表明了人们心理深处这一原型的存在和蠕动。残酷的战争中的性强暴和性虐待,竟成了后世消遣欣赏的材料。看看书摊上的书刊,就会发现,人们对性的兴趣怎样超过了对于吃的兴趣,观淫癖超过了恻隐之心。

这一切现象背后,是一种什么心理机制在驱动呢?

存在决定意识,性在人类社会中的不可避免性和隐秘性、无师自通和私人性等矛盾,决定了它在人的意识中一方面难以根本遏制,另一方面又不得不掩饰。它的重要,决定了它要设法得到表现,同时这种表现必然变形以得到认可。在人类生活中,在人的心理深处,活跃着一个永恒的两性关系的原型意象。它又最充分地体现着人的压抑与潜意识心理的关系。

从理论上说,原型理论作为弗洛伊德精神分析理论的继续、变异和发展,在一定程度上正是源于对人类潜意识心理的揭示,与人类隐秘的性心理有着关联。

从现象上说,大量的原始神话、仪式、文艺作品等都与一个重要问题相关,这个问题就是性及其意识。亚当、夏娃神话和女娲补天的神话说明了什么?它们是人类追寻自己的来源时,根据自身的普遍特性所做的一种解释。这些神话的产生应该说是有一定的依据的,这个依据不是现实历史事实,而是人从男女自身感觉到的心理事实,把性推衍开来,从饮食男女到天地万物。

性意识与心理上的占有欲、征服欲有着联系,其中可能有着原型心理的影子和深层作用。把男女和生殖现象推衍开来的心理原型,也许是后世人们把性问题推及及人的心理根源。这种推及不是一种简单的扩展,而伴随着变形和置换。这里的所谓变形是在形式上的艺术升华,所谓置换,是内容上的净化;它既保留了与古老祖先的深层心理的相通,又符合变化了的道德要求和精神需求。

有位研究者对陕北情歌和民俗中的现象进行心理分析,从中可以看出性原型如何置换变形为艺术,以及艺术活动中潜藏着怎样的性心理意识:

> 社会的长期动荡,给了陕北人一种更为现实的人生观,今朝有酒今朝醉,哪怕明日喝凉水。男女情爱受到特别的推崇,被看成极乐之事。有时野小子为达到目的常常有一种豁出命去的勇猛。……
>
> …………
>
> 几乎所有的揽工调全是这种模式。揽工汉人见人爱,地主闺女个个发贱,动不动就让浑身羊膻气羊骚味的长工坐在怀里。……穷苦的揽工汉大多孤身一人,受人冷遇,低眉顺眼。当主人家闹红火之时,他们孤伶伶地蜷在又冷又破的土炕上悲叹。这时黄粱美梦引发了灵感的火花,把主人的女儿编排进自己的好梦里,度过一个一个难挨的夜晚。
>
> …………
>
> 腰鼓……这种自西域传来,用途众说纷纭的原始乐器被陕北人且鼓且舞二千年,成为当代中国最具有魅力的一种鼓舞。舞蹈的产生比民歌还早,是随着生命的产生而出现的。原始舞蹈实际上是所谓动物"调情"的继续。许多这样的舞蹈美化地模仿这种本能的"调情"动作。
>
> …………
>
> 陕北的腰鼓、胸鼓、蹩鼓等鼓舞同样非凡地展示男性的生命力、体态美,给人以深刻的美的感受。同时,也是冷寂之地两性交往交流的特殊形式。这是鼓舞在陕北千年不衰的真正的内在生命力。[①]

[①] 张林:《情歌情种——为陕北民族信天游招魂,抑或是挽歌?》,载《十月》1994 年第 3 期。

如果说闹秧歌是陕北人为了补偿生存的孤苦和艰辛,战胜精神心理的重负,强化生命力的手段,那么民间剪纸、刺绣直接表现出了原始文化的性崇拜内涵:石榴被描绘成一个硕大浑圆的子宫,里面的喜鹊胚胎正一步步变成活泼的生命,隐喻生命的孕育过程。

结婚的欢乐促进了爱的发展。千百年来,它大大地丰富和发展了人类的文明和情感。它使性欲、生殖本能变成了人类富有美感的行为,用鲜花装饰妊娠的奥秘,以太阳形容两性间的吸引,世俗的感受变成了天国的畅游。同时,婚姻也给人以痛苦和沮丧的感受。[①]

从这里可以看出,腰鼓、秧歌、社火就是一种仪式,而这些仪式的生成与原始的性意识有着渊源关系。仪式之所以在某些民族地域被保留下来,是因为他们需要它,仪式还具有一种特殊的功用,就是对于正统的、社会规范的冲击,对于无意识心理的满足,对于禁忌的越轨。这是它在民间流传的原因。仪式在民间的流传方式,就是集体无意识心理的一种特殊的承传,不是通过个体的生理的遗传,而是通过群体、族类的生存过程包括仪式被一代代流传下来。这种流传的机制,不是靠外在的、人为的保留,而是与人的内在需求相联系,就是说它是自觉不自觉、内在、自然承传,无意地流传,是人的内在的生命的需要。仪式的流传中有着人的原始的生命力的表现,有着人的自古以来的本性在里面。

性原型在文艺中的显现,多与压抑与宣泄、禁忌与越轨的现象相联系。

认识性原型在文艺中的重要性,并不是认为文艺不能离开性的直接表现,而在于:其一,为原型的生成寻找到源头;其二,通过分析文艺中的性原型及其变形表现,说明文艺如何将人的生物本能提高和升华为精神需求。

文艺活动中的禁忌与越轨、压抑与释放、净化与陶冶、约束与放纵、升华与宣泄等相互冲突与相互消长的现象,是与集体无意识心理相关的,与人性的需要相关的。

[①] 参见张林:《情歌情种——为陕北民族信天游招魂,抑或是挽歌?》,载《十月》1994 年第 3 期。

文艺原型的突破,还表现为文艺史的周期性、螺旋式发展演变。原型的承传与突破、喜新与创新、怀旧与厌旧的交替变化,表明了文艺史的演变同时有心理史的演变过程作为深层动因。

三、文艺的虚拟性和功能的未特定性

文学艺术是人类为了满足精神需要的特殊活动,虚拟性是它的一个重要特点。艺术既不是模仿,也不是再现和表现,而是以现实和心灵为参照的虚拟。文艺创作的材料可以是现实,也可以是理想,可以是真实,也可以是想象,但是,文艺的创作过程和最后的成果是一个虚拟出来的"存在"。

历史是记载过去,哲学是提出和解答问题,宗教是虚拟天堂,艺术是创造心理现实。所有艺术都有虚拟性:绘画创造可直观静思的空间,音乐创造与心绪对应与时间同时展开的空间,文学创造超越时间和真实的心理空间,建筑创造实在的、同时体现人的意志的空间。神话是对人自身的力量的张扬也是对原始冲动的限制,抒情文学是对人与环境关系的沉思,叙事文学是人创造和重现具体环境以利激情的宣泄。抒情与叙事的区别不是方法样式的区分,而是文学精神特质的区分。

读者在这种虚拟的情境中获得一个心境得到舒展和调理的空间或过程,从而得到某种精神的享受或补偿。从这个意义上说,文艺的本质在于它是人与生俱来并不断发展的需求。

文艺的虚拟特性与人类会"意识"这一能力对应,即创造一个环境。这里的环境是供人类去体验的、可能的生存状态的特殊的环境,是为解除人的心理匮乏而做出的努力。

人生是如此丰富,人的欲望是如此无止境,而单个人又由于各种原因不能或不容许尝试所有的生活方式和生存过程,这也是人的一种不足,是一种意识到的遗憾,于是艺术的虚拟和假设的内容弥补了这种不足。从这个意义上说,艺术产生的动因之一是由人不同于动物的意识特性与人的生存局限之间的矛盾性所引起的精神需求所决定的。人利用艺术的虚拟假设来演绎人生场景,在这中间来观照自身和充当一个角色,从中得到某种满足。这种满足是一种精神的满足,这种人生场景与现实个体的人生可能

相同也可能不同。艺术从本质上说就是为了某种精神的补偿,人的不足是与人的生理未定特性相联系的。婴儿需要人对他说些什么来消除寂寞,大一些的孩子需要童话和故事,而成人所读的小说、所看的戏剧影视同婴幼儿的需求机制是一样的。

文艺的功能是未特定的。文艺的未特定性决定了它的多义性,也决定了它多维发展的可能和多维价值意蕴创造的余地。文艺的未定特性与人类本能的未定特性对应,文艺的补偿特性与人类先天的缺陷对应,文艺天生就有补偿的功能。

人类的情感既需要约束、节制,也需要宣泄释放,既需要对过去追忆怀恋,又要对未来展望和对现实凝视。

现代艺术的原始主义,不是回到原始社会,而是在呼唤人的本来的特性。

仪式、宗教、艺术同出于一源,即为了生存,为了灵魂的安宁。

以娱乐和追求刺激为目的的作品,其重要的特点之一,是对人的心理匮乏和精神缺陷的忘却和拒绝克服。

现代人对艺术的需求,是一种希望更多地体验的心理,这时人的匮乏已经不是生物性的,而是一种精神性的、社会性的。就是说,匮乏的具体内容变化了,但是匮乏永远不会终止,因为人是有意识的动物,这是文艺永远不会多余或消亡的原因,也是文学原型长久有其意义和价值的原因。

人类的精神,有恒定不变的和易变的内容。恒定不变的也是历史积淀淘汰的结果,它本身无善恶之分,它可能保留着人类的某些本性;而易变的部分,本身是对难变部分的补充、发展,人类对往昔的追忆是一种正常的心理倾向。人类对艺术的需求不仅仅是反映。需要与反映是两种概念,艺术是人的需要还是一种反映的结果,实际体现着人的两种不同的精神状态。需要体现着主体的主动性,而反映有时是能动的,有时则是被动的。文艺不是纯粹的存在之反映,它含有人类精神本体中的自然需要的成分。文艺活动不能排除人与生俱来的精神需求的因素,它有时是人的悦情的本性体现。人类艺术发展史,不仅是一个文艺作品创作的过程,而且首先是人对艺术需求不断变化的过程,和为满足这种需求而进行活动的过程,也是人的文艺观念、意识周期性变化和不断发展的过程。推动文艺发展的最终动因是经济、社会存在等客观历史内容,而促使文艺发展的直接动因是由这些因素决定的人的精神本能的需要。而原型的恒定与易变性、反复性与置换性,在这个过程中有着特殊的功能。

第十六章　原型与文化

"意义的原型"与"意象的原型"

荣格在《集体无意识的原型》一文中还提出了"意义的原型"的概念，同时对它的来源也进行了探究。这一点，笔者以为也是非常重要的。因为，一方面，它在解释了以原始意象为载体的原型的同时，并没有忽视以"意义"的形态出现的原型。而"意义的原型"是大量存在的，它的外在形态表现为抽象的观念，但确实又具有原型同样的功能，具有反复发生性和普遍一致性。另一方面，"意义的原型"又是较为接近理念的一个概念，对于理解原型与理念的关系，对解释与之相关的精神和心灵现象有直接意义。

荣格说："我们总以为，意义比起生活来是更年轻一些的事件，这是因为我们认为意义是由我们自己赋予的……但我们是怎样赋予意义的呢？归根到底，我们是从何处得来意义的呢？我们用来赋予意义的那些形式都是一些历史的范畴，它们深深地进入了时间的迷雾之中——这是一个我们没有给予充分考虑的事实。某些固定的语言模式是被用来作各种解释的，但这些语言模式本身却来自原始的形象。我们无论从哪方面来考察这个问题，都会同语言的历史相遇，同直接引回原始奇妙世界的形象和主题相遇。"荣格在他所举的例子中进一步解释了"意义的原型"的特点，他说："以'理念'一词为例，它可以追溯到柏拉图的'理式'这一概念。永恒的理念是在超天界的地方蓄积起来的原始形象，只是这些形象在此被赋予了永恒的、超验的形式。"再如"能量"这一概念，"它是对物理事件的解释，早期它是炼金术士的神秘之火或者燃素，或者物质中固有的热力……它非常近似于一种无处不在的生命力的原始概念，一种生长的力量以及一种魔术般的愈病良药，人们一般把这种力量称作'超自然的力量'"。[①] 荣格把"意义的原型"的来源追溯到远古，认为每个意义以及解释意义的语言模式都来自原始形象。"所有的观念都是建立在原始的原型模式之上的，这些原型模式的具体性可以上溯到一个意识还没有开始'思考'，而只有'知觉'的时代。"从荣格的论述可以看出，荣格是把"意义的原型"与原始意象的原型看作同一个来源的。换句话说，他认为，即使被抽象化的、理性化的原型，其最初的根源也在原始的原型模式，它产生于只有知觉而没有思考的时代。概括荣格的论述：第一，"意义的原型"是以"固定的语言模式"对赋予意义的范畴做解释，它接近于事物的概念；第二，"意义的原型"来自只有知觉而没有思考的时代的原始形象，只是后来被赋予了永恒的、超验的形式。换句话说，我们所遇到的"意义的原型"的外在表现形态是"永恒的超验的形式"，它与通过原始意象的瞬间再现即感性的原型有所不同。

受荣格论述的启发，笔者觉得似乎有必要对原型从形态上做一区分，就其形态来说，原型可以分为两种主要的类型，即"意义的原型"与"意象的原型"。"意义的原型"实际就是抽象化了的概念，而"意象的原型"就是以意象或原始意象为载体的原型，亦即前者是理性的原型，后者是感性的原型。从理论上说它们在本质是相同的，都是指原始模型，都来自只有知觉而没有思考的时代的原始形象，但在实践中，当我们在运用原型这个概

---

① 荣格：《荣格文集》，冯川译，改革出版社1997年版，第72—73页。

念时实际上存在着这种区别。如果联系柏拉图关于理念与原型的关系的论述,联系荣格对自柏拉图到康德对于原型的理性化、思想化的历史回溯来看,这种区别是明显存在的(参见第一章)。最明显的例子就是在文学批评中,神话模式被称为原型,意象的反复被称为原型,母题被称为原型,某种观念、意识或主题的反复表现也被称为原型。在这里,观念实际就是一种意义原型。而在哲学和宗教领域的原型就是"意义的原型",比如西方的"逻各斯"、中国的"道"。两种原型有区别,也有联系。即使如神话这样具有故事形态的原型,按卡西尔的说法,它给我们展示一个感性结构的同时,也展示一个概念的结构。

"道"与原型

与西方文化具有不同内涵的中国文化传统中,虽然不曾有过"原型"这一概念,但是,中国人在自己的历史实践中所形成的不同于西方的思维方式,中国文化哲学中所提出的许多命题和所形成的许多概念,以及对于这些问题的结论,却与原型理论有许多重要的相合之处。这使得原型理论的研究者,特别是荣格在接触到中国的文化时十分吃惊,认为一些用西方的理论和科学原理不能解释的问题,包括原型理论中的集体无意识问题,在中国的哲学文化中找到了答案。比如中国文化中"道"的概念和《易经》中阴阳八卦所包含的神秘意义,它们对宇宙万物的解释,它在"瞬间中隐藏着性质"的独特思维方式等就曾引起荣格极大的兴趣。在荣格看来,中国文化中包含了被西方人忽略和偏废的丰富的精神价值,中国人对于宇宙万物带有神秘色彩的特殊感悟和思维方式,具有重要的意义。

荣格在他的研究中多次讲到《易经》与原型理论的关联性,并对此表现出极大的兴趣。这主要是他看重其所体现出的特殊的思维方式与集体无意识的相通,特别是与他后来所提出的同步原理概念的相通性。荣格在《纪念理查·威廉》一文中曾说:"《易经》中的科学根据不是因果原理,而是一种我们不熟悉因而迄今尚未命名的原理,我曾经试图把它命名为同步原理(synchronistic principle)。……它具有这样一些性质和基本条件,能够以一种非因果的平等对应方式，在不同的地点同时表现出来。就像我们在那些同时发生的同一思想、象征和心理状态中发现的那样。""这种同步原理的思维，在《易经》中达到了高峰，是中国人总的思维方式的最纯粹的表现。在西方，这种思维从赫拉克利特的时候起就不见于哲学史了，它仅仅作为一种微弱的回响再见于莱布尼茨。"①

荣格上述论述表明，《易经》与他的原型理论有着内在的关联性。"《易》曰：宓牺氏仰观象于天，俯观法于地，观鸟兽之文与地之宜，近取诸身，远取诸物，于是始作八卦，以通神明之德，以类万物之情。"②从这不长的一段话里可以看出，《易经》包含了两个与荣格原型理论十分相近和有直接关联的问题，一是八卦的来源和生成与荣格所说的原型的生成过程是相同的。这就是八卦是从原始形象而来的，观象于天，观法于地，观鸟兽之文与地之宜，近取诸身，远取诸物，是说其产生于感性基础之上，同时产生于一个只有知觉而没有思考的时代。二是八卦具有普遍一致性和反复发生性的领悟模式的功能，可通神明之德，类万物之情。八卦的符号系统本身就是一种具有原型性质的纯粹形式，它将人类自身（男女）的特性推衍于万物，抽象出"阴阳"这一原型符号来推论和涵盖宇宙现象。对此，英国著名汉学家李约瑟博士认为这"是自然主义学派和汉儒设法用长短杆组成图象以创立一套包罗万象的象征系统，来涵蕴所有自然现象的基本原则"。③《易经》的功能之一是对普遍一致性和重复发生性的高度抽象，阴阳爻就是用最简单的形式表现最复杂的内容，用以解释万物之本质及其相互关系。这体现着中国先哲试图把握世界的雄心和努力，积淀着远古先民的精神遗存，它具有经过后天的特殊情境获得实在意义的功能。由《易经》八卦可以看出，中国先哲们有将具象进行抽象，把感性体验凝聚为理性模式的能力。阴爻和阳爻以其最简单最抽象的纯粹形式，却蕴含着最具概括力和阐述性的功能，是涵盖万物及其运动的原型模式和范型，是凝聚

---

① 荣格：《荣格文集》，冯川译，改革出版社1997年版，第298、299—300页。
② 《汉书·艺文志》。
③ 李约瑟：《中国古代科学思想史》，陈立夫等译，江西人民出版社1990年版，第440页。

了感性的生命、情感、体验的理性模式。原型的瞬间再现就是理性模式重新还原为感性。从这个意义上说,卦象原型是人类沉思的结晶,是体验的凝聚,是记忆的浓缩,是情感的升华。对此,李约瑟有过类似的看法,他认为《易经》是观念的宝库,是"涵蕴万有的概念之库",《易经》是一个解释系统,"解释愈抽象,这系统便愈有'观念的贮库'的性质,大自然的具体现象,便都可由这个系统去说明"。①

从荣格对于原型及其功能的解释,以及他对中国人的思维方式的理解来说,原型的生成又类似于中国的天人合一的思维过程特点,其核心是对于宇宙秩序从感性体悟到理性抽象并以模式的形态不断再现。因为,原型是在对外界自然宇宙感觉的基础上,对它的秩序、规律的把握,它始终伴随着感性的内容。而天人合一首先是人对天的感应,是感应基础上的融合为一,这其中就有人对"天"、自然宇宙之序的把握。原型心理在相当意义上就是人最初对于事物之序的感悟和把握,是对天之序和人之序及其相互关系感性经验的反复和再现。对此,有学者在分析中国哲学文化的儒道互补时指出:"道家的理性推衍方式及推衍基点与儒家并无二致,二者对宇宙、社会、人生共取体验的理性组织方式,即二者共取经验的宇宙自然之序,律定社会与人生,并用社会与人生经验去理解、解释、构入宇宙自然之序,从而形成宇宙与社会人生互照互融的观念体系。因此,从以体验为特点的理性运作的角度说,它们共属于'天人合一'模式,共同形成与西方的'客观观察'、'超越想象'或'逻各斯推衍'的理性模式的整体性差异。""不过儒家也好道家也好,它们都致力于探索生命之序与人生之序,而且它们的序的依据又都共获于'天人合一'模式。"②天人合一之合,在一定意义上可以说是合于、适合之合,就是说使天合于人之序,人又合于天之序。"中国人关联式的思考绝不是原始的思想方式。也就是说,它绝非处于逻辑的混沌,以为任一事物皆可做为其他事物的原因……它的宇宙是一个极其严整

---

① 李约瑟:《中国古代科学思想史》,陈立夫等译,江西人民出版社1990年版,第415页。
② 高楠:《伦理的艺术与艺术的伦理——中国古代艺术理性的价值取向》,载《社会科学辑刊》1995年5期。

有序的宇宙,在那里,万物'间不容发'地应合着。……强调'秩序'的观念是中国宇宙观的基础,我相信这种见解是正确的。……'道'即为此种秩序之总名,一个有效力的总和,一个有反应性的神经媒介;'道'不是一个创造者,因为万物皆非被创造的,宇宙本身亦不是被创造的。"①秩序在这里就是规律。原型具有对规律、秩序的直观把握和感悟的特性,具有把心理体验转化为特定模式的特征,它与人的生命意识和生存意识特殊地联系在一起。原型"在瞬间包藏着性质",并以意象为中介得到呈现。这大概是荣格对于东方文化,特别是中国的《易经》颇感兴趣并把它作为解释集体无意识现象的重要例证的原因。

关于中国思维方式以及在此基础上产生的"道"及其特性,列维-布留尔曾经认为这是一种原始的思维。对此,李约瑟认为,这种说法是错误的,"我以为适当的结论应该是:中国人之关联式思考或联想式思考的概念结构,与欧洲因果式或法则式的思想方式,在本质上根本就不同。它没有产生出十七世纪那种理论科学,并不构成说它是'原始的'理由"。他指出,从原始的参与式思想发展起来的至少有两条路:一条(希腊人走的)是将因果概念加以精炼,这种态度引出德谟克里特(Democritus)那种对自然现象的解说;另一条路,是将宇宙万物万事都有系统地纳入一个结构形式,这个结构决定各部分间的相互影响。当希腊思想从这种古老的观念,移向于机械的因果观念(预示出文艺复兴时的完全破裂)时,中国人是在发展他的有机思想方面,而将宇宙当作一个充满和谐意志的有局部的有整体的结构。李约瑟认为"这是形态学的宇宙观"。②而荣格显然也是看到了中国思维方式的这一特性。

荣格还由八卦的"瞬间中隐藏着性质"思维特性和解释功能,联系到他的同步原理思维:"对无意识心理过程的研究,早就迫使我们到处寻找另一种解释原则。因为在我看来,因果原理似乎不足以解释某些重要的无

---

① 李约瑟:《中国古代科学思想史》,陈立夫等译,江西人民出版社1990年版,第383—387页。
② 李约瑟:《中国古代科学思想史》,陈立夫等译,江西人民出版社1990年版,第388页。

意识现象。……我所关心的只是这样一个令人吃惊的事实,即瞬间中隐藏着性质,竟然在卦象中变得明了起来。"所谓同步原理的思维和特性,与他的原型理论即集体无意识有紧密联系,指毫无因果联系的事件同时发生,它们之间似乎隐含着某种联系,荣格称之为"有意义的巧合",认为是某些经验的结果,荣格用共时性的概念来强调随机事件所蕴藏的丰富含义,说明人的潜意识心灵在一定程度上的相通之处。荣格从《易经》的卦象中发现了对他的原型观点来说至为重要的有直接启迪意义的观点,这就是人类心理体验的共时性与历时性关系问题,即原型如何既承载着远古人的精神遗存又能与当代人心理相通,以及在不相关的事物中隐含着相通性。另外,从荣格另外一些论述中可以看出,它的同步原理思维,与中国的直观思维、整体思维特征是相通的。荣格在《分析心理学的理论与实践》第二讲中说过:"亚洲的那些居民具有一种神奇的洞察力。为了理解无意识的某些事实,我不得不研究研究东方。我不得不追溯一下东方的象征主义。……我要研究中国和印度。"荣格特别指出,"道"可以是任何东西,他把"道"叫作"共时性"。当东方人察看由很多事实组成的集合体时,他们是将其作为一个整体来接受的,而西方人的思维却将其分解为很多实体与微小的部分。① 荣格在这里和别处都讲到这样一个问题,就是在东方特别是中国人的"道"中,注重的是中国的整体思维、直观把握、顿悟直觉的思维特点。他认为"道"就是"意义"原型,认为"道"作为一种概念与八卦作为一种特殊符号一样,一方面其来源与原型相似,另一方面其具有的象征功能和解释功能也是一种典型的领悟模式。

荣格对"道"有自己的具体解释,他说:"两者对立取中间道路的思想也出现在中国,出现在道的形式中。道的概念通常与出生于公元前604年的哲学家老子的姓名相联系。……这个概念与《吠陀经》的梨陀相对应。道有如下含义:(1)道路,(2)方法,(3)原则,(4)自然力与生命力,(5)自然有规律的过程,(6)宇宙观,(7)一切现象的本源,(8)正义,(9)善,

---

① 荣格:《分析心理学的理论与实践》,成穷、王作虹译,生活·读书·新知三联书店1991年版,第71—73页。

(10)永恒的道德律。……老子是一位真正的原始思想家,隐藏在梨陀-大梵-自我(Atman)和道的概念中的原始意象像人一样遍及宇宙,它出现在每一时代的所有民族中,它不是作为原始的能量概念、作为'心灵力',就是以其他指定的概念形式出现。"①

荣格对于中国哲学中"道"的看重,是因为"道"与集体无意识有相通之处,"道"与柏拉图的理念也有相似之处。道是形而上的、可以涵盖任何东西的抽象概念,是一种类似原型的纯粹形式,它有领悟功能;同时,"道"的来源又可以追溯到原始时代,"有物混成,先天地生,寂兮寥兮,独立不改,周行而不殆,可以为天下母。吾不知其名,字之曰道。……人法地,地法天,天法道,道法自然"②。这正与荣格所谓的意义原型"是在超天界的地方蓄积起来的原始形象,只是这些形象在此被赋予了永恒的、超验的形式"的论点是一致的。"形而上者谓之道"。"道"不可为形,不可为名,强为之,谓之太一。这里特别强调了"道"的不可名状而无处不在的特性,而如果硬要(强为之)命名的话,就是"大""太一",也就是说,它大于一切,是一切事物的本源。"道"无处不在而又不可名状,它的存在方式与作为纯粹形式的原型有相同之点。和原型一样,"道"不可言传而要通过具体物象(意象)才能解释,在结构上十分接近原型。原型可通"形上",也可下通"形下"。同样是"道",儒、道、释对其理解不同,但是,也有其共同性。与原型一样,"道"在瞬间中包藏着性质,它是思维的直接性、简捷性、整体把握性和推演性隐喻,具有通过象征超越时空范围而进行交际的功能。它是一种可以通过感悟来解释难以言说的宇宙意识的领悟模式。如有学者所分析的:"庄子哲学中的'道',不是一个逻辑概念,亦非一个自然哲学范畴。'道'是庄子对当时社会现实、文化境况和人的生命存在形式状况的深刻体验和敏锐洞察后的超越性沉思的产物,是对宇宙生命大本体和人类生命大本体的哲学和美学的设定和建构。道家哲学对道的设定和把握便

---

① C. G. 荣格:《心理类型学》,吴康、丁传林、赵善华译,华岳文艺出版社1989年版,第250—251页。
②《老子·二十五章》。

是对宇宙本体和生命本体的超越性设定和把握。""庄子对道和生命之道的把握是一种体验的把握方式,这便是'体道',……'体道'不仅是一种独特的生命把握和言说方式,而且更是一种形上境界。……海德格尔说:'道,很可能是,那种使所有那些我们由此才能思考的东西活跃起来的途径'。"①原型是体验性的,是对于宇宙生命本体与人类生命本体的体验感悟的理性把握。体验的把握方式始终是原型的本质特性。荣格对于东方精神,特别是中国文化的兴趣,即在于拯救现代人的灵魂的需要——中国的文化精神、中国的宗教陶冶情操、塑造人格的特殊作用;也在于他意识到东方精神与无意识原型的关系,东方精神可以通向无意识深处,有可能由此打开心灵神秘之门。

中国艺术的精神原型

原型与中国文化的深层互通,不仅表现在如上所说的哲学概念和思维方式方面,而且与中国文学艺术的特性及其艺术思维方式、表现方式也有着重要深刻的互通性。

闻一多在《律诗底研究》中论述中国诗歌形式的"均齐"特点时曾说过:"原来人类底种种意象——观念——盖即自然底种种现象中所悟出来的。我们的先民观察了整齐的现象,于是影响到他们的意象里去。也染上整齐的色彩了。这个意象底符号便是《易经》里的八卦。他表现于智、情、意三方面的生活,便成我们现有的哲学、艺术、道德等理想;我们的真善美的观念之共同的原素(即其所以发育之细胞核)乃是均齐。"②这里虽讲一个具体问题,但反映出他对意象和概念来源的独特看法,即意象和观念从自然的种种现象所悟出来,在此基础上生成意象符号。而他说的这种意象符号就是荣格原型理论中的意象或原始意象。中国文学艺术的重要特点之一,就是以特殊的意象去表达对于自然的感悟,或以特殊的符号去表现

---

① 《中国文化之艺术精神——在诗与思的交汇处》,载《中国文学研究》1995年第3期。
② 闻一多:《神话与诗》,华东师范大学出版社1997年版,第310页。

深层的观念。中国艺术的最高境界就是作品中对于"道"的蕴含,它的源头可以追溯到远古,其中特别重要的是如前所述的、与原型相通的《易经》所包含的美学精神。

对此,王振复先生在他的《周易的美学智慧》一书中,有过深入系统的研究。其中一些精彩的见解对于我们理解中国文学艺术原型有重要的启示。比如,他认为,《周易》八卦的文化原型是蕴含阴阳五行观念的图、书之数与数的有序排列;中华古代哲学中的天人合一思想,是从原始巫术的原始思维中发展起来的;中华古代的阴阳哲学观来源与原始巫术中的"气"即"马那"有直接关系;"马那"不是什么别的,就是列维-布留尔在《原始思维》一书中所反复论述的事物之间以及物我之间的"神秘联系和互渗",用中华古代的巫学或哲学术语来说,就是"气"。又如,他认为《周易》文化与美学智慧的特异性首先是由其独一无二的符号体系所决定的。这种符号体系可用一个字来概括,就是"象"。《周易》的"观物取象"是一重要的美学命题,通过观物而取万物之兆象。这一美学命题有两点是值得注意的:第一,审美过程是以"物"为出发点而不是从心开始,首先是大自然和社会的万有实象和形态撞击着主体的心胸而不是相反,通过"观"这一中介令物我建立审美关系。第二,"观"的注重点是"象",而不是物之物理、化学或生物学之类的属性;所谓"取象",是心灵首先通过视觉而捕捉对象的整体形象而不是理智上的条分缕析,不是意志上的厚此薄彼,而是充满情感的整体观取。他指出,中华古代美学智慧的意象与意境以及从意象说到意境说,其文化原型,确是建立在《周易》原始巫学智慧所包容的原始科学认知(学术境界,数与数的运演)和原始宗教崇拜(这里指巫术)这两者之上的。他还认为,《周易》蕴含着一种易象智慧模型,《周易》的易象的智慧模式,还一直"遥控"着中华古代文学主流——抒情诗体、写意画体以及书法艺术中的草书等的美学性格。易象熔裁物我,以抽象线条及其组合表现易理(意),成为在中华古代美学、艺术史上蔚为大观的表现性而不是再现性艺术审美思潮的历史先河。[①] 联系中国艺术实际来看,中国艺术

---

① 参见王振复:《周易的美学智慧》,湖南出版社1991年版,第179页。

精神的原型,一方面,表现在对于观念、形而上的"道"的追求;另一方面,中国艺术形式有许多蕴含着特殊象征意义的领悟模式,有着领悟形而上的"道"的特殊中介"象"。"象"的意义正在于"瞬间中包藏性质",在于它作为特殊符号的功能。了解这一点,是了解中国文学艺术特性的关键。中国艺术重"象",就在于"象"具有荣格所说的"同步原理"的性质和"瞬间中包藏着性质"的功能。它能使人的情思与原型相通,触动人的深层的心理情感和体验。它们以反复发生和普遍一致使中国艺术创作呈现着似乎矛盾实则非常独特的现象。

在文学作品中,关于言意关系,关于意象、意境的探讨,关于心与物、神与形、情与理、意与象关系的理论等,都在某种意义上与原型理论所探讨的问题有一定的关联。诗词格律对于营造意境的作用,意象的反复创化,叙事文学模式背后的观念等,都表明了中国文学有自己独立的原型体系和再现方式。① 石昌渝先生在对中国小说源流的研究中提出:"对于小说而言,神话的影响主要表现在意态结构方面。意态结构,是指小说情节构思间架。比如黄帝与蚩尤之战的神话,……黄帝是贤君代表正义,蚩尤是叛逆代表邪恶,在这场正义和邪恶的冲突中,黄帝命应龙出战,蚩尤请风伯雨师迎战,正不压邪,后来天女下来助战,才反败为胜。这个情节定型为一种意态结构模式,为后世小说反复采用。"② 这里的"意态结构"一词笔者以为用得十分准确,"意"而有"态"就是强调意作为一种特殊的模式或模型在后来的再现,即意义的原型的作用,这在中国叙事文学中特别重要。赵沛霖先生在对"兴的源起"的研究中,也注意到了它与宗教观念的联系:"从兴起源的全部过程来看,正是复杂的宗教观念内容演化为一般的规范化的兴的艺术形式。这个过程的特点就是积淀:宗教观念内容积淀为艺术形式。由于在抽象的形式中积淀着观念内容,从而使它获得了超模拟的意义,并最终发展成为一种具有审美特征的抽象的艺术形式。"③ 这里关于观念中

---

① 参见程金诚:《试论中国文学原型系统》,载《文学评论》1996年第4期。
② 石昌渝:《中国小说源流论》,生活·读书·新知三联书店1994年版,第55页。
③ 赵沛霖:《兴的源起——历史积淀与诗歌艺术》,中国社会科学出版社1987年版,第248页。

积淀着形式,抽象的形式中积淀着观念内容的看法也十分接近荣格对于原型特别是意义原型的阐述。这些都表明中国文学历史中原型的存在及其特殊功能。

在中国传统绘画中,对于"观念""道"的重视,对于写意的特质和意境的追求,以及象征物在特定的图式中的反复表现等,也表明其特有的原型系统及其功能。对此,苏联学者叶·查瓦茨卡娅曾有系统的阐述。① 她指出,中国画这门艺术同文学和哲学具有极其密切的关系,尤其到了宋代,这种关系变得更加密不可分,其基本风格被称为"写意"(其字面含义是描写思想,体现典型、原型)。换句话说,绘画注定要表现现象的哲学含义。"道"这个中国古典哲学中最常见的概念及其抽象的哲学范畴成了用绘画手段来予以表现的最重要的对象。就其广泛的含义而言,"道"表现出一种对于大自然中秩序与和谐的最根本的哲学信念。这一概念产生于古代,源于对自然界中诸如日夜、季节交替等秩序与和谐的观察。而绘画之所以能描绘它,正是因为绘画能表现一种"非言非默"的状态。对于中国画家和画论家来说,理解画道是一项最基本的条件。她注意到:"中国绘画有严格得更令人惊奇的体系——决定绘画形象结构的法度及相对非个性的、规范化的因素。乍看之下会觉得,画家的'无知无识'与创作的规范化只有作为对立面才能结合在一起;而事实上,画家与创作过程的上述两个特征包含着一个最重要的普遍因素:在创作中摆脱个别的成分。画家所扮演的是绝对理念、上苍手中工具的角色,而他的创作则是执行。创作似乎不是创造形象,而是发现它们。所以,发现事物本质的艺术、寻找世界的绘画因素和审美因素的能力便表现为一种基本的、为体现已获取的形象所无法比拟的重要因素。相应地说,无论是法度或文化传统,抑或是个性与创作的直接性,都是放在两种水准上进行思考:深刻的哲学水准与外在的技术水准。"她的这些看法,深刻地揭示了中国传统绘画所追求的形而上学意蕴。中国画家力图表现整个世界和每个个别存在的双重性:对永恒的秘密的参与性,神的不变性与具体的可变性,人的生命以及他周围的一切悠忽

---

① 参见叶·查凡茨卡娅:《中国古代绘画美学问题》,陈训明译,湖南美术出版社1987年版。

不定。对于这些画家来说,世界既是可以感知的,同时又是神秘的。法度也是永恒的表现,它表现为一种实体水准,即大千世界赖以存在的太一。这位外国学者进而把中国绘画的一些整体特征直接跟荣格的原型(她称为"祖型")联系起来,发表了一些在笔者看来非常深刻的见解。她说:"远古时期,中国文化即已形成作为永恒标志的祖型,它们在后来的若干个世纪中形成艺术风格花纹的扩展所依据的基础和规范。在荣格的心理学中,祖型指的是'集体无意识'的符号,正是中国绘画的这一层次使它们成为一种整体现象,勾画出它的特异之处。祖型(比如天、月、影、水、树)所扮演的是象外之象、形外之形的角色。"她具体分析到,中国绘画含有两种类型的象征符号,同样的一些符号常常既具有神圣的征候结构,又有通俗的征候结构,绘画既体现了具体的可见世界,又是感情、先验存在的一种符号,每一个符号含义总是非常确定。她举例说,在祖型(即原型)中,"影与树具有特殊的社会意义。在中世纪的中国,宗教行为的象征意义常常跟这两个概念有关。在社会宗教行为中,'天'的形象性具有直接的描述性。与此不同,影与树的象征含义表现为更复杂的形式。树与影的象征实际上是全部社会伦理学的写照,树是儒家的社会伦理学的主要形象,而影则是佛道传统的主要形象"。而梅花形象的象征大部分跟《易经》的哲学体系有关。梅花的象征意义出奇地具体:花柄象征"太极";托着花的花萼体现天、地、人"三才",因此画为三笔;花是五行的象征,所以就画为五瓣;树梢象征《易经》中的八卦,因而通常画成八枝;而且,一般说来,跟树有关的各部分都成偶数,因为偶数性(四)和稳定性乃是地的特征。《易经》中宇宙及其最小的单元的发展都是作为相的更替——九变。这些发展阶段也在梅花身上体现。她还指出,"道"在绘画中的表现是丰富多彩的。比如,水是道的最习用的象征。山水画中的静水和飞瀑所表现的,不是对于某些自然奇观的赞赏,而是画家思辨的精神状态的写照。查凡茨卡娅上述这些评论,我以为就是对中国画的原型批评,也是对中国绘画借助特殊的原型体系表现中国文化哲学意蕴的概括。她的这种论述,似乎要比弗洛伊德对于达·芬奇、荣格对于毕加索等的评价更加贴近实际而少牵强之处,这是由中国画这一研究对象本身所具有的原型特征所决定的。

在中国园林艺术和建筑艺术中，造景观念中所追求的园林景观与自然宇宙的融合，对和谐而永恒的宇宙韵律的把握，在有限的空间中所体现的无限广大和蕴含万物的宇宙模式，"天人之际"的宇宙观所决定的对境界的追求以及统盖宇宙的气派等，也渗透着中国文化精神，有着特有的意义原型象征和无处不在的"道"的体现。

在中国民间艺术中，例如泥塑、面塑、剪纸、工艺等创作中，更有着直接的对于原始模式的运用，有着鲜明的象征意味。对于中国艺术作品，可以直接借用苏珊·朗格的话来做解释："你愈是深入地研究艺术品的结构，你就会愈加清楚地发现艺术结构与生命结构的相似之处，这里所说的生命结构包括从低级生物的生命结构到人类情感和人类本性这样一些高级复杂的生命结构（情感和人性正是那些高级的艺术所传达的意义）。正是由于这两种结构之间的相似性，才使得一幅画、一支歌或一首诗与一件普通的事物区别开来——使它们看上去像是一种生命的形式。"[1]

中国艺术的精神品格和文化特质积淀着中华民族的精神原型和集体无意识，体现着民族的情感历程和美的追求，有待于我们用重新建构的原型美学进行深度阐述。

俄罗斯的文化原型研究及其启示[2]

在原型研究中，俄罗斯学者明确运用了"文化原型"的概念，这与笔者对原型的思考和阐释思路是相似的。《世界文化百题》对此有比较多的介绍，其中卢博斯基在《俄罗斯文化的原型》中研究表明俄罗斯对于文化原型研究已经相当深入，而中国明确运用文化原型研究的尚不多见。笔者认为"文化原型"的研究是原型研究中一个有待于展开和深入探讨的领域，俄罗斯学者的研究思路和成果有值得借鉴的方面。鉴于此，在本节中对俄

---

[1] 苏珊·朗格：《艺术问题》，滕守尧、朱疆源译，中国社会科学出版社1983年版，第55页。
[2] 本部分主要参考盖纳吉·弗拉基米罗维奇·德拉奇：《世界文化百题》，王亚民、赵秋长、刘久胜译，敦煌文艺出版社2004年版。引文不再一一标注。

罗斯文化原型研究的主要观点予以介绍,以供参考。

一、"文化原型"的概念

俄罗斯学者对文化原型的定义是,"文化的原型是文化的原始形态,是关于人及其在世界和社会上的地位的一种象征,是人类生活方式决定的一种规范的价值取向,这种取向是经历了历史的沧桑和文化的变革而形成的,并在现代文化中仍不失其规范价值取向意义。文化的原型表现在人类社会的活动中,在人的日常生活中表现尤为明显"。"研究文化的原型,可通过重拟前人生活的条件和情景的方法进行,正是这些条件和情景促成了原始文化的基本概念和价值"。与文化原型相似或相同的概念是"文化的原始形态","所谓文化的原始形态就是文化的久远的、'集体无意识的'、很难变化的雏形","稳定和无意识是文化原始形态的特点,通常人们不会因自己的文化原始形态保留其他民族文化遗产而进行反省的"。

二、地缘政治因素对文化原始形态形成的影响

俄罗斯学者孔达科夫在《俄罗斯文化史概论》中,卢博斯基在《俄罗斯文化的原型》中认为,俄国介于西方和东方文明之间的边缘状态,处于两种文化区和文化层的交界处,这种地理使其一方面不偏重于两种文化的任何一种,另一方面它是多样性文化发展较适宜的环境。"地缘政治因素在俄罗斯的文明中产生了两种亚文化,诺夫哥罗德商业的大众亚文化和莫斯科的农业亚文化,后者明显带有'亚洲式的粗犷'和拜占庭专制主义的精细。""无论是莫斯科还是诺夫哥罗德,俄罗斯文化必须做出非此即彼的选择。莫斯科一方面认定俄罗斯在地缘政治上有地缘化的历史可能性,另一方面又称国家的文化注定要例外地接受弥赛亚说(即'救世主'说,意为上帝派遣到人世间的救世主)。要选择诺夫哥罗德,俄罗斯就要融入基督教文明的共同世界,就要被纳入'包罗万象'的欧洲文化中去,然而这种文化抉择未能成为现实。……由于在俄罗斯确立了特殊的边缘状态的文化类型,一方面与西欧基督教的文明失去了联系,另一方面也没能成为东方文明的一部分。"地缘对俄罗斯文化的影响也与政治中心的迁移密切相关:"俄罗斯的政治中心是这样迁移的:最早是莫斯科,继而是彼得堡,后来又到莫斯科,每次迁都均伴随着俄罗斯文化中心的位移,因而,地缘政治的因

素使俄罗斯文化的发展,变成一种全面的反复和精神道德的周而复始的轮回。这样一来,在俄罗斯文化的原型中可以看到两极,即社会生活与操行制度上的共同道德理想和个人追求权势的道德准则之间的'交错'所造成的影响。""地缘政治因素的影响还表现在由于西部战事不断,而东方又实行对外扩张的政策,故而俄罗斯帝国经常处于战争的威胁和备战状态之中,所以,在俄罗斯文化的原型中有这样的定势,如,在同敌人的搏斗中表现出来的坚韧和尚武的精神,但同时也产生了某种苟且偷生(反正灾难还没有发生)和依仗地大物博来解决一切问题的思想。"地缘政治作为一种存在,对民族心理和性格产生潜移默化的影响,从而形成一种文化原型。

三、地理环境对俄罗斯文化原始形态形成的影响

地理环境对俄罗斯文化原始形态的形成起了重要作用,俄罗斯学者分析认为,从地理位置来看,东欧平原是俄罗斯(欧亚)文明的地理核心区,是俄国民族大家庭中骨干的俄罗斯民族有史以来的生息繁衍之地。欧亚大陆的腹地与西部地区不同,自然条件不会给人以有朝一日能够"驯服"和"驯化"的希望。大俄罗斯的自然条件经常愚弄精打细算的俄罗斯人,气候及土壤的任性欺骗了他们最可怜的期望,于是工于心计的大俄罗斯人对这种欺骗习以为常了,他们就以自己的任性来抗御大自然的任性,喜欢冒失地做出毫无希望而又未经慎重考虑的选择。俄罗斯文化原型的要义就是寄希望于"侥幸"——追求"碰运气""赌运气"。这种见解对于认识文化原型与地理环境的关系有重要启示意义,它解释了大地、环境与民族性格的关系。"同大自然做斗争要求俄罗斯人团结一致,集体合作,因此,他们关于生命活力的固定概念和要义是'借助于整个世界'与'突击工作',从而在俄罗斯的文化原型中形成了独特的对待大地母亲的态度。俄国农民从来就不是其小块土地的操有主动权的主人,因此未能学会认真负责地善待、关照土地。他们像游荡的拓荒者那样掠夺性地利用土地,他们身为农奴在'皮鞭下'敷衍塞责地耕种地主的土地,这样只能生产出最起码的必需品,因为他们知道,他们获得的仅够维持生命。因此劳动伦理很淡薄,这一点有许多俄罗斯谚语可以为证:'活计不是狼,不会往树林里藏','工作爱傻货,傻瓜爱工作','想干就干,不想干就肚皮朝天',等等。

俄国农民像定期重新划分财产的村社成员那样缺乏劳动激情,不珍惜土地。"俄罗斯人对待大地的态度,似乎与中国农民对待大地的情感态度有很大的不同,这是值得思考的。同时,由于对待大地态度的不同,进而影响到文化原型中的某些伦理问题:

> 俄国农民对土地的所有权和其他财物所有权之态度与众不同。在俄罗斯文化原型中,没有形成有关所有权的概念,对占有权、使用权和支配权等这样一些概念模糊不清。这就为外国旅行者说俄国农民恬不知耻地侵占别人的财物提供了口实。此外,认为由于贫困而偷盗是正当的,只是被看作给富有的受害者造成了一些物质损失而已。在这种情况下,当一个俄国人暂借给他人某物品时,那么,在他的文化原型中把"暂借"一词常常与"奉送"等同起来。
>
> 由于大自然的任性和不可预见性而产生的恐惧感及严酷生活的经验,在俄罗斯文化的原型中孕育了对强权的崇拜,对自然现象的敬重,进而对大自然的和谐与美丽的感叹。在历史的长河中,这一切造就了俄国人的消极观望和宿命的处世态度。

人与地理环境的关系,久而久之,还影响到思维方式,形成独特的思维定式。这种思维方式和思维定式,在一定意义上也可以理解为一种集体无意识心理:

> 俄国人不贪图超验的思考,因为生活迫使他们顽强地劳动,为生存而斗争采取的形式十分具体,因此,俄国人的宿命论是与自然现实主义的生活态度相结合在一起的。
>
> 在大俄罗斯人的智慧和思考方式中,明显地反映出这样的情况:在没弄清楚行动的要领之前就贸然地直奔既定的目标。在他们的思维中占主导地位的不是唯理论,而是直觉主义。在俄国人那里,东方的(拜占庭式的)非理性多于西方的理性,因此他们的

激情总是胜于理性,贪欲胜于利益。俄国人常以心声来指导自己,而较少借助于理智,因此,在俄国多采用直观形象的和直观有效的思维方式,而西方人则偏重于口头逻辑的思维方式。

四、在俄罗斯文化的原型中起主导作用的社会理念

社会理念与文化原型的关系,是一个重要问题,对此俄罗斯学者提出,在民族社会化的过程中,每个人都同时有三种理念:"要做和大家一样的人","做一个个性鲜明的人","做另一种人"。但是在作为集体无意识的文化原型中通常有一种理念占优势。

在俄国人的文化原型中占主导地位的是渴望"要做和大家一样的人",这个反个人价值的定位遏制了俄国人实现"做一个个性鲜明的人"的愿望,使传统的墨守成规的活动方式大行其道,而对这种方式的革新则步履艰难。这一切都促发了一种保守综合症,即俄国人不愿打破习惯了的生活方式,他们宁可忍受某些不便,而不去进行某种变革或者去适应某些变化。俄罗斯文化原型的这种劣根性是形成因袭型社会的因素之一,表现了俄罗斯社会发展的被动性特征,即发展速度缓慢而且属粗放型的,在社会发展的进程中国家的作用体现过甚。

....

在俄罗斯文化的原型中,"做和大家一样的人"的理念与俄国社会和个人行为的趋同性有很大关系,这种同一性的特征与个人和世界不是对立的,在保持相互独立和自身价值的同时,两者的目标是一致的。

....

在俄罗斯文化原型中,同一性的宗旨象征性地表现为"接吻的"礼节、热烈的问候方式、传统的"拥抱"、"肘对肘"、"胸顶胸"、"紧紧靠拢"。

....

在文化原型中,人际关系一方面表现为需要密切联系和相互理解,而另一方面表现出"稚气的"坦率和信任。俄国人追求积极的参与,这首先基于感性的知觉和思维的形象性及对重大问题思考的集中性。俄国人对未来的趋势和变化很敏感,可是他们对之感到困惑时便想当然地把预感转变成具体决策的合理形式。因此,俄国人敏于思考而怠于行动。俄国人在二者择其一的情况下易冲动或犹豫不决,在发生有威胁的争执时经常宁愿让步,也要保持与周围人的正常关系。

俄国人的文化原型造就了他们一系列的"美德"与"恶习":坦诚、好客、耐心、乐于助人、爱好和平、可信赖和惰性、缺乏责任心、脱离实际。

五、俄罗斯社会中派主义在文化原型中的表现

所谓中派主义,似乎与中国的中庸思想比较接近。俄罗斯社会从14世纪到16世纪期间一直带有社会中派主义性质,也就是说它优先看重的不是个人,而是社会。因此一个人追求的是"做和大家一样的人",而不是"做一个个性鲜明的人"。俄罗斯学者研究了这种中派主义形成的原因,认为最重要的是与社会政权的更替、民族战争和政治变革等因素密切联系。其中如1174年,安德烈·博戈柳布斯基被亲信杀害,大公与侍卫之间相当民主的关系已被"国君臣民型"的关系代替,而蒙古鞑靼人的入侵促进了这一类型的社会关系的最后确立。大公兼可汗的屈辱性关系逐渐蔓延到整个俄罗斯社会关系之中。形成所谓"家臣型"社会关系,这也反映在俄罗斯文化原型中。臣服型社会关系造就了人在社会中活动的特殊观念,评判人在社会和个人生活中的行为标准是其为"长官"效劳的业绩,即根据人在社会等级所处的地位论功行赏。一种独特的奴颜婢膝的心理和道德形成了对待臣民傲慢,不负责任,对上司奴性十足。"在这样的社会里人意识不到自己的个性,因此对个人来说社会只不过是一个生存空间,而渴望'要做和大家一样的人'的追求只是一种独处和交际的手段。""身处社会中派主义社会的人把自己与社会融合为一体,因而,人们经常把集体主义说成是俄罗斯文化原型的特征。然而共同的活动并非都是集体的，真正的集体主义的基础不仅仅是合作和互相帮助，而且还要同时承认集体和个人的价值，意识到个人是集体的一部分，并把集体活动和个人活动的结果融合在一起。俄国人参与共同的活动只不过是在表面上维护集体的礼节，从不计较个人的意见，也不计较参与有什么实际的意义。因此说，俄国人的'集体主义'是虚幻的。实际上我们遭遇的是'假的集体主义'，它不过是集体团结的假象，这实际上掩盖了另一种社会关系和社会管理模式，这种模式以强制命令式的社会管理为基础，利用了俄国人充满调和主义的感情。调和主义具有'假集体主义'的属性，它能产生很强的适应能力，如俄国人默默适应最严酷的生存条件的那种惊人的能力。在那个时候（文化原型形成的时期）俄国人把存在的一切困难都视为因罪受罚，因此他们对现实有一种神秘的态度，在此基础上产生了天、地、冥三界心理，甘愿用泪水默默'洗涤心灵'。"这种对于文化原型中中派主义的分析，很容易使我们想到中国文化原型中许多特性，特别是对国民性的反思。而俄罗斯学者客观、科学的分析态度也值得我们学习，他们在对中派主义的局限分析后，又指出其复杂性：

> 在俄罗斯文化原型中"做和大家一样的人"这一追求的变形是"做一个不比别人差的人"，这样一来，一方面就对"出头露面"的同事和"高人一等者"产生了嫉恨并竭力要让他们"和大家一样"，另一方面就同情"逊人一等者"并竭力把他们拉到"和大家一样"的水平上。在这方面俄国人的"要做得不比别人差"的准则与西方的大相径庭，西方的这一准则产生的行为道德心理定势是促使个人要做得好于和高于有成就的同仁，这首先要求鼓足个人的干劲，发挥个人的潜力。

六、东正教对俄罗斯文化原型形成的影响

基督教以东正教的形式从拜占庭传入俄罗斯，10世纪时，基辅大公宣布它为国教，可是东正教成为"全民信奉的"宗教整整经历了几个世纪的时间。东正教对俄罗斯民族的重大影响始于15世纪—16世纪,当时拜占庭在土耳其人的打击下已经衰败,俄国的大公宣布莫斯科为"第三罗马",自称是拜占庭帝国的直接继承者,把东正教定为国教。虽然东正教把各个阶层的俄国人和全社会都纳入自己的势力范围,但不能完全占据人的心灵。"大众化的俄国东正教是被奴役的、备受劳累和艰辛的、需要得到安慰和宽恕的人的宗教。""在东正教教义里,人在尘世间的存在被解释为永生即将来临的一个环节,因此不会有什么自身价值。人生的主要目的就是为死亡做准备,死便是永生的开始。人在尘世间存在的内涵被视为在精神上追求恭顺和虔诚,感受自身的罪孽,追求清心寡欲。这是因为在俄罗斯文化原型中存在下意识的轻视世间的财富的心理,认为劳动不是创造财富的手段,因为世间的财富是微不足道的过眼烟云,劳动不过是苦行和自律的一种方法。""东正教教义将宗教(潜在)和世俗(可以直接领悟)对立起来,其中可以清晰地表露出对揭示各种现象真实(神秘)意义的追求。由于自恃拥有一种虚幻的真理,因此俄罗斯文化原型中排斥任何异己思想,任何异端思想都一概被视之为离经叛道。"

宗教思想不仅与文化原型密切相关,而且影响民族的思维特性。"在俄国人那里,占主导地位的是艺术形象思维,而不是概念的类化。……在俄罗斯的文化原型中表露出激昂的艺术形象思维,这是因为在俄语中,大约只有六万个合乎语言规范的单词可以用来表达俄国人复杂而又广泛的艺术观。此外,大量的感叹词、'口头禅'、'行话'、外来语,还有传达信息的非口头方式(手势、面部表情、停顿、语言的声调等等)都可以作为生动语言的补充。艺术性和感染力表现在俄罗斯的童话和集体歌唱(合唱)中,同时也表现在舞蹈中,俄罗斯舞蹈将民间激烈的古代狂放同环舞和整齐的节律结合在了一起。""在俄罗斯文化原型中没有游戏的成分,俄国人极为看重生活本身,这是因为他们向来对庸俗行为和假仁假义怀有敌意。此外,'俄国人喜欢回忆,但不热爱生活'(契诃夫)。……在俄罗斯文化原型中,对过去和未来的崇拜使现实成为受批判的对象,并且相应地产生了两种难以被意识到的生活观:一是持之以恒的训诫,即为应付一切社会变故而不断充实的道德说教;二是不断地怀疑、探索和一味地提出一些没有答案的问题。质疑和教诲,教诲和质疑是俄国人两种执拗的嗜好。""如果说西方人的美德是积极主动的参与,是追求时尚和强烈的反响,那么东方人的美德就是恰到好处的中庸之道和平凡、韬晦和逍遥,而信奉东正教的俄国人的美德则是消极与忍耐,保守与和谐。"

七、俄罗斯的国体和文化原型之间的联系

在俄罗斯的文明中"国体"是社会一体化的主要形式,为俄罗斯社会规定了规范的制度,是民族统一的象征。"俄罗斯国家最初便形成了军事国家的国体,其发展的主要推动力是经常不断的防卫和保证安全的需要,这是国内加紧实行中央集权制和对外实行扩张政策的必然后果。""俄罗斯社会形成了这样的社会经济和政治建制:把国家变成了一种军事化的集中营,实行严格的中央集权制和官僚化管理,森严的社会等级制和行为规范对社会生活和活动进行全面的监控,推行全国舆论一致。"

关于国体与文化原型的关系,俄罗斯学者也做出了独到的解释:"俄罗斯的国体不断谋求变换民众的意识,因而成立了相应的机构,根据民族国家的思想来规范国民的活动,这种思想是国家内外政策长期的目标观念之总合,也是国家与个人、国家与社会、国家和自然界、国家同外部世界等相互关系原则的总合。在这方面,民族国家的思想为'民族与国家'规定了共同的事业,是其规范和象征的凝集力。国家政权运用民族国家的思想,在俄罗斯规范和象征性的空间培养了一些观念和文化,它逐渐地变成思维模式和社会行为的文明观,逐步纳入俄罗斯文化原型的结构之中。""在这种背景下,俄罗斯国家与个人的关系中依靠国家主义的原则;与社会关系中依靠家长作风的原则;与自然界的关系中依靠粗放经营的原则;与外部世界的关系中依靠弥赛亚说的原则。这些原则成了俄罗斯文化原型的主旨,并在一定程度上对欧亚大陆所有的超级民族共同体都是通用的。"国体对文化原型形成的影响,逐渐地成为一种集体无意识心理:

> 崇拜国家政权,视之为实力和主宰的体现,并对其表示屈从,这是俄罗斯文化原型的特征。这样的盲目崇拜产生了国家主义,但不是西方含义的,而是东方君主专制的国家主义,也就是国家

政权被赋予的超自然属性,被非量性地理解为整个社会生活的核心、俄罗斯历史的"缔造者"。这种认识是父权制的思想再现,它把政权与人的关系视为父子关系,意指善良的"一家之主"的统治是公正的和"慈父般的"。

在俄罗斯文化原型中国家就好像一个大家庭,这样就把全民的团结理解为精神上的同宗,使得俄国人竭力用道德价值来取代毫无生气的法律准则。从这个观点看来,俄罗斯国家同个人的关系在性质上和西方截然不同,两者的关系不是建立在国民和国家政权共同遵守法律的基础上,而是建立在默默地串通起来共同破坏法律的基础之上。……在俄罗斯文化的原型中,国家政权凌驾于法律之上,结果在俄国人的心目中形成了这样的观念:不相信法律能体现公正,不相信法律是能同邪恶做斗争的手段。

俄罗斯文化原型中,国家政权的典范首先是一长制的(负责的)、令人信服的(有权威的)和公正的(合乎道德的),这种政权的形象乃是庶民统治论中温和的个人权威与集体的民主政治的结合。因而,在俄罗斯的文化原型中对权威形成了双重态度:一方面相信有超凡脱俗的权威,期待他建立"奇迹",同时随时准备听命于这个权威;另一方面确信权威本人会为"公共事业"和民族国家思想服务。这就说明,俄罗斯文化原型注意到经常不断地监督权威的活动,根据人们体察到的"公共事业"对权威的活动进行监督。如果这一活动有悖于这些体察,那么权威的声望就下降,照例会被打倒,甚至受到严厉的惩罚。

受东正教的影响,"在俄罗斯文化原型中,形成了有关俄国的特殊性和在世界历史中起特殊作用的观念。这种观念在俄国得到了国家政权象征资本的全力支持,以该观念为基础,在俄罗斯文化原型中形成了国家主义的价值观,即国家要图强,要争霸。大国主义深深地扎根于'军事民族国家'的战略之中,用地缘政治的概念说明俄罗斯必须富国强兵。因此,大国主义在俄罗斯多半是以军事化的形式来推行的,并且成为在全国首领统理的各民族共同生活统一的象征。大国主义培养了俄国人的好大喜功和自我表现欲,因此,俄国人的特点是贪大求奢、'心地宽广'乃至豪放不羁、不拘小节、对'令人不快的生活琐事'不屑一顾"。

与国体对文化原型形成相关联,俄罗斯学者注意到,在俄罗斯文化原型中,对国家、政权、制度、权威、劳动等概念的解释也有其特点。"在俄罗斯文化原型中有这样一些主要的概念,如国家和政权,制度和权威等。它们具有巨大的组织能力,总是扮演强大的民族团结因素的角色。同时政治制度利用它们使该制度合法化,而把祖国和国家混为一谈。在俄罗斯文化原型中往往会产生形式化的爱国主义。""俄国人的文化之中有盲目崇拜政权的特点,即认为国家政权是整个社会生活的主心骨。这就产生了虚伪的国家主义,不是西方的,而是东方帝国含义的虚伪的国家主义。在运用父权制思想的基础上形成了这样一种观念,即把人与政权的关系比作父母与子女的关系,暗指'好的'、慈父般的、公正的、'善良的主人——父亲'的统治。构成这种虚伪的国家主义的基础还有小市民的奴仆心理、'奴颜婢膝',他们害怕混乱,把自由理解为无政府主义和敲诈勒索。""在俄罗斯文化原型中,祖国、沙皇、国君(领袖)这些概念逐渐汇成了一个名称——国家,它成了神圣的和宗教(意识形态)崇拜的对象。俄罗斯文化原型中作为国君化身的国家政权的使命,在于向臣民们明确易懂地解释他们害怕的世界的复杂性,在于使他们在心目中形成信仰和期待。""俄罗斯的国家主义和形式化的爱国主义,永远把国家政权置于法律之上。"这种对国家、政权、权威、制度等的理解,还形成"崇拜权威"的文化原型,"它的前提条件是'权威'能解决任何问题,评判总是合情合理并且永不放弃原则,权威无论是在思想上还是在行为中都没有也不会有内在的矛盾。同时,在俄罗斯的文化原型中崇拜威望也有其特殊性,被定位于'适度专横的理想人物',要保证这个人物的存在,就得承认'总的事业'(集体的或者民族国家的理想)高于权威,而权威本人应为这种理想服务。因此,在俄国人的文化原型中形成了两种认识和对待权威的观点:信任具有超凡脱俗领袖特征的权威,同时希望和期待他的'奇迹'出现,并始终不渝地准备听命于权威;经常通过把权威的活动与人们共同关心的'总的事业'(民族国家的理想)进行对比的方法来监督权威。如果他的活动不符合'事业'的要求,没有与人民'共命运',那么领袖的威信就会下降,他通常就会被打倒"。俄罗斯学者描述的上述文化现象,使我们有似曾相识之感,特别是与东方社会某些现象非常相近,而他们从文化原型的角度对这些现象的解释也异常深刻,从广泛的社会和历史的联系中揭示了形成这种集体无意识原型的原因,从中反映出当代俄罗斯学者对原型研究的唯物主义倾向。

八、在俄罗斯文化原型中,对良心、责任、自由、公正之类价值的阐释

在文化原型中,包含着具体的范畴,这些范畴与一般的心理原型有所不同,它有更鲜明的价值取向。对此,俄罗斯学者指出:"俄罗斯文化原型中有几组基本价值,其中一组是良心、责任、自由和公正。""良心是个人实现自我道德控制,为自己提出的道德义务并要求自己履行这些道德义务。……如果说俄国人的良心是约翰骑士团式的,激情胜于理智,那么西方人的则是普罗米修斯式的,理智多于激情。在俄罗斯文化原型中,良心中的矫情成分多于精神活动的实际。""责任是人控制自己活动的一种形式,亦即遵守社会生活标准的一种努力。在俄罗斯文化原型中形成这样一种责任模式,一个人的责任目标不是结果,而是活动的范例。因而,俄国人的责任乃是无意识地奉公守法,并且绝对执行他人的指令。""俄国人感觉到自己行动的不可预见性,因此总是害怕现实,并且更多地寄托于过去而不是现在,更喜欢幻想未来。俄国人的幻想是对未来过高的期望。幻想与理想狂结合在一起,借此作为一种手段,用来消除由于深刻的社会动荡和由来已久的操劳与烦恼而造成的紧张。在俄罗斯文化原型中,理想狂是一种重新划分责任(对'个人的'与'先天的'之间的事情负责)的方式。""这一切在俄罗斯文化原型中,产生了这样一些稳定的主要精神成分,如保守综合症和乌托邦幻想。一个集体无意识的古词——公正,是这些幻想的主要价值之一。""在俄罗斯文化原型中,公正不是抽象的概念,而是寓意中的重要人物,是原始时代索取物质的理想人物。在他身上公正意味着另外的价值——丰衣足食、秩序井然、祥和及美德。""俄国人对公正的渴望变成了寻找被隐藏的公正——上帝的真理,因此,在俄罗斯文化原型中形成了寻求真理的观念。""在俄罗斯文化原型中,自由是达到真理多样性目的的手段。自由的事业就是为真理服务,因此对俄国人来说自由不是生活自身的价值和自身目标,而只是达到公正的手段。"

这里之所以大段引述俄罗斯学者对文化原型的研究的观点,是笔者认为这些观点不仅很重要,而且对于中国学者对原型的理解和研究具有非常直接的借鉴意义:

第一,俄罗斯学者对文化原型这一概念的运用和对俄罗斯文化原型现象的深入研究,是继弗莱的原型研究之后,将原型进一步视为一种社会文化现象,从人类社会历史实践过程解释原型现象的成功努力。它不仅进一步打破了原型研究中的神秘主义,同时至少使原型研究的文化维度得到确立。

第二,从俄罗斯地理环境、地缘政治、社会历史、宗教信仰、国体、制度等方面对文化原型的研究,实际上暗含了一种研究前提和逻辑起点,就是原型不是"现成"的而是"生成"的,原型现象是人类一种可解释的文化精神现象。这也是笔者所坚持的观点。

第三,就俄罗斯文化原型的具体研究成果来说,笔者以为对中国学者有直接启发,其中所揭示出的俄罗斯民族性格中的心理特点,俄罗斯文化原型中的一些现象,与中国文化原型有极其相似的一面。比如关于国家、权威、制度的看法及其臣服型文化心理的产生,文化原型中的中派主义观念,"要做和大家一样的人"的理念,重直觉的思维方式等,都与中国文化中的某些集体无意识和文化原型十分相近。

此外,从俄罗斯文化原型研究的命题中,也为我们进一步研究原型理论给予很多启发,在一定意义上,打开了原型研究的新空间。

主要参考书目

荣格:《分析心理学的理论与实践》,成穷、王作虹译,生活·读书·新知三联书店1991年版。

荣格:《心理学与文学》,冯川、苏克译,生活·读书·新知三联书店1987年版。

C.荣格:《现代灵魂的自我拯救》,黄奇铭译,工人出版社1987年版。

C.G.荣格等:《人及其表象》,张月译,中国国际广播出版社1985年版。

C.G.荣格:《心理类型学》,吴康、丁传林、赵善华译,华岳文艺出版社1989年版。

荣格:《荣格文集》,冯川译,改革出版社1997年版。

弗洛伊德:《精神分析引论》,高觉敷译,商务印书馆1984年版。

弗洛伊德:《文明与缺憾》,傅雅芳等译,安徽文艺出版社1996年版。

叶舒宪选编:《神话-原型批评》,陕西师范大学出版社1987年版。

诺思罗普·弗莱:《批评的解剖》,陈慧、袁宪军、吴伟仁译,百花文艺出版社2006年版。

范明生:《柏拉图哲学述评》,上海人民出版社1984年版。

亚里士多德:《形而上学》,吴寿彭译,商务印书馆1959年版。

黑格尔:《美学》,商务印书馆1984年版。

雷用生、王至元、杜丽燕:《皮亚杰认识发生论述评》,人民出版社1987年版。

L.弗雷-罗恩:《从弗洛伊德到荣格——无意识心理学比较研究》,陈恢钦译,中国国际广播出版社1989年版。

卡尔文·S.霍尔、沃农·J.诺德拜:《荣格心理学纲要》,张月译,黄河文艺出版社1987年版。

C.S.霍尔、V.J.诺德贝:《荣格心理学入门》,生活·读书·新知三联书店1987年版。

刘耀中、李以洪:《建造灵魂的庙宇——西方著名心理学家荣格评传》,东方出版社1996年版。

拉·莫阿卡宁:《荣格心理学与西藏佛教》,江亦丽、罗照辉译,商务印书馆1994年版。

爱德华·泰勒:《原始文化》,连树声译,上海文艺出版社1992年版。

爱德华·泰勒:《人类学——人及其文化研究》,连树声译,上海文艺出版社1993年版。

詹·乔·弗雷泽:《金枝》,徐育新、汪培基、张泽石译,中国民间文艺出版社1987年版。

马林诺夫斯基:《文化论》,费孝通等译,中国民间文艺出版社1987年版。

维柯:《新科学》,朱光潜译,商务印书馆1989年版。

列维-布留尔:《原始思维》,丁迪译,商务印书馆1981年版。

列维-斯特劳斯:《野性的思维》,李幼蒸译,商务印书馆1987年版。

恩斯特·卡西尔:《神话思维》,黄龙保、周振选译,中国社会科学出版社1992年版。

恩斯特·卡西尔:《人论》,甘阳译,上海译文出版社1985年版。

阿兰·邓迪斯编:《西方神话学论文选》,朝戈金、尹伊、金泽等译,上海文艺出版社 1994 年版。

麦克斯·缪勒:《比较神话学》,金泽译,上海文艺出版社 1995 年版。

戴维·利明、埃德温·贝尔德:《神话学》,李培茱、何其敏、金泽译,上海人民出版社 1990 年版。

叶·莫·梅列金斯基:《神话的诗学》,魏庆征译,商务印书馆 1990 年版。

M.艾瑟·哈婷:《月亮神话——女性的神话》,蒙子、龙天、芝子译,上海文艺出版社 1992 年版。

约翰·维克雷编:《神话与文学》,潘国庆、杨小洪、方永德等译,上海文艺出版社 1995 年版。

乔纳森·卡勒:《结构主义诗学》,盛宁译,中国社会科学出版社 1991 年版。

古茨塔夫·勒内·豪克:《绝望与信心——论 20 世纪末的文学和艺术》,李永平译,中国社会科学出版社 1992 年版。

J.M.肯尼迪:《东方宗教与哲学》,董平译,浙江人民出版社 1988 年版。

埃里克·J.夏普:《比较宗教学史》,吕大吉、何光沪、徐大建译,上海人民出版社 1988 年版。

布赖恩·莫里斯:《宗教人类学》,周国黎译,今日中国出版社 1992 年版。

铃木大拙、E.弗洛姆、R.德马蒂诺:《禅宗与精神分析》,洪修平译,辽宁教育出版社 1988 年版。

巴什拉:《火的精神分析》,杜小真、顾嘉琛译,生活·读书·新知三联书店 1992 年版。

里查德·戴明等:《梦境与潜意识——来自美国的最新研究报告》,刘建荣、杨承纭译,复旦大学出版社 1991 年版。

苔丝蒙德·莫里斯:《裸猿》,余宁、周骏、周芸译,学林出版社 1987 年版。

欧阳光伟:《现代哲学人类学》,辽宁人民出版社 1986 年版。

鲁思·本尼迪克特:《文化模式》,张燕、傅铿译,浙江人民出版社 1987

年版。

诺尔曼·布朗:《生与死的对抗》,冯川、伍厚恺译,贵州人民出版社1994年版。

维克多·特纳编:《庆典》,方永德等译,上海文艺出版社1993年。

李约瑟:《中国古代科学思想史》,陈立夫等译,江西人民出版社1990年版。

潘能伯格:《人是什么——从神学看当代人类学》,李秋零、田薇译,生活·读书·新知三联书店1997年版。

M.海德格尔:《诗·语言·思》,彭富春译,文化艺术出版社1991年版。

范景中编选:《艺术与人文科学:贡布里希文选》,浙江摄影出版社1989年版。

E.H.贡布里希:《木马沉思录》,徐一维译,北京大学出版社1991年版。

杨思梁、范景中编选:《象征的图象:贡布里希图像学文集》,上海书画出版社1990年版。

R.L.格列高里:《视觉心理学》,彭聃、杨旻译,北京师范大学出版社1986年版。

苏珊·朗格:《情感与形式》,刘大基、傅志强、周发祥译,中国社会科学出版社1986年版。

钱锺书:《管锥编》,中华书局1990年版。

刘守华:《比较故事学论考》,上海文艺出版社1995年版。

程伟礼:《灰箱:意识的结构与功能》,人民出版社1987年版。

李泽厚:《美的历程》,安徽文艺出版社1994年版。

李泽厚:《批判哲学的批判》,安徽文艺出版社1994年版。

叶舒宪:《中国神话哲学》,中国社会科学出版社1992年版。

郭璞注,袁珂点校:《山海经校注》,上海古籍出版社1980年版。

鲁迅:《中国小说史略》,东方出版社1996年版。